China NonProfit Review Vol.29 2022 No.1

本刊编辑部地址：清华大学公共管理学院429室
电话：010-62771789
投稿邮箱：chinanporev@163.com
英文版刊号：ISSN：1876-5092；E-ISSN：1876-5149
出版社：Brill出版集团
英文版网址：www.brill.nl/cnpr

中国非营利评论

清华大学公益慈善研究院
明德公益研究中心　主办

第二十九卷　2022 No.1

社会科学文献出版社
SOCIAL SCIENCES ACADEMIC PRESS (CHINA)

卷首语

盛夏，挥不去的疫情。借当年赵元任先生在清华国学研究院留下的一句妙语，我形容为："行无易，行有难。"

当下中国非营利组织面临的困境，亦可如此观之："行无易，行有难。"

但，这只是眼下的困境。有如《周易》之未济卦："未济，小狐汔济，濡其尾，无攸利。"若鼠目寸光，只见眼前，必看不清未来。

未来，须站在历史的高点上，才有可能看见。

钱穆主张"数往知来"，他强调孟子所谓"所过者化，所存者神"，要在历史的经验中找未来的答案。他所谓历史经验，必是看得见未来的高点。

近读吴稼祥新著《公天下：中国历代治理之得失》，对照好友家德君日前送我的《中国治理：中国人复杂思维的 9 大原则》及友人许君《现代中国的国家理性》，以及疫情闭关期间先后通读的钱穆《朱子新学案》五卷本、束景南《朱子大传——"性"的救赎之路》、余英时《朱熹的历史世界——宋代士大夫政治文化的研究》、黄光国《尽己与天良：破解韦伯的迷阵》等史学及政治学著作，深感历史之厚重，思想之博大。故纸堆里，收获的虽不是真金白银，却是比金银贵重多少倍的真知灼见。

从历史看未来，要有正确的史观。钱穆先生洞察五千年的中国历史，发现在看似错综复杂、循环往复的历史演进中，存在一种"道统"尊于"治统"、"贤能"优于"专制"、"学术"领导"政治"的趋势。道统强调尊道重德，故任用贤能；治统强调尊君重治，故依靠专制。这两种倾向其实一直存在于中国的历史长河中，并此消彼长、循环往复，但若拉长历史的尺度至百年甚至千年，则道统之势渐盛，治统之势趋微，贤能之昌达、专制之鄙薄的趋势就十分清楚了，而且"学术领导政治"的趋向亦始终存在。我理解：由学术而生文化，由学者而构社会，由理性而重精神，乃是支撑整个中国历史道统趋尊的基石。如此看待整个中华文明史的"钱穆史观"，对我们从历史看见未来，具有重要指导意义。基于这一史观，我认为：历史的高度不在于治统中是否出现了所谓的"黄金时代"或"太平盛世"，而在于道统是否高于治统，在于是否在政治和社会治理的实践中做到尊道重德、任用贤能、学者主导社会、学术领导政治、理性精神引领社会进步等。依据这一判断，我认为：余英时所总结的两宋治理体系中学者（士大夫）与君主（皇帝）"同治天下"的格局，当是至少在秦汉以来的政治与社会治理上"前无古人，后无来者"的道统之至境的历史高度。

盛夏三伏，驻足长城脚下。378 年前，这里曾是李自成攻破长城灭亡大明王朝的入口处。深夜仰天，北斗七星灿然；清晨望山，蜿蜒长城拔现。站在"同治天下"的历史高点上探望未来，有如站在当年的长城遥望今天。试想：如果以几十年乃至上百年的历史跨度设想在更远的将来，天上的北斗七星不变，远山的蜿蜒长城依旧，我们所观照的非营利组织及其所致力的社会治理现代化，将会呈现怎样的未来图景？

吴稼祥云：未来的中国将呈现"以道为基因"的"新大同文明"，其特征将是"个个相亲，人人自由"，政治前提是"实现政治上的大公天下"，即"一个超大规模国家，多中心治理，优良政治（活力与稳定兼得）"。他认为这将是"华夏四千年文明史上从未见过的'全权政体'"，是"华夏文明的第二次裂变"。

许君云："过往三十年，中国国家能力的增长与中国社会的发育齐头并进，部分实现了国民憧憬和公民理想。未来三十年，借由法治辅助社会成长，实现良制和善治，强化国家能力，将会是时代主旋律，也是中国民族的奋斗目标。"

钱穆云："中国之真正复兴，到底还在我们的'文化传统'上，还在我们各自的'人'身上，在我们各人内心的'自觉自信'，在我们各自的'立志'上……每个人不论环境条件都可做一理想的完人，由此进一步，才是中国复兴再盛的时期来临了。"

此三者堪称中国社会进步与治理现代化势所必然的三大要素，其一是作为中华文明之"大道"，吴稼祥描述为具有"完善""非敌""包容"三大特性的"扩展中的太极圈"，我理解为具有内在"里仁"外在"为公"特性的中国市民社会治理现代化之大道。其二是作为现代文明之"大势"，许君所谓"中国社会"的成长必随国家能力的增长和法治进程的保障，而逐步实现"良制和善治"，我理解为在国家治理体系和治理能力现代化的进程中必然达成的社会治理体系与治理能力现代化的大势。其三是作为社会治理主体之"君子"，即钱穆先生引用阳明子"以天地万物为一体者也，其视天下犹一家，中国犹一人"的"大人"，我理解为在推进社会治理现代化过程中有"自觉""自信""立志"的未来中国市民社会中的积极公民。

我们当然知道：当下非营利组织发展和社会治理创新面临诸多困难和不确定性。未来，有更多的不确定性，也有许多看似确定的可能性会发生种种改变。但是，就像半个多世纪前钱穆先生在民族危难之际坚信"中国不会亡"所表达的自信一样，我们深信：大道不移，大势必至，君子犹在，则中国非营利组织的发展和社会治理现代化的未来，必充满希望！

本卷主题"非营利市场视角"，所集四篇论文皆展现这一前沿又富争议的视角。对当下的中国非营利组织来说，市场无所不在，诚所谓"行有"。但每行一步，必遭遇来自方方面面的"难"。唯其难，才有创新和探索的价值。诚如《周易》未济卦之六五爻所示："贞吉，无悔。君子之光，有孚，吉。"

未济卦提示我们：行无易，却非君子所为；行有难，当守正吉祥，行则无悔；君子登高望远，内心充满信心，行大道，必前途光明可期！

这一爻辞，也送给即将进入高中阶段的那路：进入心仪的高中，当贞吉，无悔。君子之光，有孚，吉！

王　名

2022 年 8 月 4 日

于双清苑求阙堂

目　录

非营利市场视角主题

中国企业基金会的发展促因研究

　　——基于战略慈善视角的事件史分析 ……………… 许睿谦　王　超 / 1

中国基金会投资行为和增值绩效的影响因素研究

　　……………………………… 蓝煜昕　何立晗　陶　泽 / 22

新生代民营企业家的社团参与：基于全国私营企业调查的

　　实证分析 ……………………………………… 黄　杰 / 45

专业治理与政社关系调适：基于行业协会脱钩改革的多案例

　　比较分析 ………………………………… 薛美琴　贾良定 / 67

论　文

草根公益组织的合法性困境与策略建构

　　——以 R 机构为例 ………… 张　欢　尚腊能　王啸宇 / 88

赋能与再造：大数据驱动群团组织服务治理模式升级

　　研究 ………………… 陈怀锦　王洪川　侯云潇 / 110

情感治理视域下党建引领社区志愿服务研究

　　——基于重庆市"老杨群工"的个案 ……… 杨永娇　杨靖茹 / 129

嵌入式治理与人才职业成长：社会组织参与社会治理的

　　经验分析 ……………………………………… 陈书洁 / 149

规制治理：在华境外非政府组织的规制改革

　　探析 …………………………………… 肖　雪　陈晓春 / 165

案 例

西方慈善社团在中国：洛克菲勒基金会与早期农村社会学 …… 萧子扬 / 182

乡村社区资产建设中的社会企业参与

　　——以"e农计划"的儿童保护实践为例 ………… 肖棣文　朱亚鹏 / 203

观察与思考

如何推动高校慈善通识教育

　　——基于"敦和·善识计划"的思考 ………… 叶珍珍　沈旭欣 / 220

中国基金会的发展与转型：第三次分配背景下的

　　思考 ……………………………… 史　迈　程　刚 / 231

社会组织评估的执行偏差与矫正 ………… 许文慧　刘丽杭 / 245

研究参考

NGOs如何参与全球海洋治理：一个文献综述 ……… 俞祖成　欧阳慧英 / 260

政府资助对社会组织的影响：国外文献的述评与

　　启示 ……………………………… 赵　挺　袁君翱 / 282

书 评

基层社会治理：何以失效，何以有效？

　　——读《社会治理：组织、观念与方法》………… 李　依　陈　鹏 / 303

编辑手记 ……………………………………… / 316

稿 约 ……………………………………… / 318

来稿体例 ……………………………………… / 320

CONTENTS

The Special Topic on Studies from a Non-Profit Marketing Perspective

The Driving Forces of the Development of Corporate Foundations in China: An Event
History Analysis from the Perspective of Strategic Philanthropy

Xu Ruiqian & Wang Chao / 1

Research on the Influencing Factors of Investment Behavior and Value-Added
Performance of Chinese Foundations   *Lan Yuxin, He Lihan & Tao Ze* / 22

The Associational Participation of China's New-Generation Private Entrepreneurs:
Evidence from a National Survey   *Huang Jie* / 45

Professionalization Governance and Relationship Adjustment between Government and
Society: Multi-Case Comparative Analysis of the Decoupling Reform on Industry
Associations   *Xue Meiqin & Jia Liangding* / 67

Articles

Research on the Legitimacy Dilemma and Strategy Construction of Grassroots Public
Welfare Organizations: A Case Study on R Organizations

Zhang Huan, Shang Laneng & Wang Xiaoyu / 88

Empowerment and Reengineering: Big Data Drives the Service Governance
Model of Mass Organization to Upgrade

Chen Huaijin, Wang Hongchuan & Hou Yunxiao / 110

Community Voluntary Work Led by Party Construction from the Perspective of
Sentimental Governance

—Based on the Case of "Lao Yang Qun Gong" in
Chongqing   *Yang Yongjiao & Yang Jingru* / 129

Embedded Governance and Talent Career Growth: Experience Analysis of Social Organizations Participating in Social Governance　　　　*Chen Shujie* / 149

Research on the Regulation-Governance of Overseas Non-governmental Organizations in China　　　　*Xiao Xue & Chen Xiaochun* / 165

Case Studies

Western Charities in China: The Rockefeller Foundation and Early Rural Sociology

Xiao Ziyang / 182

Social Enterprise Participation in Rural Community Asset Building

—A Case Study of the Children Protection Practice of the "E-Farm Project"

Xiao Diwen & Zhu Yapeng / 203

Observations & Reflections

How to Promote the University-Based Philanthropy General Education?

Taking Dunhe Shanshi Plan as An Example　　*Ye Zhenzhen & Shen Xuxin* / 220

Chinese Foundations within the Third Distribution: A Theoretical Investigation on the Indigenous Practice the Development and Transformation of Chinese Foundations: Under the Context of the Third Distribution　　*Shi Mai & Cheng Gang* / 231

Implementation Deviation and Correction of Social Organization Evaluation

Xu Wenhui & Liu Lihang / 245

Research References

How NGOs Participate in Global Marine Governance: A Literature Review

Yu Zucheng & Ouyang Huiying / 260

The Impact of Government Funding on Social Organizations: Comments and Implications of English Literature　　　　*Zhao Ting & Yuan Junao* / 282

Book Review

Grassroots Social Governance: Why Is It Ineffective and How Is It Effective?

—A Book Review of *Social Governance: Organization, Conception and Method*

Li Yi & Chen Peng / 303

中国企业基金会的发展促因研究

——基于战略慈善视角的事件史分析

许睿谦　王　超[*]

【摘要】 近年来，越来越多的企业建立了企业基金会，通过企业基金会来支持或开展慈善活动。企业基金会的快速发展已成为企业慈善领域中不可忽视的议题，但目前仍缺乏对其发展促因的研究。建立企业基金会在一定程度上体现了企业从传统慈善理念向战略慈善理念的转变。本文基于战略慈善的视角，探讨企业慈善行为与企业发展之间的关联与互动，分析为何有的企业更倾向于通过建立基金会而非直接捐赠来支持或开展慈善活动。研究从环境层面与企业层面识别了影响企业建立企业基金会倾向的驱动因素，并选取国内上市公司作为实证样本，利用事件史分析中的 Cox 比例风险模型进行验证。结果显示，在控制其他关联变量的前提下，随着地区整体企业慈善水平的升高，企业会更倾向于采取建立企业基金会而非直接捐赠的形式来开展慈善活动；此外，民营企业建立企业基金会的倾向强于国有企业，高广告投入占比的企业建立企业基金会的倾向强于无广告或低广告投入的企业。

【关键词】 企业基金会；基金会；战略慈善；事件史分析

---

* 许睿谦，北京大学国家发展研究院博士后，研究方向：企业可持续发展战略；王超（通讯作者），北京大学国家发展研究院教授，研究方向：社会创新、领导力。

一　引言

企业基金会在慈善领域扮演着日益重要的角色。全球范围内，企业已成为参与慈善事业的重要力量（Ouyang et al.，2020），而通过建立基金会来支持或开展慈善活动，是企业践行慈善理念与社会责任的重要形式之一。以美国为例，2018 年通过企业基金会的捐赠占到基金会捐赠总额的近 10%，同时占到企业捐赠总额的 1/3（Candid，2020）。企业基金会在我国起步较晚，但近十多年来数量增长非常迅速。2004 年企业基金会在基金会总量中仅占 2%，这个数字在2021 年增至近 20%，其间的年平均增长率远高于其他类型基金会，同时企业基金会的捐赠金额占到所有基金会捐赠金额的 10% 以上。①

越来越多的企业开始建立自己的企业基金会，其背后的驱动因素是什么？作为一种区别于直接捐赠的慈善模式，企业基金会的快速发展在一定程度上体现了我国企业慈善理念与运作方式的转型。初期阶段企业的慈善理念仅仅体现在"散财""做好人好事"层面，企业慈善行为也多为直接赠予，并呈现出零散性、随机性等特点，因此受到专业性与战略性不足、产生的社会价值有限等质疑（Halme & Laurila，2009；Porter & Kramer，2002；赵曙明等，2015）。随着我国企业对慈善的重视及参与程度不断加强与提升，部分先行者开始吸收更加专业的慈善管理知识，秉承"专业运作""战略慈善"的理念来运营慈善活动（邓国胜，朱绍明，2021；张楠、林志刚、王名，2020）。建立企业基金会，在某种程度上体现了企业从传统慈善理念向更加追求专业性与目标性的战略慈善理念的转变。企业基金会作为独立的非营利实体，以促进社会公益为使命宗旨，通过制度化和组织化的方式来提供公益产品及服务。此外，除了提供财务支持，企业还可以将人力、技术、平台及关系资源等引入基金会，为慈善组织带来商业所特有的效率和创造力。相比于直接捐赠，建立企业基金会被认为是一种更有利于企业践行战略慈善理念的方式（张楠、林志刚、王名，2020）。

在现有关于企业慈善的研究中，大多仅仅关注企业捐赠的金额与领域，而忽略了企业在慈善方式选择上的差异及其背后的驱动因素。本文在战略慈善视

---

①　根据易善数据平台公开的信息整理。

角下关注企业建立企业基金会与直接捐赠等慈善方式之间的差异，并聚焦于越来越多的企业更倾向于通过建立企业基金会来支持或开展慈善活动的动因。本文从环境层面与企业层面识别企业建立企业基金会倾向的相关影响因素，并选取国内上市公司作为实证样本，采用事件史分析中的 Cox 比例风险模型进行验证。

二 我国企业基金会的发展

企业基金会是由企业发起，且资金主要来自发起企业，以践行公益事业为导向的非营利机构。[①] 2004 年《基金会管理条例》的出台为我国民间基金会的快速发展奠定了基础，企业基金会也因此而迅速涌现。仅 2004 年到 2018 年，企业基金会数量便由 16 家增长至 1249 家（见图 1），年均增速高达 37%，远高于同期其他类型基金会。当前，我国企业基金会主要集中分布在北上广、江浙等经济社会条件较好的地区；与此同时，设立企业基金会的公司大多数处于工业、房地产业、消费类行业、信息及技术业、金融业等行业。

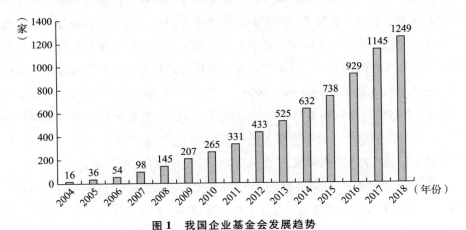

图 1　我国企业基金会发展趋势

资料来源：根据基金会中心网的公开信息整理。

相比以直接捐款的形式来开展慈善活动，建立基金会对企业在资金和精力方面的投入有着更高要求。首先，建立基金会有一定的资金投入门槛，根据《基金会管理条例》，全国性基金会原始注册资金不得低于 2000 万元，地方性基

---

① 定义参见《中国企业基金会发展研究报告（2016）》。

金会原始注册资金不得低于 200 万元，且基金会每年支出需要至少达到上一年度基金余额的 8%。其次，除了资金投入外，基金会还须有相应的理事会成员和工作人员；与此同时，基金会的活动还必须严格接受社会监督，每年的资助活动、资金变动、人员变动等信息都要按规定及时披露。即便如此，仍然有越来越多的企业选择建立自己的企业基金会。尽管有研究表明企业基金会在运作慈善活动的过程中更加具有专业性与目标性，建立企业基金会也被认为是企业践行战略慈善理念的一种新模式（张楠、林志刚、王名，2020）；然而，我们仍然缺乏对其背后促因的实证研究。

三 文献回顾与研究假设

（一）战略慈善理论

战略慈善强调企业慈善行为与商业发展之间的良性互动，认为企业慈善行为可以兼顾社会价值和企业目标（Post & Waddock，1995）。依据 Carroll 提出的金字塔模型，企业在慷慨解囊的同时也面临财务约束，因为经济责任是企业最为根本的责任。为激发企业参与慈善的内生动力，学者和实践者们开始关注慈善与企业目标之间的联系，寻求一种既促进社会福祉也裨益企业本身的共赢模式（Saiia，Carroll & Buchholtz，2003），又或称战略慈善。Porter 和 Kramer（2002）对战略慈善机制进行了系统的阐释，他们认为现代公司的发展与其所处环境中的供需条件、政策支持、产业集聚等要素息息相关；公司开展公益项目需要尽可能地与这些战略要素关联起来，从而裨益公司的发展。

企业的发展建立在与各类利益相关方的契约关系上（Freeman & Evan，1990），包括与股东、消费者、员工、供应链伙伴、政府以及社区等之间的显性或隐性的契约关系。企业需要权衡不同利益相关方的诉求，满足其期许偏好，进而赢得认同与支持。企业可以通过慈善行为树立良好的形象，改善利益相关方关系，如赢得员工信任、消费者忠诚、公众认同等（McWilliams & Siegel，2001）。根据资源依赖理论，组织会采取特定行动来提升其对外部资源的掌控能力，保障资源获取的持续性以应对所处环境的不确定性（Pfeffer & Salancik，1979）。基于显性或隐性的契约关系，企业从各类利益相关方处获取关键资源。通过开展符合利益相关方价值取向的慈善活动，企业能够获取利益相关方认同，进而增进信任，稳定外部资源的供给支持。

在竞争加剧以及公众关注度提升的环境下，直接散财的慈善模式已落后于现代企业和社会的发展理念，而企业慈善行为"合理化"（rationalization）的意识也在逐渐增强（Mullen，1997；Gautier & Pache，2015）。Porter 和 Kramer 指出传统的企业慈善行为存在较强的随意性，其捐赠也十分零散，缺乏系统性的战略设计（Porter & Kramer，2002；2006）。国内学者也揭示出我国企业家在开展慈善活动的过程中存在缺乏系统设计和专业性，以及慈善方式单一等问题（赵曙明等，2015）。简单、零散的捐赠行为既难以裨益企业的长期竞争力，其所产生的社会影响力也十分有限（Halme & Laurila，2009；Porter & Kramer，2002）。

（二）战略慈善视角下企业基金会的角色

战略慈善理论强调企业慈善行为与商业发展之间的互动关系，认为慈善可以通过帮助企业改善与利益相关方关系来实现战略效益。然而，不同企业通过慈善行为来改善与利益相关方关系的意愿和努力程度并不一样。资源关系中所隐含的权势结构会影响到组织应对利益相关方期许的策略选择（Frooman，1999），比如当利益相关方掌握组织所需的关键资源，而资源获取又具有较高的不确定性时，组织就会采用更有力的举措来巩固资源关系。因此，企业对利益相关方的重视度越高、依赖性越强，越会倾向于采取更有效的慈善方式来改善与利益相关方的关系。

企业践行慈善的方式选择会影响战略慈善目标的实现。相比于企业直接捐赠，企业基金会拥有组织化运作的优势，能够以更加系统、专业的形式来实施慈善行为（李新天、易海辉，2015；张楠、林志刚、王名，2020）。企业基金会设有专门的内部控制主体理事会来负责整体的战略性决策与管理，保证基金会合理有效地分配慈善资源，而不是即兴"散财"。此外，作为专业的非营利机构，企业基金会通常会建立常态化的组织流程来科学和有效地运作慈善活动，如项目的规划、管控及评估等。

相比简单、零散的直接捐赠而言，通过建立基金会来运营慈善活动能使企业更加有效地实现其战略慈善目标。这至少体现在以下三个方面：首先，企业基金会作为非营利组织，在运营慈善过程中更容易直接获得公众的信赖，在提升企业声誉、品牌形象等方面更为有利（Westhues & Einwiller，2006；Heyde-mann & Toepler，2006）；其次，通过基金会运作慈善更具有专业性，如以项目制的方式来运营慈善活动，通过事前规划、事中管控、事后评估等闭环性流程，促进项目的持续改善和创新，更有效地解决社会问题；最后，企业基金会可以扮演边界组织的角色，成为连接企业、政府、社会组织等主体的"桥梁"。由于其公益属性，基金会相比于企业更容易寻求跨部门合作，在建立合作伙伴关系的同时撬动了更多力量来扩大慈善项目的影响力，实现口碑打造的乘数效应（Herlin & Pedersen，2013）。

根据已有文献，企业基金会被认为可以帮助企业更好地应对制度压力（Dennis，Buchholtz & Butts，2009）、培养政商关系和改善商业环境（Su & He，2010）、融入当地社区（Gautier & Pache，2015；Hornstein & Zhao，2018）、提高员工忠诚度（Greening & Turban，2000）、修复企业形象或提升企业声誉（Marquardt，2001）等。

（三）研究假设

在战略慈善视角下，对于在特定运行环境或具备某些特质的企业而言，企业基金会在改善与利益相关方的关系以及组织生存发展环境等方面发挥作用的潜力更大，因此这些企业有更强的动力建立自己的企业基金会。基于此，我们提出了三个研究假设（见图2）。

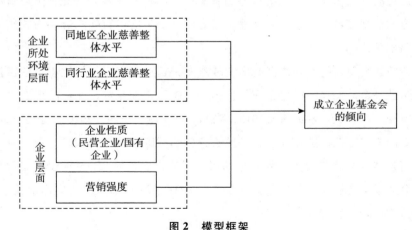

图2 模型框架

1. 地区/行业整体企业慈善水平与企业基金会建立倾向

企业所处的环境对其战略慈善意图以及建立基金会的倾向具有重要影响。我们认为随着所处环境整体慈善水平的提升，企业将越来越难以通过直接捐赠来达到其战略慈善目的，而建立企业基金会则可能被认为是一种更有效的方式。

在战略视角下，企业想要争取正面的外部反馈来提升竞争力，不仅需要符合制度环境的基本规范，还需要设法进一步和同辈企业们（peer enterprises）区分开来，采取更有效的方式来满足利益相关方期待（Deephouse，1999；Durand & Calori，2006）。同辈企业，包括同地区和同行业的企业，由于在区位或商业特征上与焦点企业（focal enterprise）相近，被视为焦点企业生存及发展最直接的参照。当同地区或行业的整体企业慈善水平较低，即同地区或行业的企业参与慈善普遍较少、慈善投入程度普遍不高时，外界对企业的慈善期待较低，焦点企业很容易通过捐赠等行为脱颖而出，引发正面反响，增强其品牌形象的竞争力。在这种情况下，企业通过直接的捐赠行为就能达到战略目标，因此建立基金会的动力不强。而当同地区或行业的整体企业慈善水平较高，即企业慈善的氛围浓厚且投入程度较高时，外界对企业的慈善期待也随之升高，简单直接的捐赠行为可能仅仅符合"达标"的期待水平，难以让焦点企业在众多行善主体中崭露头角。在这种情况下，建立基金会能够帮助企业与其他同辈企业区分开来，以更专业、有效的方式来满足利益相关方期待，进而促进战略目标的实现（Porter & Kramer，2006；Werbel & Wortman，2000）。因此我们认为，随着地区/行业整体企业慈善水平的升高，企业倾向于采取建立企业基金会而非直接捐赠的形式来进行慈善。综上，我们提出假设：

H1a：在控制其他变量的前提下，企业所在地区的整体企业慈善水平越高，企业越倾向于建立企业基金会。

H1b：在控制其他变量的前提下，企业所在行业的整体企业慈善水平越高，企业越倾向于建立企业基金会。

2. 企业性质与企业基金会建立倾向

政府不仅是企业的监管者，也在很大程度上掌握着其生存和发展的关键资源，特别是对于像中国这样的新兴经济体（Marquis & Qian，2014；Wang & Qian，2011）。民营企业比国有企业更依赖于政府所掌握的关键资源。由于所有权性质，国有企业先天就拥有与政府的紧密联系，受到政府的支持或制度保护。而民营企业在资源获取、政治保护等方面存在天然劣势，具体表现在税收、融资、行政审批等诸多方面（Hellman，Jones & Kaufmann，2003；Wang，Wong &

Xia，2008）。由于民营企业获取关键资源有着更大的不确定性，它们不得不更加主动地与政府以及其他利益相关方建立各种关系（张建君，2013），而积极参与社会福祉活动是实现这一目标的重要渠道（Neiheisel，1994）。因此，民营企业有更强的动力通过慈善行为来培养与利益相关方的关系。在此情况下，建立企业基金会来运营慈善项目对这种战略慈善动机的实现更为有效。张楠、林志刚和王名（2020）的研究发现，我国民营企业越来越多地通过成立基金会而非直接捐赠的方式来开展慈善活动。基金会作为慈善组织比企业更容易获得政府及其他机构主体的信任、有效的交流与合作。在与政府、社会组织等机构对接工作时，企业或企业家以基金会的名义也更容易被接纳，并得到更多的善意关注。这表明企业基金会在企业与政府等部门之间能够发挥"桥梁"作用，促进跨部门合作（Herlin & Pedersen，2013）。因此我们认为，相比国有企业，民营企业更重视通过慈善来培养与利益相关方的关系，更倾向于建立企业基金会来运营慈善活动。

H2：在控制其他变量的前提下，相比于国有企业，民营企业更倾向于建立企业基金会。

3. 企业营销强度与企业基金会建立倾向

恰当的慈善行为被认为有益于企业品牌形象和获取消费者认同。慈善行为通过迎合消费者倡导的价值观来帮助企业赢得信任（Ricks & Williams，2005；周祖城、张漪杰，2007），为其产品或服务争取"溢价"空间。重视营销的企业更依赖品牌形象来塑造竞争优势（Porter & Kramer，2002），因此参与慈善的意愿和努力程度会更强和更高（张建君，2013）；而企业基金会作为非营利机构，更容易获得公众信赖。企业基金会与企业在品牌名称及标识、组织文化以及活动开展上具有交叉性，因此企业基金会在声誉、品牌形象方面对企业有很强的溢出效应（Westhues & Einwiller，2006）。在营销视角下，作为企业差异化战略的一种，慈善对市场竞争力的提升作用在很大程度上取决于其能否帮助企业与其他企业区别开来。早年参与慈善的企业较少，捐赠行为很容易吸引公众的注意，帮助企业树立良好的道德形象。如在2008年，某凉茶企业在地震灾害发生后捐赠1亿元用于救灾援助，随即获得巨大社会反响，在公众的一致好评下企业实现了销售额的飞跃式增长。但随着参与慈善的企业越来越多，简单直接的捐赠行为日趋同质化，其帮助企业获取消费者关注与好感的难度也越来越大。在此情况下，成立基金会来运作慈善更有利于实现企业的差异化竞争战略。企业基金会作为专业的非营利机构，其慈善品牌更具有辨识度，更容易获得行业媒体的正面曝光。此外，通过持续、科学地运作慈善项目，可促进企业在慈善活动中展现专业能力和创造力，进而与其他的捐赠行为区分开来，更有效地赢得消费者的关注与认可。因此我们认为，营销强度越高的企业越重视慈善为其带来的差异化效用，越倾向于建立企业基金会来运营慈善活动。

H3：在控制其他变量的前提下，营销强度越高的企业越倾向于建立企业基金会。

四　样本与研究方法

（一）样本选取

我们通过名称、发起方、出资方等信息对这些企业基金会所对应的发起企业进行一一匹配。我们从基金会中心网、中国社会组织政务服务平台等整理这些信息，并逐一从各企业基金会的年度报告中收集相关信息进行补充，最终获得截至 2017 年共计 1145 家企业基金会的详细信息。在识别出的 1145 家设立了基金会的企业中，有 184 家上市公司（国内上市公司 123 家）。鉴于企业数据的可获得性，我们将基金会发起企业为上市公司的作为研究样本。上市公司的数据来源于权威的金融数据库——Wind 数据库，因此我们从 Wind 数据库中获取了所有 A 股企业的基本信息和财务数据。本文选取的事件观测期为 2004～2017年。从事件发生的时间顺序来看，2004 年之前国内普遍为官办基金会，针对民间基金会注册和运营的法律框架基本缺失；而 2004 年国务院颁布的《基金会管理条例》填补了这一空缺，鼓励成立民间基金会并降低其注册门槛。《基金会管理条例》的颁布从正式法律法规的层面为企业基金会的成立提供了条件，对我国基金会行业发展产生了深远影响，有着分水岭的意义。因此，我们将 2004年作为观测的基本起始点（2004 年之后上市的企业以其上市年份作为基本起始点），以企业注册基金会或观测截止期 2017 年作为结束点。在剔除财务数据的极端异常值和其间发生退市的样本后，总共形成了 32696 个"企业 – 年度"样本，在 3474 家企业中"事件"发生——建立基金会的企业为 121 家。

（二）变量测度

同地区整体企业慈善水平。首先，我们基于慈善捐赠额计算各上市公司的慈善水平（年度捐赠额/年度总收入）。然后根据公司的注册地，我们汇总计算了各个省份上市公司的年度平均慈善水平，以此作为衡量地区整体企业慈善水平的指标。

同行业整体企业慈善水平。同样的，我们根据公司所处行业，汇总计算行业内所有上市公司的年度平均慈善水平，作为衡量行业整体企业慈善水平的指标。

企业性质。对于国有企业，政府占控制的主导地位，政府意志体现在企业行为中；而对于民营企业来说，占主导地位的股东是一个私有实体或个人。我们将民营企业的变量编码为"1"，国有企业的变量编码为"0"。

营销强度。营销强度由企业广告投入体现，广告投入水平较高的企业更关注品牌建设与维护，倾向于寻求与竞争对手的差异化。在模型中，我们将企业的广告投入强度作为测度指标，即年度广告投入支出占年度总收入的比重（Zhang et al.，2010；Wang & Qian，2011）。

控制变量。我们选取其他可能对企业慈善行为产生影响的指标作为控制变量，包括企业规模（年度销售额的对数值）、企业上一年度的资产回报率（ROA）、流动比率（流动资产/流动负债，反映企业冗余资源的水平）、企业的资产负债率以及企业年龄（企业成立的年数）。我们在模型中还控制了同地区企业基金会的数量和同行业企业基金会的数量。此外，企业也有可能通过加大直接捐赠的金额投入（而不一定要建立基金会）来实现战略慈善目的，因此我们在变量中加入企业同年度以及上一年度的慈善捐赠水平，进而在控制捐赠投入力度的前提下来验证企业建立基金会倾向的影响因素。为消除行业和年份的固定效应影响，我们还控制了企业所在行业和对应年份的哑变量（dummy variables）。

由于企业建立基金会的行为可能发生在某年度中的任何一个时点（如年初、年中、年末），为保证动机分析中的时间贯序性，本文所有自变量皆为上一年度的滞后值。

（三）实证方法

本文采用事件史分析方法（event history analysis）来验证企业成立基金会的

影响因素。本研究关注企业建立企业基金会的倾向，对企业是否建立企业基金会进行持续时间内的追踪观测。如果将建立企业基金会作为一个概率事件，企业在观测期内就一直存在发生这种事件的概率，这一概率既受到时间推移的影响，又受到企业所处环境及企业特征等多方面自变量的影响。事件史分析方法（又称"生存分析"）适用于对这种纵向数据的处理与研究。事件史分析方法通过构建连续时间、离散状态的随机模型，来考察某一事件发生的概率随时间推移的变化，并分析其发生概率的相关影响因素（Mayer & Tuma，1988）。

风险率（hazard）是事件史分析的核心概念，表示研究对象在某一特定时间点 t 发生事件的瞬时概率。若用 T 表示研究个体发生事件的时间，则风险率可用以下函数表示：

$$h(t) = \lim_{\Delta t \to 0} \frac{P(t \leq T \leq t + \Delta t)}{\Delta t}$$

持续期（duration）是指从开始观察的时点与事件发生的时点或尚未发生的研究主体被删节的时点之间的间隔。如果把企业建立基金会作为一个概率事件，则从观测起始期企业就持续存在建立基金会的概率，直到"事件发生"或观测期满为止。

我们选择事件史分析中最常用的半参数模型，即 Cox 比例风险模型，进行估计。Cox 比例风险模型可以估计出相关因素与事件发生概率之间的依存关系，且不需要对事件发生的风险函数进行先前设定，具有高度灵活性。如果用 $h_0(t)$ 表示基准风险函数，则 Cox 比例风险模型基本形式为：

$$h(t,X) = h_0(t) e^{\beta_1 X_1 + \beta_2 X_2 + \cdots + \beta_p X_p}$$

其中 $X = (X_1, X_2, \cdots, X_p)$，是除了时间之外可能对风险率产生影响的自变量的集合，通过 Cox 比例风险模型的偏最大似然估计来得到系数 β 的具体取值，进而确定自变量对事件发生率的影响。

五　实证结果

表 1 为模型中变量的描述性统计。我们对这些变量进行了方差膨胀因子（VIF）分析，其中平均 VIF 值为 1.04，最大 VIF 值为 1.13，远低于 10 这一预警值，因此可排除模型中的多重共线性问题。

表1 变量描述统计与相关系数 (N=32696)

	Mean	S.D.	(1)	(2)	(3)	(4)	(5)	(6)	(7)	(8)	(9)	(10)	(11)
(1) 同地区整体企业慈善水平	0.001	0.006	1.000										
(2) 同行业整体企业慈善水平	0.001	0.007	0.035	1.000									
(3) 民营企业	0.545	0.498	0.015	0.006	1.000								
(4) 广告投入强度	0.026	1.736	-0.001	0.001	0.007	1.000							
(5) 销售规模	21.001	1.712	-0.024	-0.016	-0.277	-0.049	1.000						
(6) ROA	0.036	0.424	0.004	0.004	0.008	-0.005	0.007	1.000					
(7) 资产负债率	0.531	5.066	-0.002	-0.001	-0.004	0.001	-0.028	-0.033	1.000				
(8) 流动比率	2.454	4.173	0.012	-0.010	0.149	-0.002	-0.202	0.028	-0.029	1.000			
(9) 企业年龄	14.939	6.204	0.009	0.031	-0.078	-0.005	0.130	-0.008	0.010	-0.078	1.000		
(10) 企业同年度捐赠	0.000	0.008	0.011	0.008	-0.013	0.000	0.007	0.001	0.000	-0.003	0.008	1.000	
(11) 企业上一年度捐赠	0.000	0.010	0.056	0.119	-0.015	0.000	0.000	0.001	0.000	-0.005	0.009	0.225	1.000

表 2 为 Cox 比例风险模型的统计结果。Model 1 为基础参照模型，自变量为所有控制变量。统计结果显示，企业规模越大、上一年度财务表现越好，则建立企业基金会的概率越大。Model 2 在 Model 1 的基础上加入了地区/行业层面的关键自变量，即"同地区整体企业慈善水平""同行业整体企业慈善水平"，Model 3 在此基础上进一步加入了企业层面的关键自变量，即"民营企业""广告投入强度"。Model 3 的结果显示，"同地区整体企业慈善水平"的回归系数正向显著（$\beta = 20.407$，$p < 0.001$），而"同行业整体企业慈善水平"的回归系数不显著，因此假设 1 得到部分验证；"民营企业"的回归系数正向显著（$\beta = 0.705$，$p < 0.01$），换算后的风险率系数（hazard ratio）为 2.024，表明相比国有企业，民营企业建立企业基金会的倾向会提高 102.4%，假设 2 得到验证；"广告投入强度"的回归系数正向显著（$\beta = 0.024$，$p < 0.001$），hazard ratio 为 1.024，表明企业广告投入占销售额比例每增加 1 个单位，则企业建立企业基金会的倾向将增加 2.4%，假设 3 得到验证。

表 2　Cox 比例风险模型回归结果

变量	Model 1	Model 2	Model 3
销售规模	0.434 *** (0.062)	0.436 *** (0.061)	0.504 *** (0.064)
ROA	0.364 *** (0.052)	0.361 *** (0.052)	0.392 *** (0.054)
资产负债率	-0.386 (0.533)	-0.308 (0.482)	-0.308 (0.446)
流动比率	-0.088 (0.061)	-0.077 (0.057)	-0.082 (0.059)
企业年龄	-0.023 (0.020)	-0.020 (0.020)	-0.016 (0.019)
企业同年度捐赠	1.013 (1.436)	3.133 (2.672)	3.909 + (2.331)
企业上一年度捐赠	1.987 (1.237)	-0.177 (1.269)	0.163 (1.264)
同地区整体企业慈善水平		20.407 *** (3.237)	21.307 *** (3.269)
同行业整体企业慈善水平		39.635 (25.244)	37.529 (23.897)

续表

变量	Model 1	Model 2	Model 3
民营企业			0.705 **
			(0.230)
广告投入强度			0.024 ***
			(0.007)
年份哑变量	Yes	Yes	Yes
行业哑变量	Yes	Yes	Yes
Wald chi²	175692 ***	155549 ***	504 ***

注：$^{+}p < 0.1$，$^{*}p < 0.05$，$^{**}p < 0.01$，$^{***}p < 0.001$。括号内为稳健的标准误。

图3、图4、图5分别显示了在不同的地区整体企业慈善水平、企业性质以及广告投入强度下，"事件发生"（设立企业基金会）在持续期内的累积风险率。可见，在整体企业慈善水平高的地区，建立企业基金会的倾向在各个时间点上都明显强于整体企业慈善水平低的地区；民企的累积风险率在各个时间点上都高于国企；高广告投入占比企业的累积风险率在各个时间点上也都高于无广告投入企业。

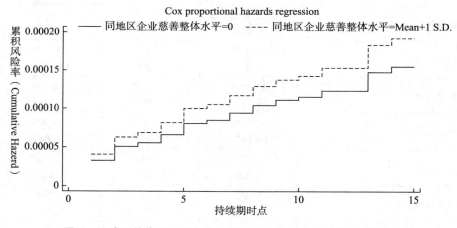

图3　同地区整体企业慈善水平与企业基金会成立的累积风险率

六　总结与讨论

本文基于战略慈善视角分析了企业成立基金会的促因。企业基金会作为非

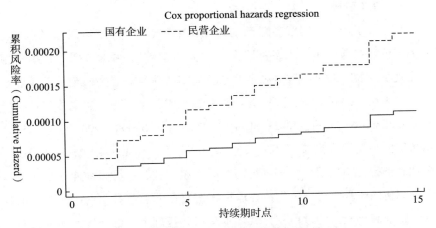

图 4　企业性质与企业基金会成立的累积风险率

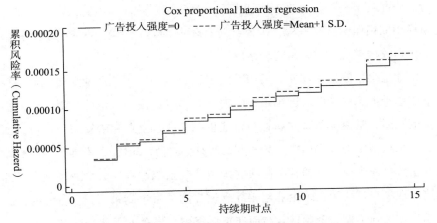

图 5　广告投入强度与企业基金会成立的累积风险率

营利组织，辨识度高、专业性强，相比直接捐赠更容易获得利益相关方的信赖与认可。本文提出，当企业有更强的意愿通过慈善行为来改善与利益相关方关系乃至组织生存发展环境时，其有更强的动机来建立企业基金会。研究的实证结果表明：所在地区整体企业慈善水平越高，企业越会倾向于采取建立企业基金会而非直接捐赠的形式来进行慈善；此外，在控制其他变量的前提下，民营企业建立企业基金会的倾向强于国有企业，企业广告投入强度越高则越倾向于建立企业基金会。

（一）理论贡献

本文强调了企业在实践慈善活动的过程中对于慈善方式的选择存在差异。已有关于企业慈善的研究大多都以企业"是否捐赠""捐赠多少""捐到哪里去"为观测对象，并未细致区分企业慈善的实践途径。一些研究发现企业通过慈善行为来树立品牌形象、改善与利益相关方的关系，进而实现战略慈善目的（如 McWilliams & Siegel，2001；Mackey，Mackey & Barney，2007），但忽略了战略慈善导向下企业在慈善行为方式选择上的差异。Gautier 和 Pache（2015）认为企业慈善行为不局限于"捐款捐物"的简单形式，也可以同商业活动一样以一个组织化的过程来进行运作，并倡导在研究企业慈善参与动因等规律时还应当区分企业慈善投入的过程和方式。本文在此基础上，进一步具体探讨企业建立企业基金会和直接捐赠的差异，并对影响企业慈善方式选择的驱动因素展开分析。研究结果表明，企业在面临不同的竞争和合法性环境时，对利益相关方的重视和依赖程度存在差异，因此会选择不同的路径来参与和实践慈善活动，进而更有效地实现企业慈善的战略目的。

企业基金会的迅速发展在某种程度上反映了我国一些企业从传统慈善理念向战略慈善理念的转型。近年来，国内一些学者关注到，企业在提升慈善投入水平的同时，其参与慈善的理念与方式也在演变，企业慈善领域正在形成新的思想、工具与生态（邓国胜、朱绍明，2021；兰青，2018）。然而，已有文献对企业基金会在企业慈善领域中扮演的角色缺乏系统性阐释，企业基金会迅速发展这一现象与其背后我国企业慈善理念演变的关系也尚未明晰。本文提出，企业越来越倾向于建立企业基金会而非直接捐赠，是企业强化战略慈善理念的重要表征。通过设立企业基金会，企业得以专业、目标明确地运作慈善活动，从零散、临时性的传统捐赠模式转向更加追求效率与创新。研究结果表明，在一定的环境及企业特征因素的影响下，企业会有更强的战略慈善动机，其建立企业基金会的概率也会更高。具体而言，企业所在地区的整体企业慈善水平越高，则越难通过零散、临时性的直接捐赠来实现战略慈善，越倾向于通过建立企业基金会来运行慈善活动；对于具备某些特征的企业（如民营企业、广告投入占比高的企业），建立企业基金会相比直接捐赠更有利于企业在开展慈善活动的过程中获取信任、改善品牌形象以及促进跨部门合作，从而使得这些企业更愿意建立企业基金会。

本研究还表明，在中国情境下，企业面对慈善领域的制度规范会呈现出差异化的响应范式。有学者在对企业传统慈善行为的研究中，提出企业慈善行为是对制度规范的遵循与服从（Campbell，2007），在制度"同构"下企业慈善行为应当呈现出同质性、相似性；而这一结论与现实中企业慈善发展的趋势并非完全相符。本研究指出，在中国企业慈善的情境下，面对规范压力，企业会在符合基本制度规范的同时采取更为"主动"的应对措施，更"有意识"地选择和设计不同的行为方式去有效地改善组织内外部环境，从而促进企业实现战略慈善的目的。

（二）实践启示

随着慈善理念的演进，企业参与慈善的方式并不局限于直接捐赠或资助等传统模式，企业可以通过更组织化的方式，如建立企业基金会来运作其慈善活动。实证结果表明，企业倾向于将战略慈善动机与慈善运作方式相结合，而企业基金会近年来的迅速发展在一定程度上反映了企业慈善寻求"理性化"的趋势。对于政策制定者和行业倡导者而言，除了鼓励企业或企业家捐款之外，需要认识到他们慈善参与途径的多样性以及途径选择偏好的差异性，进一步完善现有的激励和规约制度，促使企业以更加持续、有效的方式投入慈善事业中。

参考文献

邓国胜、朱绍明（2021）：《第三次分配视角下企业慈善责任的新路径》，《中国非营利评论》，第 2 期。

兰青（2018）：《慈善新前沿：社会创新与社会企业——评萨拉蒙 New Frontiers of Philanthropy》，《中国非营利评论》，第 1 期。

李新天、易海辉（2015）：《公益慈善中的代理问题及其治理——以企业基金会为视角》，《浙江工商大学学报》，第 4 期。

张建君（2013）：《竞争—承诺—服从：中国企业慈善捐款的动机》，《管理世界》，第 9 期。

张楠、林志刚、王名（2020）：《民营企业家战略慈善新模式：民营企业（家）基金会发展特征及影响因素分析》，《湖北社会科学》，第 6 期。

赵曙明、白晓明、赵宜萱、吴婷（2015）：《中国企业家慈善捐赠行为模式及现状研究》，《南京社会科学》，第 1 期。

周祖城、张漪杰（2007）：《企业社会责任相对水平与消费者购买意向关系的实证研究》，《中国工业经济》，第 9 期。

Campbell, J. L. (2007), "Why Would Corporations Behave in Socially Responsible Ways? An Institutional Theory of Corporate Social Responsibility," *Academy of Management Review* 32 (3), pp. 946 – 967.

Candid (2020), Key Facts on U. S. Nonprofits and Foundations.

Carroll, A. B. (1991), "The Pyramid of Corporate Social Responsibility: Toward the Moral Management of Organizational Stakeholders," *Business Horizons* 34 (4), pp. 39 – 48.

Deephouse, D. L. (1999), "To Be Different, or to Be the Same? It's a Question (and Theory) of Strategic Balance," *Strategic Management Journal* 20 (2), pp. 147 – 166.

Dennis, B. S., Buchholtz, A. K., & Butts, M. M. (2009), "The Nature of Giving: A Theory of Planned Behavior Examination of Corporate Philanthropy," *Business & Society* 48 (3), pp. 360 – 384.

Durand, R., & Calori, R. (2006), "Sameness, Otherness? Enriching Organizational Change Theories with Philosophical Considerations on the Same and the Other," *Academy of Management Review* 31 (1), pp. 93 – 114.

Freeman, R. E., & Evan, W. M. (1990), "Corporate Governance: A Stakeholder Interpretation," *Journal of Behavioral Economics* 19 (4), pp. 337 – 359.

Frooman, J. (1999), "Stakeholder Influence Strategies," *Academy of Management Review* 24 (2), pp. 191 – 205.

Gautier, A., & Pache, A. -C. (2015), "Research on Corporate Philanthropy: A Review and Assessment," *Journal of Business Ethics* 126 (3), pp. 343 – 369.

Greening, D., & Turban, D. (2000), "Corporate Social Performance as a Competitive Advantage in Attracting a Quality Workforce," *Business & Society-BUS SOC* 39, pp. 254 – 280.

Halme, M., & Laurila, J. (2009), "Philanthropy, Integration or Innovation? Exploring the Financial and Societal Outcomes of Different Types of Corporate Responsibility," *Journal of Business Ethics* 84 (3), pp. 325 – 339.

Hellman, J. S., Jones, G., & Kaufmann, D. (2003), "Seize the State, Seize the Day: State Capture and Influence in Transition Economies," *Journal of Comparative Economics* 31 (4), pp. 751 – 773.

Herlin, H., & Pedersen, J. T. (2013), "Corporate Foundations: Catalysts of NGO-Business Partnerships?," *Journal of Corporate Citizenship* 2013 (50), pp. 58 – 90 (33).

Heydemann, S., & Toepler, S. (2006), *The Legitimacy of Philanthropic Foundations: U. S. and European Perspectives.*

Hornstein, A. S., & Zhao, M. (2018), "Reaching Through the Fog: Institutional Environment and Cross-Border Giving of Corporate Foundations," *Strategic Management Journal* 39 (10), pp. 2666 – 2690.

Mackey, A., Mackey, T. B., & Barney, J. B. (2007), "Corporate Social Responsibility and Firm Performance: Investor Preferences and Corporate Strategies," *Academy of Management*

Review 32 (3), pp. 817 – 835.

Marquardt, J. (2001), "Corporate Foundation-UnternehmenalsStifter und Förderer," J. Marquardt, ed., *Corporate Foundation als PR-Instrument: Rahmenbedingungen-Erfolgswirkungen-Management*, Wiesbaden: Deutscher Universitätsverlag, pp. 35 – 79.

Marquis, C., & Qian, C. (2014), "Corporate Social Responsibility Reporting in China: Symbol or Substance?," *Organization Science* 25 (1), pp. 127 – 148.

Mayer, K., & Tuma, N. (1988), "Event History Analysis in Life Course Research," *Population* (French Edition), pp. 43, 237.

McWilliams, A., & Siegel, D. (2001), "Corporate Social Responsibility: A Theory of the Firm Perspective," *Academy of Management Review* 26 (1), pp. 117 – 127.

Mullen, J. (1997), "Performance-Based Corporate Philanthropy: How Giving Smart Can Further Corporate Goals," *Public Relations Quarterly*, p. 42.

Neiheisel, R. S. (1994), *Corporate Strategy and the Politics of Goodwill: A Political Analysis of Corporate Philanthropy in America*, New York: Peter Lang.

Ouyang, Z., Cheng, P., Liu, Y., & Yang, R. (2020), "Institutional Drivers for Corporate Philanthropic Activities in China: Mediating Roles of Top Management Participation," *Corporate Social Responsibility and Environmental Management* 27 (1), pp. 244 – 255.

Pfeffer, J., & Salancik, G. (1979), *The External Control of Organizations: A Resource Dependency Perspective*, New York: Harper and Row.

Porter, M. E., & Kramer, M. R. (2002), "The Competitive Advantage of Corporate Philanthropy," *Harvard Business Review* 80 (12), pp. 56 – 69.

Porter, M. E., & Kramer, M. R. (2006), "Strategy & Society: The Link Between Competitive Advantage and Corporate Social Responsibility," *Harvard Business Review* 84 (12), pp. 78 – 92.

Post, J. E., & Waddock, S. A. (1995), "Strategic Philanthropy and Partnerships for Economic Progress," R. F. America, ed., *Philanthropy and Economic Development*, Westport: Greenwood Press, pp. 65 – 84.

Ricks, J. M., & Williams, J. A. (2005), "Strategic Corporate Philanthropy: Addressing Frontline Talent Needs Through an Educational Giving Program," *Journal of Business Ethics* 60 (2), pp. 147 – 157.

Saiia, D., Carroll, A., & Buchholtz, A. (2003), "Philanthropy as Strategy: When Corporate Charity 'Begins at Home'," *Business & Society* 42, pp. 169 – 201.

Su, J., & He, J. (2010), "Does Giving Lead to Getting? Evidence from Chinese Private Enterprises," *Journal of Business Ethics* 93 (1), pp. 73 – 90.

Wang, H., & Qian, C. (2011), "Corporate Philanthropy and Corporate Financial Performance: The Roles of Stakeholder Response and Political Access," *Academy of Management Journal* 54 (6), pp. 1159 – 1181.

Wang, Q., Wong, T. J., & Xia, L. (2008), "State Ownership, the Institutional Environment, and Auditor Choice: Evidence from China," *Journal of Accounting and Economics* 46 (1), pp. 112 – 134.

Werbel, J. D. , & Wortman, M. S. (2000), "Strategic Philanthropy: Responding to Negative Portrayals of Corporate Social Responsibility," *Corporate Reputation Review* 3 (2), pp. 124 – 136.

Westhues, M. , & Einwiller, S. (2006), "Corporate Foundations: Their Role for Corporate Social Responsibility," *Corporate Reputation Review* 9 (2), pp. 144 – 153.

Zhang, R. , Zhu, J. , Yue, H. , & Zhu, C. (2010), "Corporate Philanthropic Giving, Advertising Intensity, and Industry Competition Level," *Journal of Business Ethics* 94 (1), pp. 39 – 52.

The Driving Forces of the Development of Corporate Foundations in China: An Event History Analysis from the Perspective of Strategic Philanthropy

Xu Ruiqian & Wang Chao

[**Abstract**] In recent years, the establishment of corporate foundations has experienced a rapid growth in China, serving as an important form to practice the philanthropic activities of the founding firms. While the rapid growth of corporate foundations has become increasingly inevitable topic of philanthropy research, the identification and explanation of its driving forces are still lacking. Drawing from the perspective of strategic philanthropy, which underscores the relationships between corporate philanthropy and corporate business strategy, this research explicates why some firms are more likely to enact philanthropic activities through corporate foundations, rather than by making direct donations. This research identifies the factors, in terms of both environment and characteristics of firms, that drive firms to establish corporate foundations. We use the listed companies in China as empirical samples, and employs Cox proportional risk model of event history analysis to verify our hypotheses. The results of the analysis show that, with the increase of overall level of corporate philanthropy in a region, the located companies are more likely to establish corporate foundations rather than direct corporate giving. The research also shows that when controlling other related variables, comparing with state-owned enterprises, private enterprises have stronger tendency to establish corporate foundations, and companies with higher level of advertising investment have a stronger tendency to establish corporate foundations than those without or with lower level of advertising investment.

[**Keywords**] Corporate Foundations; Foundations; Strategic Philanthropy; Event History Analysis

责任编辑：蓝煜昕

中国基金会投资行为和增值绩效的影响因素研究

蓝煜昕　何立晗　陶　泽*

【摘要】通过投资活动进行保值增值不仅关乎慈善组织的可持续发展，还是扩大第三次分配规模的重要途径。哪些因素在影响中国慈善组织的投资行为和增值绩效？从 2017 年总资产规模排名前 1000 家的中国基金会中选取 913 家，基于 2015～2017 年的组织数据，通过 Ologit、OLS 模型考察制度、管理以及财务三个层面的因素对基金会投资行为的风险偏好和增值绩效的影响，结果表明：制度层面，具有官方背景或公募背景的基金会投资行为更加保守，但发起背景对增值绩效的影响并不显著；管理层面，理事会成员的数量、年龄与性别对基金会投资行为和增值绩效有明显但复杂的影响；财务层面，资金规模与基金会投资风险偏好、增值绩效均有显著的正向关联。研究揭示了中国慈善组织在投资保值增值活动领域总体上的初级样态和投资行为的复杂性。

【关键词】基金会；资产管理；投资；保值增值

---

* 蓝煜昕，清华大学公共管理学院副教授，清华大学公益慈善研究院副院长，研究方向：社会组织、公益慈善、社会治理；何立晗（通讯作者），清华大学公共管理学院博士研究生，研究方向：社会治理、公益慈善；陶泽，清华大学公共管理学院博士研究生，研究方向：公益大数据。

党的十九届四中全会以来，发展慈善事业、发挥第三次分配在推动共同富裕中的作用成为社会关注的焦点。学者提出要进一步推动第三次分配发展，扩大和扩充第三次分配的范围和体量（江亚洲、郁建兴，2021）。本文认为扩充第三次分配体量的手段并不仅限于吸收更多慈善资源，有效利用与放大现有慈善资源的价值也是关键途径。基金会是慈善资源的主要载体和组织形式，从国际经验来看，保值增值是基金会的核心活动之一，投资收益在基金会年度收入中占据相当大的比例，与筹款和资助业务同等重要。[1] 关注保值增值行为，分析其驱动因素，不仅有助于基金会在实践中的永续发展，也能帮助我们进一步理解基金会的行为逻辑和组织特征。

然而基金会投资增值相关实践和政策在我国仍处于初步探索阶段。尽管1988年国务院颁布的《基金会管理办法》规定"基金会可以将资金存入金融机构收取利息，也可以购买债券、股票等有价证券"，但根据基金会中心网2019年发布的《数说基金会：中国基金会保值增值现状》，在有披露相关信息的4254家基金会（净资产1472亿元）中，2018年有投资增值活动的仅1197家，不足三成；总投资收入仅38亿元，占基金会年度收入的约5%。[2] 在制度建设上，民政部于2018年才通过《慈善组织保值增值投资活动管理暂行办法》，对慈善组织的投资活动进行初步规范。

国内关于基金会保值增值行为的研究也非常初步，缺乏实证研究基础。国外已经有研究对基金会投资，尤其是基金会的永久性资助（endowment）及投资组合（portfolio）进行分析。与西方基金会相比，中国基金会存在于不同制度环境中，发展渊源和组织形态迥异，其投资动力和保值增值行为上的差异值得进一步探索。但是一方面受到实践领域探索滞后和关注不足的影响，另一方面也

---

① 这里主要对照美国经验。美国基金会以资助型（区别于运作型）的私人基金会为主，根据美国基金会中心网（http://data. foundationcenter. org/#/foundations/all/nationwide/total/list/2015）数据，2015年总资产7120亿美元，占所有基金会资产的比例为82%，这些基金会2015年接受捐赠总额320亿美元（占所有基金会的60%），支出总额441亿美元（占所有基金会的70%），表明美国私人基金会的投资收益占其年度收入的比例相当高，不仅维了占总资产6.2%、超出年度接受捐赠额的年度支出，还支撑了基金会资产规模的不断扩大。此外，根据美国基金会委员会（Council on Foundations）2019年对265家基金会（资产总额1047亿美元）的调研数据，样本的美国私人基金会过去10年来投资收益率的平均值为7.8%。

② 基金会中心网：《数说基金会：中国基金会保值增值现状》，2019年12月31日，http://www. foundationcenter. org. cn/report/content? cid＝20200107141839。

受限于数据的可得性，国内现有文献以对特定领域基金会筹资、投资的描述性研究和从财务等角度对投资困难与策略的规范研究为主，对投资行为和绩效的影响因素缺乏实证研究。

本研究拟基于定量方法来探索基金会的投资行为及增值绩效背后的影响因素。原因有二：第一，从风险角度提出基金会投资行为的理解和划分方式，供后续研究与实践者参考；第二，对于投资行为及其结果的影响因素进行探索性的研究，有助于理解中国基金会的行为逻辑和发展现状。本文主要回答以下两个研究问题：哪些因素影响了中国基金会的投资行为和绩效？反映出中国基金会投资行为存在什么样的逻辑与特征？本文首先对国内外现有基金会投资相关研究进行梳理并提出研究假设，之后收集并整理 2015～2017 年 913 家基金会投资及相关基础信息、财务数据，采用 Ologit、OLS 模型分析制度、管理以及财务因素对基金会投资行为及增值绩效的影响，最后基于实证结果讨论当前中国基金会投资行为的内在逻辑和复杂特征，并展望中国基金会投资增值的未来。

一　文献回顾

在美国，作为基金会收入来源之一，投资收入同公众捐赠、政府捐款、项目收费等一起，需要组织在有关免税资格的 990 表格（Form 990）中向公众披露。在国外关于基金会投资的研究中，很多学者围绕基金会（尤其是高校基金会）获得的永久性资助及投资组合展开探讨。在投资选择方面，Brown 等发现在策略性的分配决策中，在进行时间序列分析时投入和回报相关，在进行横截面分析时无关（Brown、Garlappi & Tiu，2010）。Dimmock 进一步指出大学非金融收入的波动性影响着基金会的投资组合（Dimmock & Stephen，2012）。也有学者对基金会在报告投资收入时的策略性调整进行研究（Almond & Xia，2017）。在投资回报方面，Lerner 等发现高校基金会的资金规模、学生素质和替代投资策略的使用都与高回报呈正相关（Lerner、Schoar & Wang，2008）。Heutel、Zeckhauser 通过实证发现规模较大、成立较久、属于私人基金会类型以及主要业务为金融的非营利组织（如保险提供商和养老金或退休基金）的投资回报更高（Heutel & Zeckhauser，2014）。

然而中国与西方的基金会在投资保值增值行为上可能面临截然不同的决策环境和动力基础。例如美国只有4%的基金会是运作型基金会（Operating Foundation）①，而中国基金会中运作型基金会占据绝大多数，且早期发展起来的基金会大多具有官方背景，以公募为主要资金来源。相比于西方研究，国内对基金会投资整体关注较少，已有的研究主要关注投资的法律制定、意义、问题、策略等方面，在研究方法上以规范性研究为主，多为宏观层面的讨论，也有对于国外基金会运作的经验总结。

早期，法学背景的研究者对于基金会投资赋予关注，在规范层面就基金会的法律地位以及投资行为的法律原则与政策设计进行讨论（冯果、窦鹏娟，2013；姚海放，2013；张学军，2015）。随着实践发展，基金会投资的重要性不断被学者提及。作为基金会收入来源之一，参与投资活动被学者们认为是提升基金会独立性、创新性、发展可持续性的有效手段（王崇赫，2009；金丽娅，2015）。

许多学者基于对现实的反思，从动力、制度、绩效等方面，指出当前基金会投资依然存在的一系列问题。在参与投资的动力上，许多基金会存在投资意愿弱（鹿长余、戴小平，2014）、投资观念保守（熊欣、刘翰、龙雪娇，2020）的问题；在具体的制度建设上，张利民指出相比于国外基金会，国内高校基金会在投资上存在制度不完善、投资流程与风险控制及容错机制不明确、缺乏专业的资产管理团队、激励机制不健全等问题（张利民，2019）；而在行动与绩效上，投资规模有限、投资渠道狭窄、投资选择盲目、投资效率低下等是现有问题（姜宏青、蔡环，2018；刘海荣，2019）。

面对这些问题，已有研究从宏观制度、投资策略、组织管理等角度对如何改进基金会投资提出建议。在制度保障上，尤玉军指出需要制定完善我国高校教育基金会投资机制的相关制度，赋予高校实体性法人地位并加以适当激励（尤玉军，2017）。而就具体投资手段而言，李晓静、张敏和王俊鑫提出将投资活动外包给专业资产管理公司、完善投资决策流程管控、进行分散化多元投资以控制投资风险、制定长期投资目标等措施（李晓静、张敏、王俊鑫，2017）。同时，在组织自身制度建设与管理体系上，良好的投资管理体系、投资风险管

---

① 来源于美国基金会数据网站 Foundation Center（data. fondationcenter. org）2015 年的统计数据。

理制度、专业化的资金管理人才（毕斐，2020），以及严格的风控机制都有助于规避市场风险（王鑫、黄建、袁平，2016）。

尽管基金会投资的重要性得到了学界和实践界的关注，但是对当前基金会实际的投资行为缺乏实证探讨。国内已有文献对基金会投资行为多倾向于描述性、规范性研究，多是从宏观层面"就问题说问题""就问题提出路"，基于经验讨论外部因素（如法律、政策、行业生态）或内部因素（如规则、能力、人力）对投资行为的影响，而缺少更加扎实、量化的实证研究，不能为已有观点提供充足论据。对于基金会的投资，需要以投资主体为中心，对其投资偏好和投资回报进行深入讨论，方能捕捉现实发展和未来趋势。本文认为，以往西方文献多关注组织内部因素，在此基础上结合中国独特的制度背景与行业生态对基金会投资行为和绩效的影响因素进行定量研究，有助于进一步挖掘中国基金会发展的普遍规律，强化与西方同领域研究的对话。

二　研究假设

基于理论、经验和逻辑推演，本文分别以组织外部制度和内部治理两个角度，并进一步结合基金会投资的资金独特属性，从三个层面提出影响投资行为及其绩效的因素：制度层面关注影响投资决策的外部制度环境因素，管理层面关注内部治理中决策者的特征，财务层面关注投资行为决策的资源基础。在因变量上，本文对基金会投资行为的风险偏好与投资增值回报进行区分。

（一）制度因素

新制度主义强调在社会结构之中，社会正式制度和非正式制度对非营利组织的共同影响（Meyer & Rowan，1977），在中国的制度框架下，社会组织在资源以及合法性上都受到形塑（王诗宗、宋程成、许鹿，2014）。在我国的社会组织制度框架下，社会组织有许多种分类，背后反映着不同的制度逻辑，基于这一前提，本文对不同类型划分下制度因素对于社会组织投资的影响进行推测，主要包含是否为官方背景、是否为企业背景、是否有公募资格三类。

第一，基金会是否为官方背景可能影响基金会投资决策和绩效。早期的中国基金会带有明显的官方化特征，2004年颁布《基金会管理条例》后，越来越多的社会力量以基金会的形式进入公益领域，民间发起的基金会开始快速发展。相比之下，官方背景基金会对政府具有更多资源、制度等方面的依赖，更多控制权为主管单位掌握，自主空间较小（卢玮静、刘程程、赵小平，2017；崔月琴、李远，2017）。同时，其行政化特征使得官办基金会可能面临更多的风险和问责压力，风险感知更加敏感，在做出投资决策时可能更谨慎。

第二，基金会是否为企业背景可能影响基金会投资决策和绩效。除考虑官方背景因素外，本文还单独考虑企业背景因素，因为企业发起的基金会与出资企业的联系密切，使得企业基金会的管理层和管理机制与资本市场联系更为紧密（Petrovits，2006；陈钢、李维安，2016）。因而本文推测企业背景的基金会投资态度会更加积极，也可能拥有更多市场信息和资源，从而获得更好的投资回报。

第三，基金会是否为公募基金会可能影响基金会投资决策和绩效。相比于非公募基金会，公募基金会面对更严格的行政监管和信息公开要求，有更大的问责压力。同时，《慈善法》第60条明确指出，慈善组织中具有公开募捐资格的基金会开展慈善活动的年度支出，不得低于上一年总收入的70%或者前三年收入平均数额的70%。为保持财务上的流动性和业务的持续运营，基金会在进行投资决策时可能会更加慎重。因而公募基金会的问责机制和资金流动性可能会影响其在投资活动中的参与。

由此做出以下具体假设：

假设1.1a：相比于非官方背景的基金会，官方背景基金会更倾向于低风险投资。

假设1.1b：相比于非官方背景的基金会，官方背景基金会可能获得更低的投资增值回报率。

假设1.2a：相比于非企业背景的基金会，企业背景基金会更倾向于高风险投资。

假设1.2b：相比于非企业背景的基金会，企业背景基金会可能获得更高的投资增值回报率。

假设1.3a：相比于非公募背景的基金会，公募背景基金会更倾向于低风险投资。

假设 1.3b：相比于非公募背景的基金会，公募背景基金会可能获得更低的投资增值回报率。

(二) 管理因素

理事会是基金会的最高决策机构，负责基金会的重大募资活动、投资活动和关联交易行动等核心决策，本研究在管理层面主要关注基金会理事会特征。本文以理事会规模、平均年龄与理事会女性比例作为核心变量衡量理事会特征对于基金会投资行为的影响。

首先，在理事会规模方面，可以从风险监控和决策能力两个角度进行理解。一方面，投资对于基金会而言，是一类带来潜在风险的财务管理行为，而理事会的功能之一就是对组织风险进行监控。有学者通过实证研究发现，当理事会规模更大时，理事会趋于提升监管水平（Olson，2000；Brown，2005）。当理事会成员数量更多时，成员异质性可能增强，低风险偏好的成员可能会进一步强化基金会决策层的风险厌恶倾向。另一方面，从决策能力的角度看，理事会规模更大，也会提升组织的筹资能力，带来更好的财务绩效（颜克高，2012）。基金会的投资决策是其财务方面的重要决策之一，需要清晰的风险判断，也关乎基金会的长久发展。当理事会规模更大时，可能会带来更加丰富的信息，提升理事会决策能力和水平。这两类解释虽然有所冲突，但均对于基金会理事会决策有一定解释力度。考虑到能力可以同时解释投资风险偏好和投资回报，本文假设当理事会规模更大时，可能会更加偏好高风险的决策，获得更好的投资收益。

其次，在年龄方面，有学者曾就理事会成员平均年龄的作用进行讨论，他们指出尽管年长的理事会成员可能有着丰富的社会经验和广泛的人际关系，但他们在体力、思维上会遇到更多困难，从而影响群体决策方案的数量和质量（刘树林、席酉民，2002）。而对于一些基金会而言，年龄较大的理事是退居二线的业务主管机关领导，容易产生"退休状态"的消极心理（刘丽珑，2015）。此外还有学者发现理事年龄对筹资能力、财务绩效具有消极影响（颜克高、薛钱伟，2013）。就投资而言，可以推测相较于年长的理事，年轻的理事可能拥有更加积极进取的心态，风险接受度更高，知识储备与个体精力更加充足，决策可能会带来更高的收益。

最后，在性别方面，对于理事性别与风险偏好和财务管理的讨论已有很多，学者们对于具体因果效应的解释也大相径庭。从个体角度看，一些研究发现女性比男性更加厌恶风险（Croson & Gneezy，2009；Haslam et al.，2010；周业安、左聪颖、袁晓燕，2013）。从组织角度看，有学者通过实证分析发现女性监事可能会强化机构的风险偏好（程惠霞、赵敏，2014），理事会中女性成员更多时，基金会理事会整体更倾向于保守决策。但是女性成员也可能通过创新（Bilimoria，2000）和参与式管理风格（Pearce & Zahra，2010）等方式改进组织决策。由于目前国内大部分基金会理事会中男性理事占比较高，女性理事的发言权和影响力可能较为有限，本文假设男性理事比例与高风险偏好和投资绩效之间存在正向影响。

基于以上逻辑提出以下假设：

假设 2.1a：基金会理事会规模越大，基金会越倾向于高风险投资。

假设 2.1b：基金会理事会规模越大，基金会越可能获得更高的投资增值回报率。

假设 2.2a：基金会理事会成员平均年龄越低，基金会越倾向于高风险投资。

假设 2.2b：基金会理事会成员平均年龄越低，基金会越可能获得更高的投资增值回报率。

假设 2.3a：基金会理事会男性理事比例越高，基金会越倾向于高风险投资。

假设 2.3b：基金会理事会男性理事比例越高，基金会越可能获得更高的投资增值回报率。

（三）财务因素

基金会聚集着社会组织行业中的财力，其年末总资产能够反映组织的规模和其所具有的资源状况。Heutel 和 Zeckhauser 通过实证得出，资产规模越大的基金会越可能存在某种"规模经济"（Economies of Scale），即基金会规模越大，投资回报越高（Heutel & Zeckhauser，2014）。基金会资产较多，意味着基金会可用于投资理财的资金可能更多，同时，其可用于聘请专业人员或是人员培训的资金更充足，因而可能拥有更加丰富且专业的人力资源，对于投资的参与度也可能更高。本文预测，相比于资产少、规模小的基金会，资产多的基金会更有可能参与到投资行为之中，同时其对于投资风险的接受程度也更高，在人力、财力相对充足的情况下，可能获得更好的投资回报。

基于以上分析提出假设：

假设 3.1a：基金会总资产越多，基金会越倾向于高风险投资。

假设 3.1b：基金会总资产越多，基金会越可能获得更高的投资增值回报率。

三　研究设计

（一）数据来源

本文的数据主要有两个来源，其一是易善数据①，其二是笔者人工检索收集，主要收集自基金会每年 3 月向民政部提交的年报。具体而言，本研究数据主要从各基金会年报信息中的第一部分基本信息，第三部分公益费用支出和管理费用情况中的投资理财，第四部分财务会计报告中的资产负债表、业务活动表和现金流量表等部分获得。

在样本上，本研究按照截至 2017 年度基金会总资产规模进行排序，筛选出前 1000 家在中国注册的基金会②。由于部分基金会数据存在缺失，经过筛选后，对 913 家基金会进行分析。本文主要对 2015 年至 2017 年的数据进行收集。选择这一时间段的原因主要有二：一是数据可得性，在本文进行数据收集时，2018 年及以后的数据披露有限，2015 年至 2017 年的数据完整性较高；二是 2018 年民政部出台了相关文件，对基金会投资进行了规范，可能对基金会投资研究带来干扰。基于这 1000 家基金会的抽样框，笔者对这些基金会在 2015 年至 2017 年披露的相关数据进行收集整理。具体而言，包括基金会名称、成立时

---

① 易善数据为一家关注公益慈善领域数据采集与应用的公司，其数据来源为中国社会组织网、地方民政局、"慈善中国"等披露的公开信息。

② 选取资产规模排名前 1000 家基金会主要是考虑到这些规模较大的基金会数据披露质量相对较高。

间、范围、登记部门、类型，基金会理事的性别、姓名、出生日期，基金会原始基金数额、投资收入、不同投资收益来源的本年度发生额、平均净资产和总资产合计等信息。

需要说明的是，考虑到基金会投资行为的相对稳定性，同时从进行投资到获得回报存在一定时间上的延迟，为降低因变量的波动影响，更好地反映基金会的投资行为，在因变量上，我们对数据进行了以下处理：在考虑风险偏好时，我们综合 2015～2017 年三年的投资策略选择进行编码，在考虑投资回报时，我们对三年的投资增值回报率取均值。在自变量上，考虑到时间滞后的影响，我们选择样本 2015 年的自变量取值进行回归。

（二）模型设定

本文的分析重点关注基金会的投资选择及增值回报，具体而言，包含基金会在进行投资时的风险偏好（*risk*）以及基金会投资后的投资增值回报率（*ratio*）。在具体模型的设定上，考虑到因变量为代表不同风险偏好程度的有一定顺序差异的多类别变量，故选择有序多分类模型（Ordinal Logistic Regression）进行分析，估计方法采用极大似然法。当因变量为投资增值回报率时，选择最小二乘法（OLS）进行回归。具体模型建构如下：

$$risk = \beta_0 + \beta_1 gov + \beta_2 etp + \beta_3 public + \beta_4 asset + \beta_5 conage + \beta_6 consex +$$
$$\beta_7 connum + \beta_8 range + \beta_9 age + \varepsilon \tag{1}$$

$$ratio = \beta_0 + \beta_1 gov + \beta_2 etp + \beta_3 public + \beta_4 asset + \beta_5 conage + \beta_6 consex +$$
$$\beta_7 connum + \beta_8 range + \beta_9 age + \varepsilon \tag{2}$$

在式（1）、式（2）中，*risk* 表示基金会投资风险偏好程度，*ratio* 表示基金会投资增值回报率，*gov* 为是否为政府背景，*etp* 为是否为企业背景，*public* 为是否为公募，*asset* 为总资产，*connum* 为理事会人数，*conage* 为理事会平均年龄，*consex* 为理事会男性成员占比，*range* 为是否为全国型，*age* 为基金会成立时间。β_0 为回归式常数项，β_i（$i = 1，2，3，4，5，6，7，8，9$）为对应变量的回归系数，ε 为误差项，具体变量定义及操作详见下文。

（三）研究变量

1. 因变量

本研究在因变量的设计上主要考虑基金会投资行为和回报方面的因素。一方面，对于基金会的投资行为而言，具体决策时采用的投资策略能够反映基金会的行为选择和战略考量。基金会面临很多的投资类型选择，具体而言，根据2019年1月起施行的《慈善组织保值增值投资活动管理暂行办法》，基金会投资行为主要包括直接购买银行、信托、证券、基金、期货、保险资产管理机构、金融资产投资公司等金融机构发行的资产管理产品，通过发起设立、并购、参股等方式直接进行股权投资，将财产委托给受金融监督管理部门监管的机构进行投资三类，本文依据此对所有的基金会投资行为进行编码。考虑到不同投资策略所面临的潜在风险，本文依据基金会的投资选择判断基金会在进行投资决策时的风险偏好。2015～2017年，当基金会不投资或仅在银行存款时，本文认为其风险偏好较低，当基金会选择参与股权投资时，本文认为其风险偏好较高，当基金会选择理财、委托等方式进行投资时，本文认为其风险偏好居中，基于此，基金会投资风险偏好归为三类，即较低、居中、较高。另一方面，为了进一步从结果角度衡量基金会的投资行为，我们将基金会投资增值回报率作为第二个因变量进行考察①。

2. 自变量

依据前文提出的假设，结合数据的可获得性，本研究从制度、管理、财务三个层面出发对研究模型的自变量进行了设定。具体而言，在制度层面，以基金会是否为政府背景（*gov*）、基金会是否为企业背景（*etp*）、基金会是否为公募（*public*）作为变量来研究影响基金会投资行为的制度因素。若基金会为政府发起的，则 *gov* 编码为 1；若基金会为企业或企业家发起成立的，则 *etp* 编码为 1；若基金会为公募型基金会，则 *public* 编码为 1。在管理层面，以理事会人数（*connum*）、理事会平均年龄（*conage*）和理事会男性成员占比（*consex*）作为变量，分别测量了基金会对应年份理事会总人数、平均年龄与性别比。此外，本文主要从基金会投资可动员的资源出发来关注基金会投资的影响因素，参照基金会年报中披露数据的有关细则，本研究选用2015年基金会总资产作为衡量这一年度基金会资金规模的变量。同时考虑到基金会在全国型、地方型以及不同的组织年龄上也可能存在差异，故纳入 *range*、*age* 变量进行控制。表1为变量

---

① 在衡量投资绩效时，投资收益率是较好的指标，即用具体的投资收益除以投资成本，但是在基金会公开的数据报表中并没有对应具体的投资金额与回报，因而本文只能直接用基金会的投资收益除以基金会当年的净资产，这一操作类似公司净资产收益率（ROE），本文命名为基金会投资增值回报率。

命名及测量的进一步说明。

表 1 变量设计

	符号	名称	说明
因变量	*risk*	基金会投资风险偏好	有序分类变量，基金会投资风险偏好较低标 1，基金会投资风险偏好居中标 2，基金会投资风险偏好较高标 3
	ratio	投资增值回报率	连续变量，年度投资增值回报/净资产，三年取均值
自变量	*gov*	基金会政府背景	二值变量，政府背景标 1，非政府背景标 0
	etp	基金会企业背景	二值变量，企业背景标 1，非企业背景标 0
	public	基金会类型	二值变量，公募标 1，非公募标 0
	connum	理事会人数	
	conage	理事会平均年龄	
	consex	理事会男性占比	
	asset	总资产	基金会年度总资产，取对数
控制变量	*range*	基金会范围	二值变量，全国型标 1，地方型标 0
	age	基金会成立时间	基金会成立的具体年数

四　结果与讨论

（一）描述性分析

表 2 为描述性统计分析。从表 2 可以看出，风险偏好最小值为 1，最大值为 3，均值为 1.85，说明整体偏好相对保守，结合图 1 可以看出，偏好风险居中的基金会最多，偏好风险偏高的基金会最少。在投资增值回报率上，平均回报率为 1.9%，回报率较低，也存在负收益的情况。就理事会状况而言，平均人数在 13 人左右，理事年龄最小 26 岁，最大 96 岁，平均 51 岁左右，整体而言男性理事占比较高，平均性别比超过 3/4。

表 2 变量描述性统计

Variable	Obs	Mean	Std. Dev.	Min	Max
risk	913	1.852	0.744	1	3
ratio	913	0.019	0.032	− 0.041	0.323
gov	913	0.386	0.487	0	1

续表

Variable	Obs	Mean	Std. Dev.	Min	Max
etp	913	0.119	0.324	0	1
public	913	0.492	0.500	0	1
asset	913	17.490	1.173	14.510	22.370
connum	913	13.610	6.407	5	25
conage	913	51.69	6.093	26	96
consex	913	0.775	0.183	0	1
range	913	0.196	0.397	0	1
age	913	9.698	8.299	0	34

图 1 进一步反映了不同风险偏好的基金会投资收益情况。由于本文将没有投资或仅有银行存款的基金会划分为风险偏好低的一类①，所以第一列取值均为 0。在风险偏好居中和偏高的基金会中，尽管存在一定的异常值，但是整体分布范围接近，高风险偏好的基金会投资回报率的上四分位数、均值均大于风险偏好居中的基金会，下四分位数低于风险偏好居中的基金会。我们可以看出，风险偏好高并不一定代表高收益，尽管高风险偏好基金会中的一些组织可能会获得更高的收益，但是也面临收入的不确定性。

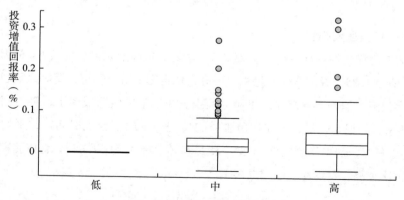

图 1 不同风险偏好基金会的投资增值回报率

（二）基金会投资风险偏好

在这一阶段，研究对基金会具体投资行为中呈现的风险偏好进行探索。如

---

① 在其年报投资收益栏体现为 0，显然未计入银行存款收益。

上文所述，依据基金会2015～2017年的投资选择，将基金会的投资风险偏好划分为较低、居中、较高三类，模型（1）将因变量视为定距变量，模型（2）（3）将因变量视为有序多分类变量进行回归（分别汇报了系数和优势比），回归结果见表3。回归模型已通过多重共线性检验。

研究结果反映基金会的官方背景、资产，理事会年龄、性别可能影响基金会的投资决策。在其他因素不变的情况下，在制度层面，相比于非官方背景的基金会，拥有官方背景的基金会更加倾向于规避风险，假设1.1a得到验证。基金会是否有企业背景对于基金会投资行为偏好没有显著影响，无法检验假设1.2a；同时基金会若为公募，风险投资意愿可能更低，假设1.3a得到验证。在管理层面，对于理事会而言，理事人数越多，理事平均年龄越高，女性理事成员越多的基金会，风险偏好越高，假设2.1a得到验证，实证结果与假设2.2a、2.3a预测的方向相反。在财务方面，基金会总资产越多，越倾向于做出高风险决策，假设3.1a得到验证。可以看出OLS和Ologit模型回归结果的显著性基本一致，具有一定的稳健性。

回归结果表明，基金会的投资行为偏好受到制度、管理、财务三类因素的综合影响。在制度层面，我国传统官办基金会具有较强的行政性色彩，呈现"管理模式行政化、所有权'国有化'、人员等级化、领导官员化"的特点（李莉、陈秀峰，2009），面对可能带来潜在风险的投资行为，官办基金会可能采取更加保守的态度。企业背景并没有显著影响，这似乎与常识相悖，但是结合实践中企业基金会的特征依然可以找到可能的解释。不少企业基金会在实际运作中与企业社会责任部门在人事、财务管理等方面并未完全分开，只是名义上的独立法人。在这种背景下，企业基金会往往作为企业的一个部门采取预算制，本身除注册资金存留外也不需要其他的资产管理，因此投资行为的风险偏好和绩效并不突出①。此外，相比于非公募基金会，公募基金会更可能采取保守态度，这进一步反映了在基金会决策中社会问责压力发挥的作用。在管理层面，规模更大的理事会可能为组织决策带来更多资源，年长的理事会成员可能对于组织长远发展具有更多洞见，女性理事的参与可能为组织决策过程带来多样性和活力。在财务层面，当基金会拥有更多资产时，会具有更高的投资自

---

① 这部分信息来源于后续对业内人士和相关基金会秘书长的咨询。

由度，拥有更多资产管理方式选择的可能性。除了假设中考虑到的能力因素，基金会在资产体量较大时，将面临更大的保值压力，同时不进行投资也代表着巨大的机会成本，此时的投资增值将成为一个更加重要的决策议题，即便是相对保守、规避风险的官方背景基金会也不得不更积极、更认真地面对这个问题。

表 3 基金会投资风险偏好影响因素

	（1）	（2）	（3）
	OLS	Ologit（系数）	Ologit（Or 值）
gov	- 0. 148 **	- 0. 359 *	- 0. 359 *
	（- 2. 145）	（- 1. 883）	（- 1. 883）
etp	0. 013	0. 003	0. 003
	（0. 164）	（0. 012）	（0. 012）
public	- 0. 117	- 0. 338 *	- 0. 338 *
	（- 1. 629）	（- 1. 692）	（- 1. 692）
asset	0. 136 ***	0. 395 ***	0. 395 ***
	（5. 986）	（5. 874）	（5. 874）
conage	0. 012 ***	0. 032 ***	0. 032 ***
	（3. 049）	（2. 831）	（2. 831）
consex	- 0. 469 ***	- 1. 252 ***	- 1. 252 ***
	（- 3. 463）	（- 3. 343）	（- 3. 343）
connum	0. 007 *	0. 018	0. 018
	（1. 860）	（1. 643）	（1. 643）
range	- 0. 076	- 0. 194	- 0. 194
	（- 1. 246）	（- 1. 200）	（- 1. 200）
age	0. 003	0. 007	0. 007
	（0. 963）	（0. 722）	（0. 722）
_cons	- 0. 788 **		
	（- 1. 995）		
cut 1		6. 851 ***	6. 851 ***
		（5. 882）	（5. 882）
cut 2		9. 080 ***	9. 080 ***
		（7. 647）	（7. 647）

	(1)	(2)	(3)
	OLS	Ologit（系数）	Ologit（Or 值）
N	913	913	913
R²	0.084		
Pseudo R²		0.046	0.046

注：括号内为对应的 p 值，＊＊＊、＊＊、＊ 分别表示在 1%、5%、10% 显著性水平下显著。Ologit 回归模型中 Or 值为优势比，即自变量变化时，更倾向于高风险事件发生比的变化率。

（三）基金会投资增值绩效

为了衡量基金会的投资增值绩效，这一部分以 2015 年影响变量对 2015 ~ 2017 年投资回报率均值进行回归，结果反映基金会管理、财务层面的因素可能对增值绩效产生影响，而制度层面的变量影响并不显著。在制度层面，无论官方与否还是企业与否抑或公募与否，基金会的背景对于最终投资增值回报率的影响均不显著，假设 1.1b、1.2b、1.3b 没有通过检验。在管理层面，理事会规模影响不显著，假设 2.1b 未得到验证；理事会平均年龄越大，可能获得的增值绩效越高，结果与假设 2.2b 预测方向相反；理事会性别结构对于投资绩效没有显著影响，假设 2.3b 没有得到检验。在财务层面，整体资金实力更强的基金会可能会获得更好的收益，假设 3.1b 得到验证。

表 4 与表 3 结果的出入说明高风险偏好不一定产生高的增值绩效，这进一步体现了投资市场的复杂性和不确定性。同时也表明制度背景因素影响了投资行为，但在总体投资增值水平较低的情况下，投资增值绩效主要由管理和财务要素决定。

管理因素的显著性进一步反映了组织决策过程的内在逻辑。例如，本文通过研究发现理事会平均年龄越大，高风险偏好越强，投资增值回报越好。尽管年轻人可能有更强的创新意识和更旺盛的精力，但是年长的理事可能拥有更加丰富的经验和更多的社会资本，从而基金会获取资源的能力可能更强，管理效率也可能更高（刘丽珑、张国清、陈菁，2020）。此外，组织规模尽管可能会影响基金会的投资偏好，但是并没有对投资增值回报产生显著影响，其背后原因需要结合基金会具体决策过程进行挖掘，例如尽管理事会规模大可能有助于风险分担，也可能带来更多的资源、提升能力从而获得更多投资回报，但是其对具体决策、执行、监管效率可能形成掣肘，最终影响投资绩效。

表4 基金会投资增值回报影响因素

	(1)		(1)
	ratio		ratio
gov	− 0.002	connum	− 0.000
	(− 0.631)		(− 1.327)
etp	− 0.000	range	− 0.002
	(− 0.047)		(− 0.744)
public	− 0.000	age	0.000
	(− 0.024)		(0.241)
asset	0.006 ***	_ cons	− 0.089 ***
	(5.158)		(− 4.451)
conage	0.000 *	N	913
	(1.846)	R²	0.040
consex	− 0.008		
	(− 1.283)		

注：括号内为对应的 p 值，***、**、* 分别表示在1%、5%、10%显著性水平下显著。

(四) 相对重要性分析

为了进一步衡量已有变量对于结果解释的贡献率，本文参照 Israeli 提出的相对重要性分析法，对上述两个模型进行了进一步分析（Israeli，2007）。该方法的核心关注点是不同解释变量对于 R² 的贡献程度，从而依据此判断出解释变量的相对重要性。结果如表5、表6所示，首先，在对于风险偏好的回归中，贡献最大的是资产规模，其次是政府背景，之后是理事会因素。而在对于增值回报的回归中，财务因素依然是最主要的。这也体现了上述结论的稳健性。

表5 风险偏好影响因素的相对重要性分析

risk	Dominance Stat.	Standardized Domin. Stat.	Ranking
asset	0.0466	0.5034	1
gov	0.0105	0.1133	2
consex	0.0093	0.1001	3
conage	0.0087	0.0941	4
public	0.0074	0.0795	5

risk	Dominance Stat.	Standardized Domin. Stat.	Ranking
connum	0.0043	0.0469	6
age	0.0019	0.0204	7
range	0.0031	0.0331	8
etp	0.0010	0.0103	9

表6 投资增值回报影响因素的相对重要性分析

Ratio	Dominance Stat.	Standardized Domin. Stat.	Ranking
asset	0.0383	0.7791	1
conage	0.0043	0.0874	2
age	0.0017	0.0346	3
connum	0.0013	0.0262	4
range	0.0012	0.0254	5
consex	0.0012	0.0245	6
gov	0.0007	0.0152	7
public	0.0002	0.0039	8
etp	0.0002	0.0037	9

五 结论与展望

财富积累是第三次分配的基础与主体（王名等，2021）。随着共同富裕和第三次分配相关政策的推进，可以预期中国基金会的慈善资产规模将进一步扩大①，如何通过规范、理性的投资实现资金的保值增值，使得善款得以最大化善用，成为越来越多基金会以及相关主体（如政府部门、资产管理机构、捐赠人及受捐助项目方）关心的议题。本文在参考国外相关研究的基础上，进一步引入具有中国情境特殊性的制度等因素，分析基金会投资行为和绩效。本文按照总资产规模采集1000个中国基金会2015~2017年的相关数据，利

---

① 清华大学国家金融研究院高皓结合我国先富群体财富规模及国际比较进行估算，到2030年我国全口径年度捐赠总额达到1.5万~2万亿元具有现实可行性。见高皓《第三次分配的规模测算与机制设计》，载于《中国非营利评论》2021年第2期笔谈栏目。

用 Ologit、OLS、相对重要性分析方法研究了基金会制度层面、管理层面和财务层面相关因素对基金会投资行为与增值绩效的影响。总体而言，有如下主要结论。

（1）体现在基金会类型中的制度因素对基金会投资增值行为有显著影响，但对投资增值绩效的影响不显著。这一方面进一步揭示了在中国独特制度背景下，政社关系、社会问责都会影响基金会的投资增值行为，显现出中国基金会的投资行为不同于西方的特点；另一方面又表明投资市场存在复杂性和不确定性。当基金会行业投资增值水平总体较低时，基金会的制度背景就难以对投资增值绩效产生更大的影响，组织层面如财务和管理要素的影响则更直接、显著。随着最近几年保值增值日益受到重视，行业整体投资行为日渐活跃，制度因素的影响效应可能进一步显现，还有待后续、长时段的进一步实证研究。

（2）理事会成员规模和人口学因素对基金会投资增值行为和投资增值绩效显示出不一致的、复杂的影响。本文的结果显示，理事会中理事数量越多、女性成员占比越高、平均年龄越高，基金会越倾向于参与高风险投资，且当理事更加年长时，可能获得更好的增值绩效。这进一步反映了理事会对于基金会决策和行为发挥的重要作用。

（3）作为财务层面因素的资产规模是影响中国基金会投资保值增值行为和投资增值绩效的最主要因素。本文的实证结果表明一个资金规模更大的基金会，更有可能在投资中有更加积极且优异的表现。资产管理和保值增值涉及基金会的长远发展。对于发展阶段和发展规模迥异的基金会而言，资产规模引发更多的投资行为是否揭示了基金会稳定的发展规律，是否会带来资产上的马太效应，值得后续研究进一步关注。

（4）本文将基金会的投资行为与绩效结合分析，发现了基金会相关行为背后内在的复杂性。中国基金会投资行为和保值增值绩效在整体上还呈现出初级样态，无论是投资体量还是投资增值绩效都比较有限。在此背景下，基金会投资行为及其增值绩效存在复杂的影响因素。就本文的研究结论而言，基金会投资行为影响因素更多以财务、组织因素为主导，这背后可能反映了基金会面对限制性的制度环境和发展中的公益行业，还需要更多依靠组织自身的资金资源、管理能力、社会资本等禀赋。同时，基金会面对的投资市场是充满不确定性的，高风险偏好并不一定意味着高收益，这进一步对基金会的决策和管理能力带来挑战。

基金会投资虽然只是基金会筹款、机构管理、项目运营等诸多日常工作中的一类，背后却可以折射出基金会的决策环境、决策行为及绩效之间的复杂脉络。随着社会财富的不断增长和捐赠人、公众对财富永续传承的期待提升，中国基金会也面临转型和升级，如何更好地管理财富、放大财富的价值是摆在每一个基金会面前的挑战。在学术研究上，应当紧跟实践发展，进一步用多种研究方法深入挖掘基金会这类慈善组织在发展过程中的内在规律和日常行为背后的深层逻辑。作为基金会投资行为与保值增值绩效领域一个初步的定量研究，本文在数据获取、变量选取与操作上还存在一定限制，未来的研究需要进一步收集和完善基础数据、补充案例素材，就本文提出的制度、管理、财务三个层面的影响因素进行变量拓展，并讨论不同层面因素的交互作用。同时，投资行为本身的解读也存在丰富的面向，即基金会的投资行为可能并非都是出于增值考虑，例如在实践中，有的基金会会选择自己成立公司，与自身的具体项目需求相结合。在最终报表中，这类行为会被归为股权投资的一种，但是这一类行为的背后可能并不是考虑风险和收益的投资逻辑。因而对于基金会投资行为的研究，还需要结合更多数据与质性材料进行更加深入的探讨。

参考文献

毕斐（2020）：《高校教育基金会可行性投资方案研究》，《合作经济与科技》，第12期。

陈钢、李维安（2016）：《企业基金会及其治理：研究进展和未来展望》，《外国经济与管理》，第6期。

程惠霞、赵敏（2014）：《高层管理者女性比例对组织风险偏好的影响——基于我国上市金融机构的实证研究》，《软科学》，第6期。

崔月琴、李远（2017）：《从国家法团到社会法团：官办 NGO 改革路径的再思考——基于 J 省官办基金会的调查》，《学术研究》，第1期。

冯果、窦鹏娟（2013）：《公益慈善组织投资风险的法律控制》，《政治与法律》，第10期。

高皓（2021）：《第三次分配的规模测算与机制设计》，《中国非营利评论》，第2期。

姜宏青、蔡环（2018）：《完善我国公益基金会投资机制的策略》，《会计之友》，第14期。

江亚洲、郁建兴（2021）：《第三次分配推动共同富裕的作用与机制》，《浙江社会科学》，第9期。

金丽娅（2015）：《基金会保值增值之道》，《中国慈善家》，第4期。

李莉、陈秀峰（2009）：《透析我国官办型公益基金会体制特性及其改革的现实选择——制度变迁与路径依赖的理论视角》，《中国非营利评论》，第1期。

李晓静、张敏、王俊鑫（2017）：《高校教育基金会筹资与投资模式的创新设计》，《高教探索》，第6期。

刘海荣（2019）：《谈我国慈善组织资金管理问题与对策》，《大众投资指南》，第21期。

刘丽珑（2015）：《我国非营利组织内部治理有效吗——来自基金会的经验证据》，《中国经济问题》，第2期。

刘丽珑、张国清、陈菁（2020）：《非营利组织理事社会资本与组织绩效研究——来自中国基金会的经验证据》，《中国经济问题》，第2期。

刘树林、席酉民（2002）：《年龄与群体创建决策方案数量和质量的实验研究》，《控制与决策》，第S1期。

鹿长余、戴小平（2014）：《我国大学教育基金会投资现状、问题及对策》，《上海金融学院学报》，第4期。

卢玮静、刘程程、赵小平（2017）：《市场化还是社会化？——中国官办基金会的转型选择》，《中国非营利评论》，第2期。

王崇赫（2009）：《我国非公募基金会发展投资的必要性分析》，《社团管理研究》，第4期。

王名、蓝煜昕、高皓、史迈（2021）：《第三次分配：更高维度的财富及其分配机制》，《中国行政管理》，第12期。

王诗宗、宋程成、许鹿（2014）：《中国社会组织多重特征的机制性分析》，《中国社会科学》，第12期。

王鑫、黄建、袁平（2016）：《我国公益基金优化投资管理的路径探讨》，《南方金融》，第6期。

熊欣、刘翰、龙雪娇（2020）：《高校基金会财务管理相关问题研究》，《纳税》，第4期。

颜克高（2012）：《公益基金会的理事会特征与组织财务绩效研究》，《中国经济问题》，第1期。

颜克高、薛钱伟（2013）：《非营利组织理事会治理与财务绩效研究》，《商业研究》，第10期。

姚海放（2013）：《公益基金会投资行为治理研究》，《政治与法律》，第10期。

尤玉军（2017）：《我国高校教育基金会投资制度研究》，《教育研究》，第5期。

张利民（2019）：《内控视域下的高校教育基金会筹资与投资管理研究》，《商业会计》，第 8 期。

张学军（2015）：《基金会投资的安全原则之规范化研究》，《中国政法大学学报》，第 5 期。

周业安、左聪颖、袁晓燕（2013）：《偏好的性别差异研究：基于实验经济学的视角》，《世界经济》，第 7 期。

Almond, D., & Xia, X. (2017), "Do Nonprofits Manipulate Investment Returns?," *Economics Letters* 155, pp. 62 – 66.

Bilimoria, D. (2000), *Building the Business Case for Women Corporate Directors*, Springer Netherlands.

Brown, K. C., Garlappi, L., & Tiu, C. (2010), "Asset Allocation and Portfolio Performance: Evidence from University Endowment Funds," *Journal of Financial Markets* 13, pp. 268 – 294.

Brown, W. A. (2005), "Exploring the Association Between Board and Organizational Performance in Nonprofit Organizations," *Nonprofit Management and Leadership* 15, pp. 317 – 339.

Croson, R., & Gneezy, U. (2009), "Gender Differences in Preferences," *Journal of Economic Literature* 47, pp. 448 – 474.

Dimmock, & Stephen, G. (2012), "Background Risk and University Endowment Funds," *Review of Economics & Stats* 94, pp. 789 – 799.

Haslam, S. A., Ryan, M. K., Kulich, C., et al. (2010), "Investing with Prejudice: The Relationship Between Women's Presence on Company Boards and Objective and Subjective Measures of Company Performance," *British Journal of Management* 21, pp. 484 – 497.

Heutel, G., & Zeckhauser, R. (2014), "The Investment Returns of Nonprofit Organizations, Part II," *Nonprofit Management & Leadership* 25, pp. 41 – 57.

Israeli, O. (2007), "A Shapley-Based Decomposition of the R-Square of a Linear Regression," *The Journal of Economic Inequality* 5, pp. 199 – 212.

Lerner, J., Schoar, A., & Wang, J. (2008), "Secrets of the Academy: The Drivers of University Endowment Success," *The Journal of Economic Perspectives* 22, pp. 207 – 222.

Meyer, J. W., & Rowan, B. (1977), "Institutionalized Organizations: Formal Structure as Myth and Ceremony," *American Journal of Sociology* 83, pp. 340 – 363.

Olson, D. E. (2000), "Agency Theory in the Non-for-Profit Sector: Its Role at Independent Colleges," *Nonprofit and Voluntary Sector Quarterly* 29, pp. 280 – 296.

Pearce, J. A., & Zahra, S. A. (2010), "Board Composition from a Strategic Contingency Perspective," *Journal of Management Studies* 29, pp. 411 – 438.

Petrovits, C. M. (2006), "Corporate-Sponsored Foundations and Earnings Management," *Journal of Accounting & Economics* 41（3）, pp. 335 – 362.

中国非营利评论
China Nonprofit Review

Research on the Influencing Factors of Investment Behavior and Value-Added Performance of Chinese Foundations

Lan Yuxin, He Lihan & Tao Ze

[**Abstract**] Maintaining and increasing value through investment activities is not only related to the sustainable development of charitable organizations, but also an important way to enlarge the scale of the third distribution. What factors are affecting the investment behavior and value-added performance of Chinese charitable organizations? This paper selects 913 Chinese foundations from the top 1000 in terms of total assets in 2017, and analyzes their organizational data from 2015 to 2017. This paper investigates the influence of three factors, namely system, management and finance on the risk preference and value-added performance of investment behavior of foundations by using Ologit and OLS models. The results imply that on the institutional level, the investment behavior of the official background foundation is more conservative, but the influence of the institutional background on the value-added performance is not significant; on the management level, the number, age and gender of the council have obvious but complex influences on the investment behavior and value-added performance; on the financial level, the scale of funds has a significant positive correlation with the investment risk preference and value-added performance. Last but not least, this paper reveals the overall primary pattern and complexity of investment behavior of Chinese foundations in the field of investment maintenance and appreciation.

[**Keywords**] Foundation; Asset Management; Investment; Maintenance and Appreciation of Investment

责任编辑：宋程成

新生代民营企业家的社团参与：
基于全国私营企业调查的实证分析[*]

黄 杰[**]

【摘要】随着中国民营经济代际更替的大规模展开，新生代民营企业家已经逐步登上历史舞台。本文利用第 12 次全国私营企业调查数据，检验了不同世代民营企业家社团参与的差异及其影响。研究发现，由于独特的成长和教育经历，新生代民营企业家相比老一代民营企业家在工商联等正式社团中的参与度较低，而在自组织的非正式社团中的参与度较高。新生代民营企业家的正式社团参与会降低他们非正式社团参与的可能性。同时，从社会影响看，正式社团的参与可以显著提高新生代民营企业家对当地营商环境的满意度。这一发现对于理解新生代民营企业家群体，提升他们的政治认同感和获得感及在此基础上促进新生代民营企业家的健康成长都有重要意义。

【关键词】新生代企业家；正式社团；非正式社团；营商环境

---

* 本文是国家社科基金青年项目"新型政商关系视野下'民企二代'统战问题研究"（19CZZ006）的阶段性成果。

** 黄杰，南京大学政府管理学院助理研究员，香港大学政治学博士，研究方向：当代中国商业政治、比较政治经济学及社会科学方法论。

一 引言

中国的民营经济正在经历大规模的代际更替。改革开放 40 多年，中国的民营经济实现了从弱到强的伟大跨越。截至 2017 年底，全国民营企业数量超过 2700 万家，产值占 GDP 比重超过 60%，对税收和就业贡献率分别超过 50% 和 80%（叶晓楠、时宏强，2018）。然而，在民营经济快速发展的同时，改革开放初期下海的企业家也在逐渐老去，日益接近退休年龄。受家庭本位传统的影响，大部分中国企业家会选择让自己的子女继承产业，这为中国带来了一个庞大的继承型企业家群体。与此同时，在"大众创业、万众创新"政策的号召下，一部分有不同家庭背景的有志青年也纷纷加入自主创业的队伍，成为民营经济发展的新动力。

无论是继承型企业家还是自主创业的青年，官方将其统称为"新生代民营企业家"①。与年长一代民营企业家相比，新生代民营企业家在成长经历、教育和能力积累、社会网络培育、企业投资和管理理念等方面都有显著不同。例如，根据第 12 次全国私营企业调查数据，45 岁及以下新生代民营企业家中本科学历的比例为 28%，而 45 岁以上年长一代民营企业家中对应比例只有 15%。同时，超过 20% 的新生代民营企业家有海外留学或工作的经历，而只有 10% 左右的年长一代民营企业家有这样的经历（中国民营经济研究会家族企业委员会，2017）。所有这些代际的差异都使得新生代民营企业家有可能成为变革和创新的一代，在新的时代环境下不仅可能改变企业内部的经营管理，也可能重塑中国政商互动的模式。

党和政府已经充分意识到新生代民营企业家群体的重要性。在 2016 年全国政协民建、工商联界委员联组讨论会上，习近平总书记指出，"要注重对年轻一代非公有制经济人士的教育培养，引导他们继承发扬老一代企业家的创业精神和听党话、跟党走的光荣传统"（习近平，2016）。在 2018 年的民营企业座谈会上，习近平总书记再次强调，"新一代民营企业家要继承和发扬老一辈人艰苦奋斗、敢闯敢干、聚焦实业、做精主业的精神，努力把企业做强做优"（习近平，2018）。在这

---

① 除了"新生代民营企业家"，官方也时常会使用"年轻一代非公经济人士""年轻一代企业家""青年企业家"等称呼。尽管在一些方面有细微差异，但它们基本上都指涉同一群人。在本文中，如无特别说明，这些术语也是被交替使用的。

一背景下，地方各级政府，特别是经济发达地区，采取了许多措施，如政治教育、职业培训、挂职锻炼等，引导新生代民营企业家成长。这些努力的根本目的在于培养一支"政治上可靠、经营上卓越"的青年企业家队伍（李强，2012）。

本文关注的是新生代民营企业家的社团参与。尽管新生代民营企业家出现的时间不久，但学术界已有不少研究从不同角度分析这一群体，如新生代的接班意愿、地位感知、媒介习惯、政治参与等（窦军生、贾生华，2008；黄杰、程中培，2021；刘学等，2019；黄杰、毛叶昕，2020）。然而，对于新生代民营企业家社团生活的研究，目前的文献却付之阙如。事实上，在现代市场经济条件下，民营企业家的社团生活一直被认为是企业家组织化利益表达的重要平台，是政府和市场之外的"第三只手"，对于协调政企关系、规范市场运作及促进行业发展都有独特的价值（Pearson，1997；Kennedy，2005；Heberer & Schubert，2020）。特别是，随着中国经济进入"新常态"，各地都在着力优化营商环境。以企业家社团为代表的社会中介组织更是成为影响地区营商环境评价的重要因素（张三保等，2020）。

有鉴于此，本文利用全国私营企业调查数据检视新生代民营企业家的社团参与及其对营商环境评价的影响。本文主要有以下两方面的贡献：（1）分析了新生代民营企业家不同类型的社团参与。与现有文献将社团视作统一概念不同，本文充分考虑新生代民营企业家多元的结社形式，将其参与的社团划分为正式和非正式两类，不仅考察企业家世代在不同类型社团参与上的差异，同时也分析了不同类型社团参与的相互影响。如此，本文试图为新生代民营企业家的社团生活提供更加真实和细致的图景。（2）检测了社团参与对新生代民营企业家营商环境满意度的影响。在主体部分考察企业家世代的社团差异后，本文进一步分析了社团参与对新生代民营企业家营商环境满意度的影响。新生代民营企业家是新时代统战工作的重点群体，本文的发现有助于有关部门引导新生代民营企业家健康成长，提高其满意度、获得感。

二　文献回顾与研究假设

世代（cohort）或代际（generation）研究是社会科学用以理解社会、政治变迁的一种经典范式（Elder，1974；Kerzer，1983；Braungart & Margaret，1986）。

世代分析理论认为，由于共享特定的社会环境和成长经历，每个世代都不可避免地拥有自身独特的群体特征，它们会对个体后期发展产生持久的影响。具体而言，不同世代的个体受宏观社会结构与国家政策的影响，在生活态度、政治取向、社会行为等各方面呈现相当的差异性，而同一世代则保持相当的一致性和连续性。在政治研究中，最经典的世代分析莫过于美国学者英格尔哈特（Ronald Inglehart）的世界价值观研究。通过对连续性调查数据的分析，英格尔哈特率先指出西方发达工业社会存在从物质主义（优先经济和物质安全）到后物质主义（优先个人自由和自我表达）的价值观代际转变，并分析了这一转变对西方政治发展的深远影响（英格尔哈特，2013；英格尔哈特，2016）。

在以中国为情境的研究中，不少研究者也发现了出生在改革开放后的年轻一代在社会价值和行为取向上与父辈有明显的差异。受益于中国经济的快速发展及社会结构的多元化，中国的年轻一代如他们的西方同龄人一样开始降低对经济和集体安全这样的物质主义的需求，而对个人价值实现和生活质量等后物质主义的需求明显提升（Harmel & Yeh，2015；李春玲、科兹诺娃等，2014；冯文，2018）。具体到新生代民营企业家群体，他们大部分是独生子女，不仅从小生活优裕、备受家人宠爱，也接受过良好的现代教育，与外部世界多有联系。正是由于这些鲜明的世代特质，不少研究发现中国的新生代民营企业家与改革开放早期发展起来的老一代民营企业家在行业选择、企业治理、技术创新、企业文化等各方面都存在一定的分歧（Ralston et al.，1999；郭超，2013；梅笑、吕鹏，2019）。事实上，也正因为如此，新生代民营企业家被许多研究者认为是中国未来商业和社会变革的重要动力（王树金、林泽炎，2017；吕鹏，2021；朱妍，2019）。

这项研究主要考察世代对中国民营企业家社团参与的影响。西方经典商业政治研究认为，企业家群体是现代社会公共生活的急先锋。部分为了协调市场的运作，部分为了满足社会交往的需要，不少企业家在获得自身的商业成功后会转向公共领域，特别是加入各种类型的社会团体（哈贝马斯，1999；亨廷顿，2013）。改革开放40多年，中国老一代民营企业家在企业规模不断扩大的同时也确实开始日益广泛地组建和加入各类社会团体。根据民政部的统计，截至2017年底，全国共有注册社团35.5万个，其中工商服务类团体3.9万个，约占社团总数的10.9%（中华人民共和国民政部，2017）。聚焦到新生代民营企业家，尽管没有专门的官方统计，但考虑到其独特的成长经历和教育背景，我们从理论逻辑上似乎可以假设他会对社团生活抱有更强烈的兴趣并会有更积极的表现。

然而，正如我们在引言中指出的那样，企业家社团本身并非完全同质，而是存在内部差异。在当代中国企业家社团生活的图景中，以各类商会和行业协会为代表的正式社团无疑是一个关键部分。之所以称它们为"正式社团"，主要是因为这些社团基本上由官方或者半官方机构主导建立，组织建制完备，有明确的规章，运作相对规范。回顾历史，改革开放以来，中国的商会及行业协会通常挂靠在某一政府部门之下，始终是在国家的支持下成长发展的，发挥着协助政府协调行业运作、沟通政企的作用（Unger，1996；Foster，2002；徐越倩，2019）。这些特质使得正式商会更加青睐企业规模较大、有影响力的成熟企业家，而对企业规模较小、初出茅庐的青年企业家则不甚关注。以各级工商联为例，尽管一再强调不以企业规模作为入会限制，但实践中工商联会员几乎都来自当地规模以上企业。青年企业家，特别是草根创业者，一般很难满足入会条件（中国青年企业家协会、中国青少年研究中心课题组，2013）。加之传统商会自身运作存在科层化和官僚化倾向，青年人即使入会也很少能担任领导职位、产生实质性影响，其入会动力自然不足。① 基于此，我们提出：

> 假设1：相比老一代民营企业家，新生代民营企业家在正式社团的参与度较低。

在官办或半官办正式社团之外，以自组织形式呈现的非正式社团是当代中国企业家社团生活的另一重要部分。与正式社团相比，这一类社团共有的特点是组织建制松散，没有明确的规章，运作相对灵活，且一般都是由社会自发成立的。具体而言，它们主要包括私人董事会、MBA 同学会及各类兴趣团体等。② 尽管在许多研究者看来，群体自组织才是群体影响力和社会活力的主要来源，

---

① 在前期的田野访谈中，不少青年企业家都反映了这一问题。例如，一个接班不久的二代企业家就直接抱怨道："那是老家伙们的组织，在他们眼里，我们永远都是孩子，根本没有我们说话的份。"

② 年轻一代喜欢依据不同的兴趣点形成不同的圈子，比如公益圈、健康圈、茶道组、足球队等。还有一些"网络群落"，虽然没有公开注册，但也通过线上和线下活动产生越来越大的影响力。

但长期以来企业家自组织在中国的发展并不顺利。这不仅是由于国家政策更支持正式组织，也是因为中国传统中缺乏社团生活的习惯（Brook & Frolic et al.，1997；王名，2018）。新生代的崛起部分地改变了这一趋势：由于独特的成长和教育经历，他们更加强调个体价值和自主性。因而，越来越多的青年企业家自组织涌现。例如，最近兴起的私董会（Peer Advisory Group，直译同僚咨询小组）就是青年企业家吸收西方商业管理经验自发成立的精英化的新型学习组织。① 受益于扁平化的组织架构及自由的组织氛围，私董会等非正式社团满足了企业家高质量学习和社交的需求，因而获得不少青年企业家的青睐。基于此，我们提出：

假设2：相比老一代民营企业家，新生代民营企业家在非正式社团的参与度较高。

这项研究不仅关注不同世代企业家社团参与的差异，同时也检验企业家不同社团参与的相互影响。在成熟的西方工业社会，个人的社团身份是高度多元化的。个体参与了国家主导的正式组织，并不影响他参与社会主导的非正式组织（阿尔蒙德、维巴，2014；达尔，2017）。然而，在我国国家主导的政经结构下，多元社团身份的逻辑似乎并不完全适用，正式社团与非正式社团间往往具有替代效应。具体而言，受益于与官方的密切联系，以各类商会和行业协会为代表的正式社团，通常能吸引当地最有影响力的企业家加入，并能为会员提供各类有价值的服务，包括政治网络、行业协调、同伴交流等（陈剩勇等，2004；郁建兴等，2004）。而以自组织形式呈现的非正式社团，由于缺乏与国家的密切联系，往往仅能满足会员同伴交流的需求。在商业外时间和精力均有限的前提下，理性的企业家显然会把加入正式社团视作优于加入非正式社团的结社选择，以此获得更多有价值的资源。前期的田野调查也显示，尽管新生代由于独特的成长和教育经历有更强的自组织需求，但受到现实利益的驱动对正式社团仍然有着强烈的偏好。实际上，如他们的前辈一样，新生代民营企业家非常清楚正

---

① 私董会通常由一些没有竞争关系、利害冲突的企业老总组成，定期集体学习和讨论，主要目标是帮助成员更好地认识自己面临的问题并吸取他人的经验教训。相比其他社团，私董会的组织成员和讨论内容并不对外公开，具有很强的私密性。有关私董会的概述，参见郑敬普（2019）。

式社团会员在中国的价值。在可以加入正式社团的情况下，他们不会特别热衷于群体自组织。① 因此，我们提出：

假设3：新生代民营企业家的正式社团参与会降低他们非正式社团参与的可能。

最后，作为延伸，本研究还分析了不同社团参与对新生代民营企业家营商环境满意度的影响。营商环境是近年来伴随市场经济体系日趋完善而逐步进入我国国家治理视野的新概念、新领域，是从中央到地方各级政府推进全面深化改革和体制机制创新的重要内容。② 提高民营企业这一市场重要行动主体的营商环境满意度则是地方政府营商环境建设中最直接、最突出的方面（于文超、梁平汉，2019；杨继瑞、周莉，2019）。尽管目前文献少有触及社团参与的营商环境满意度效应，但依据中国社会的现实及前文分析的逻辑，我们认为不同类型的社团参与有可能对新生代民营企业家营商环境的满意度产生不同的影响。具体而言，以各类商会和行业协会为代表的正式社团作为国家和企业家联系的重要纽带，能帮助新生代民营企业家更好地与政府沟通交流，获得政府信息和政策的支持，最终能够显著提高企业家对当地营商环境的评价；而以兴趣类组织为代表的非正式社团作为个体自组织则缺少这样的机制，因而不太可能影响新生代民营企业家对营商环境的评价（见图1）。同样，前期的田野调查也显示，参与了正式社团的新生代民营企业家一般会对企业未来发展持有更多的信心。③ 因此，我们提出：

---

① 换言之，新生代本身并不排斥加入正式社团。他们当然对正式社团的等级式作风不满，但更主要的是他们没有机会进入这样的组织。在大部分情况下，他们对进入正式社团，以此获得正式社团的政商网络和服务，都怀有巨大兴趣。如在前期访谈中，一位在互联网领域新近创业的青年企业家就直接表示："我们不是不想加入（官方商会），而是没办法加入。他们根本不会搭理我们这些年轻的创业者。"

② 优化营商环境是党的十八大以来中央政府"放管服"改革的重要内容。2019年，国务院制定颁布了《优化营商环境条例》，从制度层面为优化营商环境提供了有力的保障和支撑。在中央政策的影响下，许多地方已经将优化营商环境列为干部考核的重要内容。

③ 许多受访的企业家都表示，当他们遇到棘手的政策和商业问题时，会优先寻求工商联及其他官方商会的帮助。并且不少企业家表示，官方商会确实能够部分地帮助他们解决困难。

假设4：参与正式社团能提高新生代民营企业家对当地营商环境的满意度，非正式社团参与则不能。

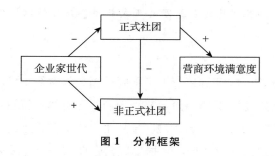

图1 分析框架

三 研究设计

（一）数据来源

本文使用的数据来自中央统战部、全国工商联、国家工商行政管理总局、中国社会科学院等单位联合组织的第 12 次"中国私营企业调查"（CPES）。中国私营企业调查每两年进行一次，在经济、管理、社会、政治学界有着广泛的影响和高质量的产出。第 12 次调查完成时间为 2016 年 3 月到 4 月。调查使用国家市场监管总局信息中心提供的全国私营企业名录作为抽样框，进行严格的目录抽样，具有良好的统计代表性。在实际执行中，依托各省（区、市）工商联和工商局的力量，在全国范围内开展。经过数据清理，我们获得的有效样本为4023 个。①

（二）变量测量

1. 社团参与

本研究的核心因变量是企业家的社团参与。如前所述，与已有文献不同，本文将同时关注企业家两种不同类型的社团参与。一类是正式社团，包括工商

---

① 在本研究中，数据清理是通过直接删除主要变量缺失值完成的。之所以这样操作，一方面是由于原调查规模较大，删失后样本量仍很大，足以支撑本研究的推断。另一方面是由于被删除的缺失值基本上是随机分布的，没有证据显示存在系统性偏误的风险。实际上，在目前的操作之外，我们也对样本作过各种插补（均值插补与多重插补）的尝试，结果与本文呈现的模型无根本性差异。

联、其他官方商会及民间商会。① 另一类是非正式社团，包括私人董事会、MBA 同学会或类似组织及兴趣爱好类社团。② 对它们的测度主要依问卷中受访者对相应组织成员身份的回答而确定，如有参与则编码为"1"，如无则编码为"0"。在本文的样本中，企业家正式社团参与率较高：62.47%的受访者参与了各级工商联，44.89%与28.91%的受访者分别参与了各类民间商会与其他官方商会。这反映了企业家对商会组织，特别是官方商会有很高的参与热情。相比之下，企业家非正式组织的参与率则低得多：只有3.26%的受访者参与了私人董事会，10.34%和15.21%的受访者则分别参与过MBA 同学会或类似组织及兴趣爱好类社团。这显示非正式社团，特别是新兴的付费型社团，在企业家群体中的影响力仍是有限的。

2. 营商环境满意度

本研究的另一个重要因变量是新生代民营企业家的营商环境满意度。所谓"营商环境满意度"是指企业在市场准入、生产经营、退出等过程中对地方的经济政策、法治水平、商业氛围等外部运作条件的主观评价。在本文中，我们基于受访者对企业所在地当前营商环境的6项内容的评价（包括司法公正、财产安全、基础设施、银行信贷、民间融资及用工政策等），通过主成分因子分析合成了一个满意度指数：5分为最高分，表示"非常满意"；0分为最低分，表示"非常不满意"。③ 在本文的样本中，企业家对当地营商环境满意度均值为3.37分，接近26.3%的企业家的满意度为4分及以上。按世代划分，老一代企业家的平均满意度为3.33分，新生代企业家的平均满意度为3.41分。从总体上看，民营企业家对当前的地方营商环境是满意的，年轻一代的满意度略高于年长一代。

---

① 或许有读者会对"民间商会"是否符合这些特点感到疑惑。实际上，长期以来由于双重登记制度的存在，民间商会如想获得合法地位，就必须要找到一个官方机构担任业务主管单位。因此，绝大部分的民间商会其实都不能算是真正"民间"的，它们或多或少与政府保持友好的联系。

② 在目前中国的社团管理体制下，MBA 同学会及兴趣爱好类社团一般很少在民政部门正式登记注册。其原因也主要是它们不太可能找到合适的业务主管单位。因此，不少研究者将这类社团归为"草根社团"的类别，视为真正的民间组织。

③ 问卷中有专门板块，要求受访者对当地营商环境作系统评估。我们对企业家营商环境满意度的测度是基于其中关键的六个题项，通过主成分因子分析完成的。因子分析的结果显示，仅有一个因子特征根值大于1，该因子单独解释了六个题项累计方差的62.7%。

3. 企业家世代

本研究的核心解释变量是企业家世代。所谓"世代",是指同一年龄段、共享某些人口或社会属性特点的群体。对于中国企业家的世代划分,官方和学术界一直都没有一个十分明确的标准。在参考权威机构的划分方式(中国民营经济研究会家族企业委员会,2017)及充分考虑中国社会现实的基础上,本文将年龄小于等于 45 周岁的样本划分为新生代民营企业家,大于 45 周岁的划分为年长一代民营企业家。① 在编码时,是新生代民营企业家编码为"1",不是则编码为"0"。由于调查是在 2016 年进行的,因此所有新生代民营企业家均是 1971 年以后出生的,即媒体俗称的"70 后"。在本文的样本中,45.17% 的受访者属于新生代民营企业家,54.83% 的受访者属于年长一代民营企业家。

4. 控制变量

在参考、借鉴已有文献的基础上,本研究同时纳入了以下三组控制变量:(1)企业家个人特征变量,包括性别、受教育程度、海外经历及中共党员身份等。(2)企业的特质,包括企业年龄、企业规模、企业绩效②、所在行业等。(3)地区因素,即企业运营所在地区。我们直接将地区因素按省级行政单位纳入分析,即为各省设置虚拟变量。表 1 总结了本研究各变量的具体界定和操作方式,表 2 则是它们的描述性统计分布。

(三)分析策略

由于因变量企业家社团参与是二分变量,本文主要使用 logistic 回归方法拟合数据。具体而言,本文将首先分别考察企业家世代对于他们正式社团和非正式社团参与的影响,即以各具体社团的参与为因变量对自变量企业家世代作 logistic 回归分析。在替代效应的分析中,本文特别考察正式社团参与对非正式社团参与的影响,因此以兴趣爱好类社团为因变量对正式社团参与作 logistic 回

---

① 在稳健性检验中,世代划分的标准被定在了 40 周岁。相对而言,在这一标准下,青年企业家群体的同质性更强,之后的各种分析结果更加显著。由于版面限制,文中没有呈现这一划分标准下的结果。读者如有兴趣,可向作者索取。

② 与企业规模不同,对"企业绩效"的测度,我们通过使用企业前一年净利润标准差的方式完成的。之所以如此,主要是由于样本中不少企业净利润为负值(亏损),如通过传统的取对方式测度,会产生大量不必要的缺失值,导致可能的偏误。通过取标准差的方式,我们不仅保存了这些亏损的企业样本,也实现了"正态化"数据的目的。

归分析。最后，在考察社团参与的影响时，考虑到营商环境满意度是合成的连续性指数，因此采用普通最小二乘分析（OLS）。

表 1　变量界定

变量名称		定义
因变量	工商联	企业家是否为工商联会员：1 - 是　0 - 否
	其他官方商会	企业家是否加入有政府背景的其他行业协会/商会：1 - 是　0 - 否
	民间商会	企业家是否加入民间行业协会/商会：1 - 是　0 - 否
	私人董事会	企业家是否加入私人董事会：1 - 是　0 - 否
	MBA 同学会或类似组织	企业家是否加入 MBA 同学会或类似组织：1 - 是　0 - 否
	兴趣爱好类社团	企业家是否加入兴趣爱好类社团：1 - 是　0 - 否
	营商环境满意度	基于企业家对所在地营商环境的 6 项内容评价，通过主成分法提取一个"营商环境满意度公因子"：0 分（最低）~5 分（最高）
自变量	企业家世代	依据 2016 年调查时企业家年龄划分两组：1 - 小于等于 45 周岁为年轻一代企业家　0 - 大于 45 周岁为年长一代企业家
控制变量	性别	企业家性别：1 - 男　0 - 女
	受教育程度	企业家受教育程度：高中及以下、大学本科或大专、硕士及以上，编码为 2 个虚拟变量
	海外经历	企业家是否有海外受教育经历或海外工作经历：1 - 有　0 - 无
	中共党员	企业家是否为中共党员：1 - 是　0 - 否
	企业年龄	企业年龄 = 2016 - 企业成立年份
	企业规模	企业规模 = ln（2015 年雇用人员数 + 1）
	企业绩效	企业绩效 = std（2015 年企业净利润）
	行业	根据企业主业所在行业的虚拟变量转换，编码为 14 个虚拟变量
	地区	根据企业所在省区市，编码为 30 个虚拟变量

表 2　变量的描述统计

单位：%

变量	样本量	百分比
工商联	2513	62.47
其他官方商会	1163	28.91

变量	样本量	百分比
民间商会	1806	44.89
私人董事会	131	3.26
MBA 同学会或类似组织	416	10.34
兴趣爱好类社团	612	15.21
年长一代	2206	54.83
年轻一代	1817	45.17
性别：男	3317	82.45
性别：女	706	17.55
教育：高中及以下	1380	34.30
教育：大学本科或大专	2253	56.01
教育：硕士及以上	390	9.69
海外经历：有	846	21.03
海外经历：无	3177	78.97
中共党员	4023	32.04

数值型变量	均值	标准差	最小值	最大值	样本量
营商环境满意度	3.37	0.87	0	5	3736
企业年龄	10.86	6.89	0	43	4023
企业规模	3.61	1.80	0	11	4023
企业绩效	-0.001	1.30	-72.19	33.65	4023

四 数据分析及发现

（一）分组比较与初步推论

在进行深入的多元回归分析前，笔者首先对数据作了初步的分组比较，以探求企业家世代对其社团参与影响的总体效应。图 2 显示分组比较的结果：新生代民营企业家在非正式社团中更加活跃，而年长一代在正式社团中更活跃。具体而言，相比年长一代民营企业家，新生代民营企业家在工商联、其他官方商会、民间商会中的参与率分别低 20.07、10.47、9.00 个百分点，而在私人董事会、MBA 同学会或类似组织、兴趣爱好类社团中的参与率分别高 1.39、

1. 62、10. 40 个百分点。① 从相对增幅来看，新生代民营企业家比年长一代民营企业家在工商联、其他官方商会、民间商会中的参与率分别低了 28. 06、31. 12 及 18. 38 个百分点，而在私人董事会、MBA 同学会或类似组织、兴趣爱好类社团中的参与率分别高了 52. 85、16. 86 及 98. 76 个百分点。企业家社团参与的世代差异明显。

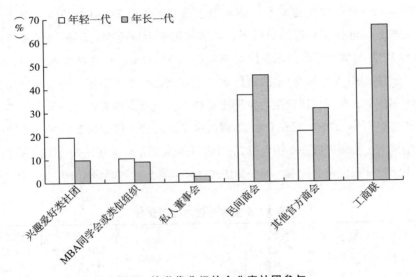

图 2　按世代分组的企业家社团参与

（二）多变量模型分析

企业家的社团参与受到多方面因素的影响，为了进一步厘清企业家世代对其社团参与的影响，多变量模型分析是十分必要的。表 3 前半部分呈现了企业家正式社团参与影响因素的 logistic 回归分析结果。② 其中，模型 1 显示，在控制其他各类变量的前提下，新生代民营企业家相比年长一代民营企业家参与各级工商联组织的可能性低 15. 75%，且在 0. 10 的置信水平上显著。类似的，模型 2 显示，在控制其他各类变量的前提下，新生代民营企业家相比年长一代民营企业家参与其他官方商会的可能性低 19. 58%，且在 0. 05 的置信水平上显著。模型 3 则稍复杂些，虽然企业家世代的系数是负向的，但在统计上并不显著。

① 以上所有差别除 MBA 同学会或类似组织外，均在 0. 01 的置信水平上显著。MBA 同学会或类似组织的组间差别在 0. 05 的置信水平上显著。

② 本文对所有模型均进行了共线性检验，结果表明不存在严重的多重共线性问题。

可能的解释是，尽管民间商会作为正式组织确实更偏爱成熟的企业家，但民间商会相比工商联和其他官方商会进入门槛更低，近年来有越来越多的青年人加入，因而世代差异并不显著。

表3后半部分呈现了企业家非正式社团参与影响因素的 logistic 回归分析结果。具体而言，模型4显示，在控制其他各类变量的前提下，新生代民营企业家相比年长一代民营企业家参与私人董事会的可能性高出 63.73%。模型5显示，在控制其他各类变量的前提下，新生代民营企业家相比年长一代民营企业家参与 MBA 同学会或类似组织的可能性高出 33.32%。在这两个模型中，企业家世代影响的系数均在 0.05 的置信水平上显著。模型6显示，在控制其他各类变量的前提下，新生代民营企业家相比年长一代民营企业家参与兴趣爱好类社团的可能性高出 64.52%，且在 0.01 的置信水平上显著。总的来看，多变量回归分析的结果进一步确证假设1和假设2，即新生代民营企业家在正式社团的参与度明显低于年长一代民营企业家，而在非正式社团的参与度则明显高于年长一代。

表3 企业家世代与社团参与

	模型1 工商联	模型2 其他官方商会	模型3 民间商会	模型4 私人董事会	模型5 MBA同学会或类似组织	模型6 兴趣爱好类社团
企业家世代	-0.171* (0.100)	-0.218** (0.087)	-0.099 (0.076)	0.493** (0.203)	0.288** (0.123)	0.498*** (0.102)
性别	-0.002 (0.119)	0.131 (0.112)	0.236** (0.094)	-0.028 (0.258)	-0.184 (0.151)	0.120 (0.124)
大学本科或大专	0.460*** (0.101)	0.471*** (0.097)	0.319*** (0.081)	0.057 (0.232)	0.719*** (0.157)	0.323*** (0.110)
硕士及以上	0.762*** (0.238)	0.643*** (0.152)	0.357** (0.142)	0.317 (0.334)	1.501*** (0.205)	0.358* (0.197)
海外经历	0.654*** (0.118)	0.421*** (0.096)	0.082 (0.089)	0.580*** (0.213)	0.415*** (0.126)	0.067 (0.118)
中共党员	0.658*** (0.108)	0.243*** (0.087)	0.022 (0.079)	0.081 (0.216)	0.082 (0.124)	-0.151 (0.111)
企业年龄	0.094*** (0.009)	0.006 (0.007)	0.021*** (0.006)	-0.037** (0.016)	-0.005 (0.010)	-0.023** (0.009)
企业规模	0.842*** (0.043)	0.411*** (0.030)	0.258*** (0.027)	0.312*** (0.060)	0.231*** (0.039)	-0.165*** (0.038)

	模型 1 工商联	模型 2 其他官方商会	模型 3 民间商会	模型 4 私人董事会	模型 5 MBA 同学会或类似组织	模型 6 兴趣爱好类社团
企业绩效	0.068 (0.043)	−0.012 (0.017)	−0.005 (0.017)	−0.002 (0.030)	−0.031 * (0.017)	0.040 (0.049)
行业、地区	控制	控制	控制	控制	控制	控制
常数项	−2.046 *** (0.366)	−2.757 *** (0.270)	−1.796 *** (0.243)	−4.934 *** (0.672)	−3.800 *** (0.373)	−0.950 *** (0.314)
样本数	3886	3901	3901	3854	3901	3874
Wald chi^2	869.94	643.33	451.41	127.76	268.49	227.69
Pseudo R^2	0.412	0.164	0.098	0.094	0.101	0.076

注：括号中是稳健标准误，$^*p < 0.10$，$^{**}p < 0.05$，$^{***}p < 0.01$（双尾检验），下同。

（三）两种社团参与的替代效应

在确证企业家世代的社团参与差异后，我们转而来看两种社团参与的关系。如前所述，本文假设新生代民营企业家的正式社团参与对非正式社团参与有替代效应，即参与了正式社团的青年企业家不太可能再参与非正式社团。表 4 检验了正式社团参与对兴趣类社团参与的影响。其中，模型 7 和模型 9 显示，在其他控制变量不变的前提下，拥有工商联会员身份及民间商会会员身份的青年企业家相比没有相应身份的青年企业家参与兴趣爱好类社团的可能性分别低 36.70% 与 33.01%，且都在 0.01 的置信水平上显著。模型 8 则显示，在控制变量后，拥有其他各类官方商会会员身份的青年企业家比没有相应身份的青年企业家参与兴趣爱好类社团的可能性低了 28.14%，且在 0.10 的置信水平上显著。表 4 的结果证实了青年企业家不同社团参与替代效应的假设（假设 3）。

表 4　正式社团参与对兴趣爱好类社团参与的替代效应

	模型 7 兴趣爱好类社团	模型 8 兴趣爱好类社团	模型 9 兴趣爱好类社团
工商联	−0.457 *** (0.161)		
其他官方商会		−0.330 * (0.176)	

	模型 7 兴趣爱好类社团	模型 8 兴趣爱好类社团	模型 9 兴趣爱好类社团
民间商会			-0.401 *** (0.136)
控制变量	控制	控制	控制
常数项	-0.649 (0.415)	-0.692 * (0.414)	-0.634 (0.412)
样本数	1749	1749	1749
Wald chi^2	111.51	103.30	109.25
Pseudo R^2	0.072	0.070	0.072

（四） 社团参与的外溢效应

在考察了企业家世代的社团影响后，本研究进一步分析了社团参与对新生代企业家营商环境满意度的外溢效应。我们的基本假设是不同类型的社团会对企业家的营商环境满意度产生不同影响：正式社团作为国家和企业家联系的组带，能帮助新生代民营企业家与政府更好地沟通，因而他们对当地营商环境会有更高的评价；非正式社团作为个体自组织则缺少这样的机制，因而不太可能影响新生代民营企业家对营商环境的评价。表 5 通过 OLS 回归方法检验了社团参与的外溢效应。结果显示，在控制其他变量不变的前提下，工商联、其他官方商会、民间商会的会员身份对新生代民营企业家的营商环境满意度有显著提升效应，而私人董事会、MBA 同学会或类似组织、兴趣爱好类社团等非正式社团对新生代民营企业家满意度则没有显著的促进作用，假设 4 得证。

表 5   社团参与和营商环境满意度

	模型 10 营商环境满意度	模型 11 营商环境满意度	模型 12 营商环境满意度
工商联	0.078 * (0.042)		0.080 * (0.043)
其他官方商会	0.123 ** (0.057)		0.119 ** (0.057)
民间商会	0.168 *** (0.048)		0.163 *** (0.048)
私人董事会		0.135 (0.116)	0.098 (0.114)

	模型 10 营商环境满意度	模型 11 营商环境满意度	模型 12 营商环境满意度
MBA 同学会或类似组织		0.039 （0.071）	0.021 （0.070）
兴趣爱好类社团		-0.032 （0.055）	-0.006 （0.055）
控制变量	控制	控制	控制
常数项	3.531 *** （0.157）	3.504 *** （0.157）	3.524 *** （0.158）
样本数	1666	1666	1666
R²	0.090	0.079	0.093

五　结论与讨论

随着中国民营经济代际更替的大规模展开，新生代民营企业家已经逐步登上历史舞台。利用第 12 次全国私营企业调查数据，本文关注中国新生代民营企业家的社团参与，特别是不同世代企业家社团参与的差异及其影响。研究发现：（1）由于独特的成长和教育经历，新生代民营企业家相比老一代民营企业家在工商联等正式社团中的参与度较低，而在兴趣类团体等非正式社团中的参与度较高。（2）新生代民营企业家的正式社团参与会降低他们非正式社团参与的可能性，参与了正式社团的新生代民营企业家不太可能再参与非正式社团。（3）从社会影响看，受益于与国家的密切联系，正式社团的参与可以显著提高新生代民营企业家对当地营商环境的满意度评价，而非正式社团参与则不能。

本研究的发现充分展示了中国新生代民营企业家社团参与的复杂性，深化了我们对这一新兴商业群体的理解。一方面，在经济快速发展及社会结构多元化的大背景下，中国的年轻一代被广泛认为会如他们的西方同龄人一样接受"后物质主义"。本研究的发现证实了中国新生代民营企业家的这一趋势，即他们相对老一代更加强调个体价值和自主性，因而有了更多自组织结社的需求。最近兴起的各种私董会、MBA 同学会及各类兴趣爱好类社团即是这方面的代表。相比传统的官办或半官办正式社团，这些新兴社团通常组织结构简单、管理扁平化，且具有强烈的会员服务意识。正是由于这些特点，近年来新兴的非正式社团颇受年轻一代企业家的青睐，在各地得到了快速的发展。

另一方面，在独特的国家主导的政经环境下，新生代民营企业家似乎也不可避免地在学习融入传统的政商网络。正如本研究所显示的，年轻一代本质上并不排斥官方主办的正式社团。他们之所以在这些社团的参与度较低，在很大程度上是由于官方吸纳偏好的限制：企业规模和社会影响力等因素仍然是加入工商联等官方与半官方社团的重要前置性条件。过分强调企业规模和影响力导致大部分新生代民营企业家客观上被排斥在官方与半官方社团之外。也就是说，尽管有组织习惯的微妙变化，但新旧世代的企业家在对正式社团的需求上并没有根本性改变。因而，当前新生代民营企业家在官方与半官方社团相对较低的参与度更应被视作是他们在现有社团管理体制下的无奈之举，而非群体的本意。

本研究的发现对于促进新生代民营企业家的健康成长有一定的政策启示。从非正式社团的方面看，由于它们大多制度和规范建设较弱，各级政府应当加强对它们的监管。当然，这种监管应当充分考虑年轻一代的组织习惯。特别是，对于纯粹的兴趣类社团，应在其他条件成熟的情况下逐步允许它们登记注册，从而开展进一步的追踪和引导。从正式社团的方面看，可适度降低组织的进入门槛，特别是破除不必要的规模和影响力限制，以吸纳更多年轻一代企业家加入。在扩大吸纳的同时，也应着力加强正式社团组织活力建设。可借鉴企业家自组织的有益做法，多开展精准服务，多组织小型活动，多利用现代通信工具，以提高组织与年轻一代的"契合度"。

最后，有必要指出本研究的一些不足。其中之一是本研究将新生代民营企业家作为整体来分析。然而，正如许多研究已经指出的，新生代民营企业家内部的不同子群（继承型与自创型）在企业经营和社会交往等方面其实有相当的差异性（黄杰、程中培，2021）。在新旧代际比较的大框架下，新生代内部的差异性被忽视了。另外一个重要不足是对企业家社团外延的界定。特别是，对于新生代的非正式社团，私人董事会、MBA同学会及各类兴趣团体只是其中比较突出且容易观察的。而时下在年轻人中流行的各种线上"圈子""部落"由于数据的限制而未被充分关注（吕鹏、张原，2019）。我们期待未来的实证研究能克服这些问题，对新生代民营企业家结社作更深入、全面的探讨。

参考文献

陈剩勇、汪锦军、马斌（2004）：《组织化、自主治理与民主——浙江温州民间商会研究》，北京：中国社会科学出版社。

窦军生、贾生华（2008）：《"家业"何以长青？——企业家个体层面家族企业代际传承要素的识别》，《管理世界》，第 9 期。

〔美〕冯文（2018）：《唯一的希望：在中国独生子女政策下成年》，常姝译，南京：江苏人民出版社。

郭超（2013）：《子承父业还是开拓新机——二代接班者价值观偏离与家族企业转型创业》，《中山大学学报》（社会科学版），第 2 期。

〔德〕哈贝马斯（1999）：《公共领域的结构转型》，曹卫东等译，上海：学林出版社。

黄杰、程中培（2021）：《家庭背景、精英类型与青年企业家地位感知：基于全国私营企业调查的分析》，《中国青年研究》，第 6 期。

黄杰、毛叶昕（2020）：《"民企二代"的政治参与——基于"中国私营企业调查"的实证研究》，《青年研究》，第 5 期。

〔美〕加布里埃尔·A. 阿尔蒙德、西德尼·维巴（2014）：《公民文化：五个国家的政治态度和民主制度》，张明澍译，北京：商务印书馆。

李春玲、〔俄〕科兹诺娃等（2014）：《青年与社会变迁：中国和俄罗斯的比较研究》，北京：社会科学文献出版社。

刘学、刘金龙、吕鹏（2019）：《年轻一代企业家更拥抱互联网吗——中国私营企业"互联网＋"战略强度的世代差异》，《青年研究》，第 4 期。

李强（2012）：《加大新生代企业家培养力度再创民营经济发展的新辉煌》，《浙江日报》。

吕鹏、张原（2019）：《青少年"饭圈文化"的社会学视角解读》，《中国青年研究》，第 5 期。

吕鹏（2021）：《推动新生代企业家成长的新格局》，《中央社会主义学院学报》，第 3 期。

〔美〕罗伯特·达尔（2017）：《多头政体：参与和反对》，谭君久、刘惠荣译，北京：商务印书馆。

〔美〕罗纳德·英格尔哈特（2013）：《发达工业社会的文化转型》，张秀琴译，北京：社会科学文献出版社。

〔美〕罗纳德·英格尔哈特（2016）：《静悄悄的革命：西方民众变动中的价值与政治方式》，叶娟丽等译，上海：上海人民出版社。

梅笑、吕鹏（2019）：《从资本积累到文化生产——中国家族企业第二代如何完成社会再生产》，《青年研究》，第 1 期。

〔美〕塞缪尔·亨廷顿（2013）：《第三波：20世纪后期的民主化浪潮》，欧阳景根译，北京：中国人民大学出版社。

王名（2018）：《中国的社会组织（1978～2018）》，北京：社会科学文献出版社。

王树金、林泽炎（2017）：《民营企业"继创者"分析框架、特征及培养策略》，《中央社会主义学院学报》，第1期。

习近平（2016）：《毫不动摇坚持我国基本经济制度推动各种所有制经济健康发展》，http：//www. xinhuanet. com/politics/2016 - 03/09/c_1118271629. htm。

习近平（2018）：《在民营企业座谈会上的讲话》，http：//www. xinhuanet. com/201811/01/c_1123649488. htm。

徐越倩（2019）：《亲清政商：寻求政府与商会的策略性合作》，杭州：浙江工商大学出版社。

杨继瑞、周莉（2019）：《优化营商环境：国际经验借鉴与中国路径抉择》，《新视野》，第1期。

叶晓楠、时宏强（2018）：《40年，中国民企蓬勃发展》，《人民日报》（海外版），5月1日，第3版。

郁建兴、黄红华、方立明等（2004）：《在政府与企业之间：以温州商会为研究对象》，杭州：浙江人民出版社。

于文超、梁平汉（2019）：《不确定性、营商环境与民营企业经营活力》，《中国工业经济》，第11期。

张三保、康璧成、张志学（2020）：《中国省份营商环境评价：指标体系与量化分析》，《经济管理》，第4期。

郑敬普（2019）：《私董会：深受企业家欢迎的学习道场》，杭州：浙江工商大学出版社。

中国民营经济研究会家族企业委员会编著（2017）：《中国家族企业年轻一代状况报告》，北京：中信出版社。

中国青年企业家协会、中国青少年研究中心课题组（2013）：《中国青年企业家发展报告——一项以青年企业家协会会员为主体的研究》，《中国青年研究》，第7期。

朱妍（2019）：《代际传承与"二代"企业家群体研究——以广东为例》，《当代青年研究》，第3期。

中华人民共和国民政部（2017）：《2017年社会服务发展统计公报》，http：//www. mca. gov. cn/article/sj/tjgb/2017/201708021607. pdf。

Braungart, R. , & Margaret, B. (1986), "Life Course and Generational Politics," *Annual Review of Sociology* 12, pp. 205 - 231.

Brook, T. , & Frolic, M. , et al. (1997), *Civil Society in China*, New York：M. E. Sharpe.

Elder, G. (1974), *Children of the Great Depression：Social Change in Life Experience*, New York：Routledge.

Foster, K. (2002), "Embedded within State Agencies：Business Associations in Yantai," *The China Journal* 47, pp. 41 - 65.

Harmel, R. , & Yeh, Y. (2015) , "China's Age Cohorts: Differences in Political Attitudes and Behavior," *Social Science Quarterly* 96 (1) , pp. 214 – 234.

Heberer, T. , & Schubert, G. (2020) , *Weapons of the Rich: Strategic Action of Private Entrepreneurs in Contemporary China* , Singapore: World Scientific Publishing Company.

Kennedy, S. (2005) , *The Business of Lobbying in China* , Cambridge: Harvard University Press.

Kerzer, D. (1983) , "Generation as a Sociological Problem," *Annual Review of Sociology* 9 , pp. 125 – 149.

Pearson, M. (1997) , *China's New Business Elite: The Political Consequences of Economic Reform* , Berkeley: University of California Press.

Ralston, D. , et al. , (1999) , "Doing Business in the 21st Century with the New Generation of Chinese Managers: A Study of Generational Shifts in Work Values in China," *Journal of International Business Studies* 30 (2) , pp. 415 – 427.

Unger, J. (1996) , " 'Bridge': Private Business, the Chinese Government and the Rise of New Associations," *The China Quarterly* 147 (September) , pp. 95 – 819.

NP

The Associational Participation of China's New-Generation Private Entrepreneurs: Evidence from a National Survey

Huang Jie

[**Abstract**] As the intergenerational replacement of private economy proceeds, young private entrepreneurs have gradually emerged and developed as an important force in today's China. Drawing upon the data from CPES 2016 , this article examines differences in civic participation of entrepreneurs among different cohorts and explores their potential ramifications. It finds that the new-generation entrepreneurs, due to their unique growth and education experience, have lower participation in formal associations such as official business chamber and higher participation in self-organized informal associations than their older-generation counterparts. The participation of new-generation entrepreneurs in formal associations reduces the likelihood of their participation in informal associations. Moreover, in terms of social ramifications, the

新生代民营企业家的社团参与：基于全国私营企业调查的实证分析

participation of formal associations can significantly improve entrepreneurs' evaluation of the local business environment. This finding is of great significance for understanding Chinese new-generation entrepreneurs, improving their political identity and life satisfaction, and promoting the healthy development of government-business relations.

[**Keywords**] Young Entrepreneurs; Formal Associations; Informal Associations; Business Environment

责任编辑: 罗文恩

专业治理与政社关系调适：基于行业协会脱钩改革的多案例比较分析[*]

薛美琴　贾良定[**]

【摘要】良好政社关系建立与行业协会高质量发展是行政脱钩改革的重要内涵。其中自上而下转制而成的行业协会成为脱钩改革重点对象，但不同协会在脱钩任务的刚性约束下依然调适出差异化的政社关系，其行动路径有何特征？本文基于多案例比较研究方法，选择4家全国性行业协会，将理论要素与案例实践进行反复迭代，实证分析不同情境中行业协会的专业治理行为对政社关系的影响。行政脱钩改革中，成长于不同政社关联场域内的官办行业协会，由于组织资源禀赋及管辖权配置的差异，调适性地选择技术专业化、组织专业化、合作专业化和管理专业化治理路径，使政社关系呈现出行政嵌入、协同共治、行业自治、以商养会的多样化形态。这些官办行业协会通过专业治理实现自身转型发展的同时，也调适出多样化的政社关系样态。

【关键词】社会组织；行政脱钩；专业治理；政社关系；调适策略

---

*　本文为江苏省社科基金青年项目"'党建联盟'提升基层社会组织发展质量的江苏经验研究"（19DJC002）和国家自科基金重点项目"中国企业专业化管理研究"（71632005）的阶段性成果。

**　薛美琴，南京大学管理学院博士后，南京理工大学公共事务学院副教授；贾良定，南京大学管理学院教授。

一　问题提出

行业协会作为中国特殊的社会组织类型，是改革开放后政府职能转移与民营企业发展的合力结果。作为政府与社会之间特殊的桥梁与通道（Unger，1996），行业协会既需要适应行政控制下的发展约束（Hall，1987），也需要借用政府内部碎片化机会来谋求发展（黄晓春、周黎安，2017）。在约束与机遇之间，行业协会成为治理模糊地带，而政社关系则是理解其发展的重要视角。如何规范行业协会与政府之间的关系，成为行业协会规范发展的重要内容，而脱钩则是观察政社关系的重要窗口。自1991年开始的"三脱钩"（机构、人事、财务）到2005年的"四脱钩"（机构、人事、财务、职能），以及2015开始的"五脱钩"（机构、职能、资产财务、人员管理、党建外事等）（吴昊岱，2018），行业协会逐步构建起了"政社分开、权责明确、依法自治"的现代社会组织体制，脱钩成为规范政社关系的重要措施。然而，脱钩并不是对行政力量的全盘否定，也不宜实施休克疗法式脱钩（郁建兴，2014）。

脱钩后的新型政社关系是行业协会治理实践向理论研究提出的新议题。首先，需要厘清"脱钩不脱管"新型政社关系的内涵。这是一种基于"放管结合"政策图景的新型政社关系，体现了我国社会组织政策从分类控制、监管控制向赋权控制的调整（李健等，2018）。"脱钩不脱管"，其目的在于回应市场失灵和志愿失灵的存在（Salamon，1987），进一步丰富政社关系中的多元治理框架。其次，在脱钩过程之中，"脱钩"在于理顺政社关系，"不脱管"则是服务行业协会发展。行业协会脱钩后，政府是一种间接管理，依赖于政府职能转变以及对行业协会自身治理能力的激发，从而形成合作、引导、监管兼顾的管理机制（周俊、赵晓翠，2018）。最后，"不脱管"需要凭借专业逻辑来补位脱钩后的政社关系，形成脱钩后政社关系的进一步优化。但由于行业协会资源禀赋的差异，如何利用专业治理进行补位，调适脱钩后的政社关系，是"脱钩不脱管"的关键。

经过多年的脱钩改革，许多发展起点较为相似的官办行业协会渐行渐远。本文拟从组织过程角度追溯差异化发展结果的生成机制，为脱钩改革提升行业协会发展质量提供可能路径，也为后脱钩时代政社关系优化提供可能的建议。

本文具体从脱钩改革中的政社关系入手，基于"脱钩不脱管"这一新特征，分析行业协会脱钩后的政社关系，以及专业治理如何进行补位，拓展后脱钩时代的政社关系研究。

二　政社关系中的专业治理逻辑

行业协会发展内嵌于国家社会关系之中，国家社会关系既是其成长的空间，也是其行动的场域。在国家社会关系中，行业协会不断调适其位置，形塑良好的政社关系，寻找匹配的发展资源，权衡有效的发展路径。在此过程中，研究者从国家社会关系视角、组织行动视角、专业治理视角形成了丰富的研究。

第一，国家社会关系论强调社会组织发展质量受到社会中"外部授权"的影响。当代中国社会组织发展的滞后性，使社会组织需要面对前置的制度空间。虽然多元主义者观察到社会韧性，并乐观预期社会自我成长的能力，但在法团主义者看来这只是一个成长前提，国家权力与社会自治保持有机团结才是组织的生存发展之道（杨宝，2014）。因此协同共治的制度空间成为政社分开的改革终点（蓝煜昕，2017）。只是国家社会关系论者没有走向组织内部去讨论组织发展质量问题，而是基于宏观视角去诊断社会组织的生存空间。那么，在刚性且滞后的政社关系变迁中，社会组织发展问题便是组织行动论研究起点。

第二，对于组织行动论而言，强调社会组织发展受到建设过程中"内部努力"的影响。这是在分析宏观背景后的微观化取向议题，意在理解刚性化制度空间或分化型政社关系中行动主体的能动性。组织的能动性体现在：为组织配置资源以完成使命的组织结构、实践和人事，具体包括资金管理、适应能力、策略规划、外部沟通、领导结构、运作能力、任务导向、人事管理（Shumate et al.，2017）。这些组织行动，一方面要在制度化过程中获得合法性基础，另一方面需不断调适来应对宏观环境惰性（DiMaggio & Powell，1983）。在环境约束中，社会组织观察到了惰性关系中的碎片间隙，探试出"偶发共生"的行动空间（Spires，2011）。虽然具有能动性的组织借用资源、空间、机会得到发展，但却未能找出更加自主的发展因素，因而也就无法进一步回答何种策略最优。

第三，专业治理论强调社会组织自身的知识属性，是指具有专业化技能的各类职业者对组织内外事务的职业化和专业化管理。荷兰学者系统总结出四种专业主义类型，包括纯粹专业主义、纯粹管理主义、混合专业主义（即前二者的简单混合）、组织专业主义（即二者在组织过程中高度融合，消减二者简单混合带来的不稳定性）（Noordegraaf，2015）（见表1）。

表1　社会组织专业治理的多重分类与特征

技术专业化	聚焦原则：纯粹专业主义 基本特征：技术专家自主开展专业服务 典型策略：志愿经历、资格认证、专业培训、道德自律等
管理专业化	聚焦原则：纯粹管理主义 基本特征：管理专家以标准化程序提高产出率 典型策略：行政化、商业化、结构化、品牌化、项目评估等
合作专业化	聚焦导向：混合专业主义 基本特征：技术专家与管理专家展开互动与合作 典型策略：建立协商和交流平台，常态化、制度化合作流程
组织专业化	聚焦导向：组织专业主义 基本特征：技术专家承担管理和组织工作 典型策略：向技术专家开放晋升通道、建立扁平化决策机制

在组织研究中，以专业主义和管理主义来调节政社关系（许鹿等，2018；宋程成，2019），探讨专业权力兴起后的社会组织发展与治理（陶传进、朱卫国，2018），是近年来学者们关注的焦点。专业化原则逐步成为社会组织发展的基本理念，是调适国家与社会关系的可能选择。不过，现有研究虽已呈现出对社会组织专业治理的关注，但仍未深入其概念内涵和实践机制，专业如何补位政社关系依然研究不足。鉴于此，本研究以中观层面的社会组织专业治理为视角，构建出初步逻辑框架"组织情境—专业治理—政社关系"。

三　研究思路：理论要素与案例实践相互迭代

本研究需要比较相似生成路径行业协会的专业治理模式及其情境条件，概化出脱钩改革的组织行为模型，因而采用多案例比较研究方法。通过该方法在过程解析和排除其他可能解释方面的研究优势，建构更坚实且可验证的理论命题。

首先，借鉴最相似案例设计原则，本文选取4家自上而下成立的官办行业协会为研究对象,分别是电力协会、物流协会、电器协会和连锁协会(依循学术惯例,本文对相关组织名称做了简化处理,并保留其行业基本特征,以供情境分析)。秉持案例研究的聚焦原则和极化原则(Eisenhardt,1989),选择以上案例的原因如下。第一,案例协会均参加了 1991 年和 2005 年的脱钩改革,至 2015 年脱钩改革试点时,协会所拥有的初始资源禀赋已呈现较大差异。第二,案例协会脱钩前的业务主管单位相同,目的是控制政策规范、政府要求等制度化机制的影响,进一步聚焦组织的能动性对其应对脱钩改革的影响过程。第三,案例协会均有效地提升了发展质量,获得 4A 级及以上评估等级,为行业类社会组织有效治理提供了依据。第四,根据社会科学研究的变异性原理,选择了组织资源禀赋和脱钩结果差异化的案例。本文重点选择第三轮脱钩改革试点前(2015 年前)到试点结束(2018 年)作为分析单元,于 2018 年 7 月、2019 年 8 月和 10 月完成一手数据资料的收集,案例协会基本描述见表 2。

表 2 脱钩改革中案例协会的基本描述

单位:元

组织名称	成立时间	评估等级	注册资金	2014 年末净资产	2015~2018 年脱钩情况	会员企业类型
电力协会	1985 年成立 2002 年注册	4A	100 万	约 4000 万	试点结束时未完成	电力咨询、勘测、设计行业的企事业单位
物流协会	1980 年成立 2000 年注册	4A	50 万	约 20000 万	试点结束时未完成	生产资料流通企业、物流企业、批发市场、科研单位
电器协会	1988 年成立 1991 年注册	5A	300 万	约 1000 万	试点结束时完成	家电行业的制造商企业、零配件及原材料配套企业
连锁协会	1997 年成立 1998 年注册	4A	10 万	约 2500 万	试点结束时完成	零售商、特许加盟企业、供应商

其次,遵照案例研究的信度和效度要求,本文采用三角验证的资料收集方法以及理论和案例实践相互迭代的资料分析方法(Pratt,2008)。第一,收集多种来源的案例资料,包括从民政管理部门、业务主管单位和行业协会收集年检、评估和工作总结资料,并对 4 家行业协会的专职负责人进行深入访谈。第二,将理论要素与案例实践进行比较,形成具象化的数据结构(见图 1)和基本类

别。其中，组织战略的编码借鉴了迈尔斯和斯诺（2006：36）对组织适应类型的划分——防御型、分析型、反应型、开创型。

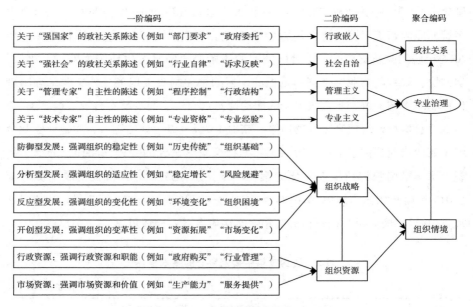

图1　理论分析框架和资料编码结构

四　案例深描：资源禀赋与行业协会脱钩改革历程

（一）电力协会：行政资源强而市场资源弱

在 1982 年国务院政府机构改革的影响下，电力协会于 1985 年成立，属原水利电力部内设机构。按照历次脱钩改革要求以及国家电力体制改革部署，协会与原管理单位分离并独立开展工作，将人员专职和机构分设，逐步剥离其行业行政管理职能。2002 年，协会在民政部正式注册，经过转型发展，已建立了由 7 个工作部门、4 个分支机构、4 个挂靠委员会组成的管理架构，向 230 多家会员单位提供以"行业资讯、标准化管理、评审评优、资格考试、培训研讨"为主的行业管理和服务内容，成为电力咨询、规划、勘测、设计行业的自律性社会组织。电力协会拥有富足的行政资源，协会领导人特别强调自身所承担的行业管理职能："行业标准化体系建设一直是我们的重要工作内容，成立至今共制定国家标准 20 多项、行业标准 150 多项。部门一直免费为协会提供办公用房，将近 500 平方米。这也是我们的脱钩重点和难点之处，需要一定的时间来寻找合适的办公场所。"（LM - 20190814）

协会办公场所与管理部门的关联性实际上保证了行政权力的在场性和政治关联的紧密性，因此会员单位对协会形成较高的依赖度，进而积极配合协会工作，如会费缴纳率常年保持在 90% 以上。至第三轮脱钩改革开启前，电力协会在 2014 年末净资产达到 4000 万元，是注册资金的 40 倍，但仍弱于其他案例协会上百倍的资产增值。因此，电力协会的市场资源并没有显示出独特优势。

比较而言，长期紧密的政治关联确保了协会的行政资源具有良好的稳定性与延续性，使其形成一种防御型发展的组织战略，推动协会聚焦于技术专业化治理。第一，工作人员整体的技术专业化和职业化。协会目前共有 30 多名专职工作人员，其中拥有中级及以上和高级职称的人员比例分别达到 75% 和 50%，且 3 位专职领导人（秘书长及副秘书长）均是高级专业技术人员。此外，创会秘书长（兼副理事长）曾任国家级高端咨询机构领导人，其作为法定负责人领导协会工作近 20 年，其技术专业化治理经验已内化为协会文化，也成为协会发展的核心优势。第二，技术专业化治理经验的与时俱进。技术专业化成为组织文化后，实地调研成为组织常态，每年保证 3 次以上，宣传新公共政策、发现新问题、研究新对策，确保协会工作真正符合国家规范和会员需求。此外，设置行业创新奖励制度，包括奖项评选和成果鉴定，引导会员单位主动涉入国家和社会紧缺领域。

当 2016 年协会成为第三轮脱钩改革试点单位后，组织管辖权依然集中于技术专家手中，并营造了协会整体的技术治理氛围。同时，行业行政管理部门也强调国家对可控技术治理的应用和吸纳（陈天祥、徐雅倩，2020），以提升国家治理绩效。从而，技术治理与国家治理的有效融合成为一种共识，使协会对脱钩试点的部分改革要求产生一定疑惑，特别是办公场所独立问题和行业管理职能分离问题，也使协会在试点结束时并未按期完成脱钩任务。然而，行政依附性使技术专业化协会反思的同时，最终还是以部门要求的方式对协会形成脱钩压力，协会也在试点结束后一年内按标准完成脱钩任务。总体上，案例协会展示了行政权力对行业标准化的正向作用，这使其与政府的关系呈现出较为典型的"行政嵌入"特征。同时，协会技术专业化治理能力的不断完善也对国家治理能力形成正向反馈。

（二）物流协会：行政资源和市场资源均强

物流协会是一家联合性社会组织，包括 1980 年成立的物资学会、1984 年成立的物流研究会、1995 年成立的物流协会。协会是在 1998 年政府机构改革过程中，经国务院批准的物流行业综合性社会团体，主要任务是"推动物流业、采购业、生产资料流通领域的改革与发展，完成政府委托交办事项"。协会于 2000 年正式在民政部注册，至今已建立了由 15 个工作部门、27 个分支机构、25 个代管协会组成的管理架构，向 9000 多家会员单位提供"行业资讯、统计数据、学术研究、企业评估、信用评级、交流平台、实体园区、招标采购"等众多行业管理和服务内容，是从事物流、采购分销与生产资料流通的互益性行业组织。

基于协会提供的众多行业管理和服务内容，其获得了大量的行政资源和市场资源。一方面，协会的强行政资源来自其承担的大量行政管理任务，如行政机关委托该协会代管出版、研究、外事、服务等 8 家事业单位。协会也因此具有较强的政治关联，如全职管理层中有长期政府部门工作经验的比例达到 66%，且为正处级及以上干部。另一方面，协会的强市场资源来自其向会员提供的大量有偿行业公共物品，其中网络交流平台和实体产业园区有效降低了中小规模民营企业进入物流行业的门槛。"我们的会员都是中小规模的民营企业，会费收缴率非常不乐观，会员资源不能满足协会的日常开支，所以我们转向了市场资源的获取。借助协会和政府部门的沟通能力，建设物流产业园和网络平台，为会员提供服务，形成物流共同体，实现行业的规模效应。当然在这个过程中，协会也获得了收益，确保了协会的可持续发展。"（HM - 20180716）因此，尽管物流协会会费收缴率常年低于 50%，但至第三轮脱钩改革开启前，物流协会在 2014 年末净资产达到 20000 万元，是注册资金的 400 倍，显现出极高的市场价值。

物流协会借助组织拥有的行政资源和市场资源双重优势，极大地提高了组织对变革社会环境的适应性，也成为新兴物流行业的领军者。随着物流业的不断成熟，协会形成以稳定增长、风险规避、多种业态共存为特征的分析型发展战略，促使协会走上以专业主义和管理主义高度融合为特征的组织专业化治理之路。第一，技术专家成为协会主要管理者。协会法定代表人兼党委书记、秘书长和常务副会长，拥有研究生学历且为高级经济师，曾长期在政府、企业及行业协会工作，于 2001 年进入协会工作至今，也是一位典型的技术官僚。领导者的经济学背景，使其非常强调"专业技术、社会需求、管理能力均需内化为管理者的应有才干"，展现出"组织专业主义"特征。第二，协会行业管理和服务内容丰富多样。协会以定向购买方式承接大量政府项目，主要集中于行业规范，年均 10 余项的承接量远超其他案例协会；同时，协会积极提供大量行业公益物品和互益物品，如协会每月在新闻媒体上发布行业调查信息，每年向会员企业提供 160 余次行业培训，搭建共享平台精准对接供需，逐渐构筑起协会自身的威望。

具有高度融合特征的组织专业化治理路径进一步巩固了物流协会的资源优势与发展战略，行政力量通过政府购买等方式的嵌入并没有约束协会自治，最终形成多方力量协同共治的行业治理形态。因此，尽管协会是第三轮脱钩改革第一批试点单位，但当 2018 年脱钩试点结束时，协会与业务主管单位间的结构关联（代管协会 25 家、代管事业单位 8 家）依然比较突出，使其在机构分离方面存在改革难点，进而影响了职能、资产财务、人员管理、党建外事等事项的分离和规范，使协会比计划时间晚一年完成脱钩任务。总体上，案例协会展示了一种"协同共治"的政社关系，其中，协会的生产能动性是政府、企业和社会力量共同发展并相互介入的结果。

（三）电器协会：行政资源和市场资源均弱

电器协会是一家因 1988 年国务院机构改革而转制成立的全国性社会组织，除接受民政部门登记管理外，同时接受业务主管部门和其上一级代管协会（中国轻工业联合会）的业务指导。协会至今已建立了由 8 个工作部门和 14 个分支机构组成的管理架构，向 380 多家会员单位提供以"研究报告、标准规范、党建活动、培训项目"为主的行业管理和服务内容，成为电器细分行业的制造商企业、零配件和原材料配套企业自愿组成的行业性社会组织。电器协会的会员数量在 4 家案例协会中属于中小规模，但大型企业的比例是 4 家案例协会中最高的，且均为家喻户晓的全国知名品牌。然而，电器协会的行政资源和市场资源并不丰富。

电器协会由政府部门领导干部创立，经过多年行政脱钩改革，其负责人更替规范、人事制度健全、资产财务透明。"这一轮脱钩改革，我们的压力并不大，人员、财务这些分离要求，我们很早就完成了。关于机构分离，本来我们也不是由业务主管单位直接管理，部门委托了协会对我们进行管理，和部门的关联我们并不多。不过，我们和会员的联系还是比较紧密的，他们给了我们很大支持。"（ZJ－20191022）因此，一方面协会的政治关联渐趋淡化，行政资源也逐渐弱化。协会的转制背景使其始终拥有一定的行政职能，但上一级代管协会的存在给予电器协会自身较大的自治空间。随着协会的行政职能逐渐剥离，政府委托项目数量和资金额度也逐年降低。另一方面，协会虽然拥有雄厚的会员资源，但协会自身的市场资源却不够丰富。协会的会费缴纳率高达92%，居案例协会之首。同时，倘若协会需要，其大型会员企业均可提供大力支持。因而，协会并不太需要向会员企业提供有偿服务以满足自身运行。由此可见，高经济资本的企业不只是在行政纠纷解决方面倾向于绕过行业协会（纪莺莺、范晓光，2017），其在行业公共物品有偿提供方面也是如此。至第三轮脱钩改革开启前，电器协会在2014年末净资产约为1000万元，仅是注册资金的约3倍。

但出乎意料的是，这样一家行政资源和市场资源均不够富足的协会是4个案例中唯一获得5A级评估结果的协会。由于协会自身所支配资源的有限性，为适应电器行业快速的环境变化，两任女性法定代表人很强调"小而美的渐进式变化"理念。这种反应型发展战略促使协会走上一条专业主义和管理主义并存且边界较为明显的合作专业化治理之路。第一，协会实行理事长和秘书长分工协作制，实现了技术专家和管理专家的均衡发展。理事长即法定代表人，为教授级高级工程师；秘书长拥有极强的管理能力，统筹管理信息资讯部、标准法规部、综合业务部、会员部及办公室。第二，协会积极搭建政企互动和行业互动平台。协会每年向政府反映会员诉求5次以上，举行2~3次行业集体谈判，并于2010年即开始行业自律制度建设。第三，建立年轻化的工作队伍，营造协作型协会文化。协会通过设立多样化的创新争优奖项激励工作人员发挥主动性和培育责任感，工作人员平均年龄仅为30岁，本科及以上学历比例高达91%，中级及以上职称也达到50%。

高评估等级反映了电器协会的高活跃度，这与组织能动性息息相关，其选择的合作专业化治理路径在补足日益稀疏的行政资源和非常态化市场资源的同时，最终以高质量的平台效应找到了自身的立足之本。协会于2016年进入第三轮脱钩试点名单，仅用了一年多时间便完成了相关任务要求。此外，协会的高活跃度也与其能调动的会员资源相关，体现了协会的俱乐部效应（黄冬娅、张华，2018）。在一定意义上，这种俱乐部效应是大企业带动、中小企业积极参与的会员制效应。在此过程中，具有自组织倾向的积极会员不断嵌入协会内部，使协会回归会员性社会组织的互益性本质，成为政企互动的组织化桥梁。组织管辖权成为一个象征符号，但其能融合并有效代表多元利益相关者。总之，案例协会展示了一种"行业自治"型政社关系样态：协会作为行业组织使自身的平台能动性极大化，在不依赖于行政资源且不沉浸于提供市场服务的同时，培育出以会员支持为核心的发展资源。

（四）连锁协会：行政资源弱而市场资源强

连锁协会是一家致力于推动中国新兴零售业发展的全国性社会组织，成立后一年便在民政部门注册登记（1998 年）。在历次脱钩改革任务的要求下，身为国家部委在职领导干部的创会负责人以身作则，开始以"人员分离"为首的行政脱钩改革。经过多轮调整后，协会形成会长专职、人事编制分离、办公用房市场化、资产财务边界清晰等规范化运作特征，建立起由 15 个工作部门和 23 个分支机构组成的管理架构，向 1000 多家会员单位提供以"行业统计、标准规范、特许评定、技能比赛、展会论坛、访学交流、人才培养"为主的行业管理和服务内容，成为连锁经营及相关企业和个人自愿结成的行业性社会组织。

连锁协会在不断推进行政脱钩改革的同时，积极开展创新活动，有效积累了协会自身的市场资源。一方面，协会的行政资源逐渐分离。协会的初始政治关联主要体现为负责人的公职特征，但其成为专职会长后，逐步推动了协会的行政脱钩改革。当百强排行榜、校企合作等行业服务品牌建立后，以政府购买为代表的财政资源较少进入协会。另一方面，随着协会市场化服务能力提升，其市场资源逐渐丰富。"我们很认可'以商养会'这种生存之道，这里的'商'是商业，协会也可以像企业一样通过服务创造经济价值。当然，我们协会没有丰富的政府购买项目，这和我们成立之初所处的环境有关。相比于老牌的协会，我们成立不算早，在改革开放的浪潮下，我们没有负担，一心追求品牌化。"（PL - 20190816）65% 的会费收缴支持了协会的部分运作，而其不断创新并贴合企业需求的市场化服务也成为日常运作的重要资金来源。至第三轮脱钩改革开启前，连锁协会在 2014 年末净资产达到 2500 万元，是注册资金的 250 倍，居案例协会第二位，显现出较高的市场价值。

连锁协会成立之初是一家典型的官办社会组织，然而随着行政脱钩改革的持续主动推进，其市场资源不断拓展，呈现一种以强调组织创新性变革为特征的开创型组织战略，推动协会聚焦于管理专业化治理。第一，协会管理的结构化和清晰化。协会管理结构清晰明确，属于精英管辖的会长负责制，会长即法定代表人，无秘书长及理事长设置。创会会长为女性，领导协会超过 20 年，其经济学知识背景和商业部门任职经历使其非常重视协会管理能力的提升和管理者的培养。而拥有经济学博士学位的现任会长是一位具有典型变革特质的男性，曾在事业单位、企业和大型社会组织工作，在 2017 年正式成为法定代表人之前，就拥有一定的协会管理工作自主权。第二，协会服务的品牌化和商业化。协会借助负责人的管理能力优势创新服务品牌，反映出管理创新对协会转型升级的重要作用：首先，建立行业百强调查和排名发布制度，自 2013 年至今已形成 2 项年度百强排行榜，供政府、企业、院校等实务界进行决策和研究参考；其次，大力开展校企合作，搭建覆盖华北、华东、华南、华中、东北和西部区域的常态化合作机制，包括共同开发教材、推动培训认证、组织专业技能大赛、设置奖学金、调研合作等；另外，提升工作人员的专业技能，年均组织培训 2 次以上。

在一定程度上，协会的管理特征呈现为集权与授权的共存，而授权依据是双方共同拥有的经济学语言、学科知识以及非正式规范，体现出学院式控制对组织管辖权的影响（Mather et al.，2001：41）。这也推动了协会的转型升级，通过提供市场化的行业服务践行"以商养会"的新思路。协会也因此主动参与 2015 年"五脱钩"第一批改革试点，并迅速完成相关脱钩任务。脱钩之后，协会的生存主要是基于市场合约的平等交换，呈现出一定的市场治理特征。总之，案例协会展示了一种行政后退为裁判员、协会前进为市场竞赛者的"以商养会"型政社关系。

五　行业协会脱钩改革中专业治理的调适机制

（一）脱钩改革后的政社关系

全国性行业协会是一种组织性很强的会员制社会组织，基础非常坚实。案例协会的办公用房均在 500 平方米以上，专职工作人员均超过 25 人，净资产在千万元之上，大部分会员企业均为行业龙头。如此规模的协会发展奠基于其官办背景，但协会转型结果仍然展现出较大的差异性。无论是行政脱钩政策的刚性约束，还是组织自身的发展诉求，行业协会必须不断调适，修正其身份认知和行动策略（Balassiano & Chandler，2010）。基于初步逻辑框架中的协会内部治理焦点和外部资源禀赋两个维度，本文对脱钩改革后的政社关系进行分类和归纳，如图2所示。

第一，行政嵌入。电力协会长期紧密的政治关联和防御型组织发展战略使其延续国家治理逻辑，因而技术主导下的"专家治国模式"（刘永谋，2016）也深深嵌入协会治理过程。技术专家顺利获得组织管辖权并通过技术专业化治理不断扩大和优化行政资源配置，进一步提升公共政策执行中的政治势能（贺东航、孔繁斌，2019），使政社关系呈行政嵌入特征。随着办公场所独立问题和行业管理职能分离问题的逐步规范，协会依然延续传统战略。协会在承接政府定向购买服务的过程中，逐步形成行业信息的媒体公开、行业标准化制度建设等特色服务。然而此类模式有其生成条件，即行业的"公共特性"或"溢出效应"。正是行业服务生产过程的强公共性促成了行业管理部门对协会指导与管理的必要性，也反映出市场资源和竞争不足的行业情境中国家力量对专业主义发展的强推动力。

第二，协同共治。物流协会行政资源和市场资源的双重优势以及分析型组织发展战略提升了协会对变革环境的适应性，形成了国家力量和社会力量的协同共治。协会作为行业组织将运作空间进行分割以实现自主性最优化，如组织在结构性自主与功能性自主之间的权衡与调适（White，1993）。随着脱钩改革任务的完成，业务关联从显性的机构混杂向边界清晰的"行业指导与管理"过渡，资产关联从"直接财政拨款"转向竞争性更凸显的"政府购买服务方式"。在此过程中，技术官僚获得组织管辖权并通过组织专业化治理不断融合专业主义和管理主义理念，发展出专业认证、互动交流平台、实体产业园区等特色行业服务。但协同共治模式依然有其生成条件，即行业的"规模特征"。正是巨大的市场需求以及生产过程的规模经济吸纳了大量的行政资源和市场资源，从而使得协同共治出现。

第三，行业自治。电器协会的发展具有一定的反常性。比较而言，这样一家行政资源和市场资源均不够富足的协会是4个案例中唯一获得5A级评估结果的协会。协会在民政部门、业务主管部门和其代管协会"三重管理"的碎片化权威中获得创新空间，并作为行业组织极大化自身的平台能动性。协会在保持与政府有距离的合作中，通过有效回应会员需求构筑起较为发达的横向网络（汪锦军、张长东，2014）。随着脱钩改革的逐步推进，行政部门对协会的治理责任逐渐向党建工作与行业管理过渡。协会内部管理中，理事长和秘书长的分工协作制渐趋成熟，将代表专业主义和管理主义不同偏向的多元利益相关者整合到组织决策过程中，以合作专业化治理方式不断激活会员资源，实现行业组织的会员自治。在行业自治模式中，协会探索出精简管理部门、建立年轻队伍等工作方式，以有效的集体谈判、自律公约、反映诉求等方式确保行业秩序。这种行业自治模式的生成条件是行业的"竞争特性"，正是复杂多变的市场环境给予协会破茧重生的制度空间。

第四，以商养会。连锁协会与政府的人事关联被国家政策迅速改变，学院式专家获得组织管辖权并通过管理专业化不断优化资源配置。在行政后退且会费不足的生存环境中，领导者开创性地发展出一种"以商养会"的新型协会。这种市场治理的核心是以"互益创业"（胡辉华等，2016）推动协会市场资源的积累，让行业协会有了坚实的经济基础。案例协会熟练地开展百强排行榜、校企合作、项目咨询等行业特色服务。当然在行政资源渐趋稀疏的情境中，协会对市场资源的扩充以及发展质量的提升必然是艰难的，而学院式管理专家对细分市场的发掘是关键，其有限的业务范围给予工作人员深耕的可能，精准化服务能力使其成为细分市场不可或缺的行为主体。从而，以商养会的生成条件便是市场中行业的"分层特性"。

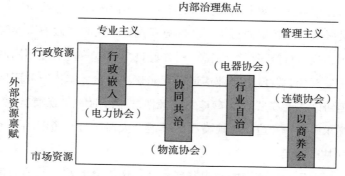

图 2　脱钩改革后的政社关系形态

（二） 专业治理的情境匹配与策略权变

官办行业协会转型发展模式逐渐清晰后，"何种路径更能提升发展质量"成为研究关切。会员性社会组织内外环境具有复杂化特征，同时组织作为行动者又具有能动性特征，从而组织策略的权变观得以形成。结合官办行业协会的四种规范与发展模式，本研究将其转型路径归纳为"调适性专业治理"，其核心机制为情境匹配与策略权变。

"匹配"是组织权变理论的一个核心概念，组织可以通过结构和策略的调整实现环境匹配和效率提升（Donaldson，1987）。这里的环境包含了组织内外两个维度，体现了路径选择的情境匹配与策略权变（Burton & Obel，1995：8）。这种复杂化路径选择类似于马奇在其关于决策的论述中勾勒出的那种演化，他揭示了三重缺陷——理性的缺陷、合法性和有效性的缺陷、相互依赖的缺陷。因此，组织转型路径的基本因果链条可以假设为：组织内外环境的变化—组织表现出有限理性、有限合法性和有限有效性的特征—组织路径选择是以"调适性专业治理"为导向的情境匹配与策略权变机制的交叠。

具体而言，官办行业协会的转型之路呈现多样性、长期性、复杂性和一定的规律性。本文根据对案例协会"脱钩不脱管"改革过程的观察，将其"调适性专业治理"转型路径阐述为：官办行业协会的转型发展首先根植于特定的初始资源禀赋，然后主动调整组织战略和创新行动策略，进而沿着具有自身比较优势的专业治理路径，最终形塑出贴合不同行业特征的差异化政社互动形态，在一定程度上实现了协会的转型发展。电力协会、物流协会、连锁协会在民政部组织的第三方评估中均为 4A 级，电器协会更是为最高评估等级 5A 级。基于协会转型路径的情境匹配与策略权变机制，由于差异性组织情境的存在，并不能推断出电器协会所重塑的行业自治模式更有助于协会质量提升。但观察 4 家官办行业协会发展的路径选择（见图 3），其共性策略在于"专业治理"，这为厘清官办行业协会质量提升的关键因素和过程机制提供了一些重要证据。

首先，行业环境和组织情境约束着官办行业协会转型发展的路径选择。案例研究显示，电力协会、物流协会、电器协会和连锁协会分别处于公共性、规模性、竞争性和分层性比较明显的行业领域。尽管组织可以主动创造自己的环境，但创造行为更可能处于内部或外围环境，行业环境整体特征约束着组织能动性的发挥。此外，案例研究也显示，协会自身所拥有市场资源和行政资源的

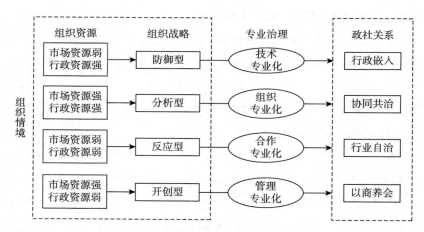

图 3 行业协会发展的路径选择

强弱差异引导出防御型、分析型、反应型、开创型四类"实用主义"导向的权变发展战略。

其次，专业治理过程决定了官办行业协会的规范与发展质量。尽管组织情境能够制约组织战略，但战略才是影响组织绩效的关键，正是在这一环节，组织能动性得到充分发挥。而随着社会分工的不断成熟，组织能动性的基础便是专业治理。组织管辖权是专业治理的基础，管辖权配置的差异性也决定了专业治理过程的异质性。需要注意的是，无论是基于专业治理核心的管辖权差异性，还是基于专业治理约束条件的情境匹配性，协会专业治理过程展现出明显的调适性特征。因而，不同协会的专业治理过程呈现出多样性发展样态，包括技术专业化治理、管理专业化治理、合作专业化治理以及组织专业化治理。

随后，行业协会通过专业治理机制对政社关系进行重构，逐步演变出行政嵌入、协同共治、行业自治、以商养会四种新型政社关系样态。这四类政社关系样态下的行业协会均在一定程度上实现了自身的转型发展，体现了多样化政社关系的共存。因此，行业协会的行政脱钩改革需要"因地制宜"调整政策执行的基本标准和完成时间。案例研究显示，以办公场所关联（电力协会）和代管任务关联（物流协会）为代表的职能维度的政社联结所需脱钩时间较长，而以人事关联（电器协会和连锁协会）为代表的结构维度的政社联结所需脱钩时间则较短。除政社联结的类型差异影响脱钩政策执行效率外，脱钩政策本身的强制推行程度和责任归属明确性程度也是关键影响因素。因此，职能关联紧密的协会，不论市场资源如何培育，其行政资源依然比较丰富；而结构关联较为凸显的协会，行政资源较容易退场，但市场资源的进场则需要给予协会一定的发展空间，同时会员资源的挖掘也成为协会重要的依靠。

六　研究结论

行业协会商会与行政机关的脱钩改革是对政社关系的不断调适，而不是简单依靠指标数据形成"形式脱钩"，其最终目的是实现经济与社会的有效治理。在脱钩政策执行呈现出低模糊和高冲突的特征下，社会组织对于外部环境的策略性应对往往具有意料之外的结果（李朔严，2019）。因此，考验行业协会发展的不仅有纯粹的关系问题，还有政社关系调适所释放出来的发展空间的有效整合，以及行业协会发展质量提升的路径选择。专业主义作为介入治理现代化场域的新兴力量，被认为能改善权威和程序带来的治理困境。基于组织情境的差异性，多维专业治理逻辑成为政府改革与社会组织发展的共享知识。基于上述分析，本文得出以下研究结论。

第一，脱钩与去行政化改革需要助推社会组织能力提升，而专业治理成为组织转型发展的可行路径。其前提条件是组织管辖权被积极作为的人才所掌握，开展受其知识和经验引导的专业治理，形成组织自身的专有性，最终突出组织发展的专业性。当然，即便均是自上而下成立的官办社会组织，其资源禀赋亦有区别，因此调适性专业治理得以生成。特别是对于具有会员制特征的行业协会，脱钩改革促使其不断挖掘可利用的一切资源，既包括行政资源的规范化重塑，也包括市场资源和会员资源的创新性构建。

第二，调适性专业治理在提升社会组织发展质量的同时，也形塑出多样化的政社关系样态。在此过程中，行业协会可以将组织情境与技术专业化、组织专业化、合作专业化以及管理专业化不断匹配，这使得政社关系呈现出行政嵌入、协同共治、行业自治、以商养会的多样化特征。脱钩后的政社关系，是对已有政社关系的延续与发展，而非简单的否定与割裂。"脱钩不脱管"成为后脱钩时代政社关系的新特征。在此基础上，行政力量、市场力量、会员力量的不同组合，均可能提升行业协会的发展质量，其核心在于具有情境匹配和策略权变特征的调适性专业治理。

第三，社会组织调适性专业治理路径对政社关系的影响以及社会组织高质量发展的提升能力需要考虑行业整体环境。相较而言，行业竞争性越强，合作专业化治理路径的适应性越高，越需要行业自治；而行业的公共性、规模性、分层性均在一定程度上阻碍了竞争市场的出现，因而技术专业化治理、组织专业化治理以及管理专业化治理路径的匹配性更高，行政嵌入、协同共治、以商养会成为组织发展的满意解。

参考文献

陈天祥、徐雅倩（2020）：《技术自主性与国家形塑：国家与技术治理关系研究的政治脉络及其想象》，《社会》，第5期。

贺东航、孔繁斌（2019）：《中国公共政策执行中的政治势能——基于近20年农村林改政策的分析》，《中国社会科学》，第4期。

胡辉华、陈楚烽、郑妍（2016）：《后双重管理体制时代的行业协会如何成长发展？——以广东省物流协会为例》，《公共行政评论》，第4期。

黄冬娅、张华（2018）：《民营企业家如何组织起来？——基于广东工商联系统商会组织的分析》，《社会学研究》，第4期。

黄晓春、周黎安（2017）：《政府治理机制转型与社会组织发展》，《中国社会科学》，第11期。

纪莺莺、范晓光（2017）：《财大气粗？——私营企业规模与行政纠纷解决的策略选择》，《社会学研究》，第3期。

蓝煜昕（2017）：《社会共治的话语与理论脉络》，《中国行政管理》，第7期。

〔美〕雷蒙德·E. 迈尔斯、查尔斯·C. 斯诺（2006）：《组织的战略、结构和过程》，北京：东方出版社。

李健、成鸿庚、贾孟媛（2018）：《间断均衡视角下的政社关系变迁：基于1950~2017年我国社会组织政策考察》，《中国行政管理》，第12期。

李朔严（2019）：《社会组织政策倡导行为与组织内部公民性研究——基于多案例比较的分析》，《公共管理评论》，第3期。

刘永谋（2016）：《技术治理的逻辑》，《中国人民大学学报》，第6期。

宋程成（2019）：《社会组织理性化实践及其制度根源：一项长时段案例研究》，《中南大学学报》（社会科学版），第6期。

陶传进、朱卫国（2018）：《专业权力的逻辑及其应用问题》，《中国非营利评论》，第1期。

汪锦军、张长东（2014）：《纵向横向网络中的社会组织与政府互动机制——基于行业协会行为策略的多案例比较研究》，《公共行政评论》，第5期。

吴昊岱（2018）：《行业协会商会与行政机关脱钩：政策执行与政策特征》，《治理研究》，第4期。

许鹿、孙畅、王诗宗（2018）：《政治关联对社会组织绩效的影响研究：基于专业化水平的调节效应》，《行政论坛》，第4期。

杨宝（2014）：《政社合作与国家能力建设——基层社会管理创新的实践考察》，《公共管理学报》，第2期。

郁建兴（2014）：《全面深化改革时代行业协会商会研究的新议程》，《行政论坛》，第5期。

周俊、赵晓翠（2018）：《脱钩改革后行业协会商会的转型发展：模式与挑战——基于S市A区的实证分析》，《治理研究》，第4期。

Balassiano, K. , & Chandler, S. (2010), "The Emerging Role of Nonprofit Associations in Advocacy and Public Policy: Trends, Issues, and Prospects," *Nonprofit and Voluntary Sector Quarterly* 39 (5), pp. 946 – 955.

Burton, R. M. , & Obel, B. (1995), *Strategic Organizational Diagnosis and Design: Developing Theory for Application*, Boston: Kluwer Academic Publishers.

Donaldson, L. (1987), "Strategy and Structural Adjustment to Regain Fit and Performance: In Defence of Contingency Theory," *Journal of Management Studies* 24 (1), pp. 1 – 24.

DiMaggio, P. J. , & Powell, W. W. (1983), "The Iron Cage Revisited: Institutional Isomorphism and Collective Rationality in Organizational Fields," *American Sociological Review* 48 (2), pp. 147 – 160.

Eisenhardt, K. M. (1989), "Building Theories from Cases Study Research," *The Academy of Management Review* 14 (4), pp. 532 – 550.

Hall, P. D. (1987), "Abandoning the Rhetoric of Independence: Reflections on the Nonprofit Sector in the Post-liberal Era," *Nonprofit and Voluntary Sector Quarterly* 16 (1 – 2), pp. 11 – 28.

Mather, L. , et al. (2001), *Divorce Lawyers at Work: Varieties of Professionalism in Practice*, New York: Oxford University Press.

Noordegraaf, M. (2015), "Hybrid Professionalism and Beyond: (New) Forms of Public Professionalism in Changing Organizational and Societal Contexts," *Journal of Professions and Organization* (2), pp. 187 – 206.

Pratt, M. G. (2008), "Fitting Oval Pegs into Round Holes Tensions in Evaluating and Publishing Qualitative Research in Top-Tier North American Journals," *Organizational Research Methods* 11 (3), pp. 481 – 509.

Salamon, L. M. (1987), "Of Market Failure, Voluntary Failure, and Third-Party Government: Toward a Theory of Government-Nonprofit Relations in the Modern Welfare State," *Nonprofit and Voluntary Sector Quarterly* 16 (1 – 2), pp. 29 – 49.

Shumate, M. , et al. (2017), "The Nonprofit Capacities Instrument," *Nonprofit Management & Leadership* 28 (2), pp. 155 – 174.

Spires, A. J. (2011), "Contingent Symbiosis and Civil Society in an Authoritarian State: Understanding the Survival of China's Grassroots NGOs," *American Journal of Sociology* 117 (1), pp. 1 – 45.

Unger, J. (1996), "Bridges: Private Business, the Chinese Government and the Rise of New Associations," *The China Quarterly* 147, pp. 795 – 819.

White, G. (1993), "Prospects for Civil Society in China: A Case Study of Xiaoshan City," *The Australian Journal of Chinese Affairs* (29), pp. 63 – 87.

Professionalization Governance and Relationship Adjustment between Government and Society: Multi-Case Comparative Analysis of the Decoupling Reform on Industry Associations

Xue Meiqin & Jia Liangding

[**Abstract**] The important connotations of administrative decoupling reform are establishing good relationship between government and society, developing the high-quality of industry associations. Among them, the industry associations transformed from top to bottom become the key objects of decoupling reform. But different associations still adjust to differentiated socio-political relationships under the rigid constraints of decoupling task. What are the characteristics of their action paths? Based on the method of multi-case comparative analysis, this paper selects four national industry associations, iterating the theoretical elements and case practices repeatedly, and empirically analyzing the influence of professional governance behavior of industry associations on the relationship between government and society in different situations. In the administrative decoupling reform, government-operated industry associations, which is grew up in different situations of socio-political relationships, adjusive selecting technological, organizing, cooperating and managedprofessionalization governance path due to differences in the organizational resources endowment and the jurisdiction configuration. The professionalization governance makes the relationship between government and society appear diversified forms, such as administrative embedment, collaborative governance, industryself-governance, business for raising associations. While these government-operatedindustry associations realize their own transformation and development through professionalization governance, they also adjust to diversified forms of government-society relationships.

[**Keywords**] Social Organizations; Administrative Decoupling; Professionalization Governance; Relationship between Government and Society; Adjustment Strategy

责任编辑：罗文恩

草根公益组织的合法性困境与策略建构[*]

——以 R 机构为例

张　欢　尚腊能　王啸宇[**]

【摘要】草根公益组织能满足特定受困群体的核心诉求，日渐成为社会治理创新的一股重要力量。然而，由于其服务实践处于政府、市场与社会多元主体共治的场域中，主体间复杂的博弈关系也给组织的运行发展带来诸多困难。本文以利益相关者理论为基础，以 R 机构为个案，论述其面临的法律、行政以及社会三重合法性困境；结合组织十年的服务实践，分析其建构的服务成效、组织声誉以及关系维护等合法性策略；基于策略内部的冲突与张力，进一步提炼 R 机构与利益相关者之间的博弈互动经验。研究认为，合法性是草根公益组织存续的重要条件，但在合法性建构过程中各利益主体间易形成矛盾冲突。草根公益组织需以能动性和主体间的"伙伴"关系为两大生长点，探索与利益相关者协调发展的良性互适路径。研究深化了对组织运行中主体间行为逻辑的思考，也为草根公益组织建构合法性、持久发展提

---

[*] 本文为敦和·竹林计划（第四期）青年学者专项课题"社会工作服务机构组织文化建设及对绩效影响机制研究"（课题编号：2020ZLJHZX - 01）以及中国博士后基金面上项目"社区居家养老服务协同供给困境及治理策略研究"（项目编号：2021M700461）的阶段性成果。

[**] 张欢，北京师范大学社会发展与公共政策学院教授；尚腊能，北京师范大学社会发展与公共政策学院研究助理；王啸宇（通讯作者），北京师范大学社会发展与公共政策学院博士后。

供了有益启示。

【关键词】草根公益组织；合法性困境；服务成效；组织声誉；关系维护

一 问题的提出

草根公益组织是没有政府或市场背景、以志愿的方式向社会提供公益服务的社会组织。随着我国改革开放的深入、社会转型、资源流动性的增强以及社会问题的增多，草根公益组织有了较大发展。草根公益组织规模小而灵活，活动领域、服务模式及内容多样（吴颖，2021），能够敏捷地辨认服务群体的需求并给予回应（何艳玲等，2009），有利于打破圈子与阶层的壁垒，提供小众或补缺型服务，弥补市场和政府失灵，促进社会治理创新。当前在教育、养老、助残等社会服务领域不断萌生的草根公益组织，以自身独特的资源凝聚能力和灵活丰富的服务模式，成为解决社会问题的重要载体。

然而，因资源匮乏、专业性不足、组织结构松散等，草根公益组织发展的长效机制不足。现有登记管理制度下，合法性缺失成为制约草根公益组织发展的一大瓶颈。为谋求持续发展，草根公益组织坚持以服务为本、积极建构能动性来提升合法性。然而，策略背后牵涉众多利益相关者，立场和诉求的不同衍生了新的张力和冲突。那么，草根公益组织在服务实践中需要获取哪些合法性？合法性需求背后隐藏着主体间怎样的利益冲突？如何消解组织能动性策略内部的冲突与张力？理清这些问题，有助于明晰组织的运作过程，促进草根公益组织持续发展。

二 文献综述与理论框架

（一）草根公益组织合法性分析

1. 草根公益组织建构合法性的必要性

组织合法性代表组织获得外界支持、信任和理解的程度（斯科特，2010：67），是影响组织存续的关键因素（Lounsbury & Glynn，2001）。合法性中的"法"不仅包括法律、标准和规范，还包括共同信念、行动逻辑等（陈扬等，

2012）。获得合法性身份，社会组织能够使用独立的法人资格，更容易获取社会资源，保障自身的利益，提出诉求（Dacin et al.，2007）。Suchman（1995）认为，合法性是一种普遍的认知或假设，意味着实体的行为在某种社会建构的规范、价值观、信仰和定义体系中是适当的，组织需要构建实用、道德、认知等合法性。高丙中（2000）基于我国的背景和实践，认为社会组织应具有"政治合法性""行政合法性""法律合法性""社会合法性"。组织是一个开放的系统，与外部人员、资源和信息等不断发生着交换，组织的生存发展离不开利益相关者的支持与配合（弗里曼等，2013：20）。合法性不足是草根公益组织普遍面临的问题（Zhang，2017），未登记注册的社会组织，在服务实践中易陷入资源依赖困境（曹媛媛，2014）。为谋求生存发展，草根公益组织需要得到社会的认可、接受和信任（Scott et al.，2000：237），获取并维护其合法性（Scott et al.，2000：259）。

2. 草根公益组织建构合法性的可能性

合法性是组织从制度环境中获取的一种资源，代表组织的行为实践能够被制度环境所接受的程度（Suchman，1995），是一种社会建构的品质（Hudson，2001）。组织采用的结构形式是特定制度环境中合法的结构形式（DiMaggio & Powell，1983：147）。组织中的行动者不仅是制度环境塑造的对象与规则的顺应者，还能够对组织进行创建或解构（Boudon，1977：191）。面对复杂的制度情境，行动者会选择默许、妥协、抗拒等不同的策略（Oliver，1991），通过协商行动、交换资源和建构局部秩序来谋求稳定（Baldwin，1978）。草根公益组织在强化内部治理能力、加强组织愿景和道德建设的同时，通过建立理事会、顾问委员会等方式吸纳社会精英的参与和支持，与政府人员建立私人联系，积极建构政治合法性（和经纬等，2009）。同时，争取企业、媒体及其他社会组织的支持，在长期的服务实践中获得公众的认可。然而，组织发挥的能动性是有限的，要考虑诸多利益相关者的权力与规则的限制（费埃德伯格，2008：287）。组织发挥能动性后会嵌入一个更大的行动系统中，面临的约束和偶然事件增多，边界被切割的程度也加深（汤普森，2007：85）。

当前关于草根公益组织的研究还处于起步阶段，集中于组织的产生、行动场域及其功能等的论述（周玲，2009），部分研究借助案例分析草根公益组织服务实践中的具体困难（李月娥等，2010）。然而这些研究多从草根公益组织自身出发，单向探讨策略的建构，对利益相关者的立场诉求关注不够，也忽视了策略内部的张力与冲突。研究成果多是事实描述的增量贡献，缺乏与理论的对话和抽象的分析。因此，本文引入利益相关者理论以推进思考。

（二）利益相关者理论分析的适切性

1. 理论支撑

利益相关者概念来自企业管理领域，指影响组织目标实现或者受到组织实现目标过程影响的个人和群体（弗里曼，2006：30），强调要保护组织中各利益相关者的利益。基于此形成利益相关者理论（stakeholder theory）（Donaldson & Preston，1995；Berman et al.，1999），探讨组织目标、绩效、价值创造等问题。该理论已经从营利性组织扩展到社会组织（Hasnas，2012），研究既涉及小型组织（Barrett，2001；Esteve et al.，2011），也涵盖大型慈善机构（Dhanani & Connolly，2012）等，强调利益相关者的意识和参与行动很重要，组织要增强对不同利益主体需求的回应。

利益相关者理论为草根公益组织合法性的探讨提供了新的思路。De Souza（2010）认为，组织合法性是利益相关者对组织道德正当性以及行动合理性的衡量尺度。拥有合法性，组织更容易获得利益相关者的支持（Suchman，1995）。在实践中，组织需要吸引利益相关者的参与（Atack，1999），与关键的利益相关者建立双向沟通和牢固的互利关系，进而获取并维持组织的合法性（Hudson，2001；Wiggill，2014）。其中，服务对象是最重要的利益相关者，社会组织要着重理解他们的需求和主张（Conaty & Robbins，2021）。大型的、运转较为成熟的社会组织多采用印象管理、绩效管理以及与同样面临合法性挑战的组织合作等方式来提升合法性（Deegan et al.，2000；Conway et al.，2015）。

然而，对于草根公益组织来说，存活尚且困难，如何获取合法性并争取利益相关者的支持呢？当前对此问题的探讨尚为缺乏。新兴小弱的草根公益组织在运行中易遭遇法律程序、政策规范及社会认同等多重合法性困境，引起行政、市场和社会力量的质疑、约束乃至抵制。为此，草根公益组织需不断调整博弈策略，以规避或化解与各等主体间的冲突。例如，虽然组织合法性往往以"政府为基础"（陈津利，2008：95），但是为避免与政府部门合作带来的不确定结果，"不合作"似乎是草根组织更明智的策略（何艳玲等，2009）。同时，大多数草根公益组织会选择"以合理性去合法性",维系生存发展（刘祖云，2008）。此外，各主体的妥协和默许为草根公益组织争取合法性提供了促动机制。几种矛盾秩序同时存在时，必然存在以妥协为内容的默认机制（韦伯，1998：11），个别草根组织尽管未能取得合法的生存资格，却因为拥有社会合法性而获得管理主体默许的生存空间（周玲，2009）。主体间微妙而复杂的关系为草根公益组织的存续提供了重要条件。

2. 分析框架

利益相关者理论不是单一的理论，而是一个"框架"——一套可以衍生出许多理论的思想（Parmar et al. , 2010）。本文采用区分不同利益相关者进行主体分析的思路，将草根公益组织定义为，以公益为目的，由民间自下而上自愿发起、自行运作、未取得合法性身份的社会组织。以主体间的博弈互动作为分析的逻辑起点，既关注草根公益组织外部的利益相关者（政府、基金会、媒体、企业、社区、民众等）的物质利益，同时也考量政治、法律、道德、习俗等社会性因素，在文化 - 认知、规范和规制性认同（斯科特，2010：70）中探讨组织的合法性。

研究采用个案分析法，以偏远少数民族地区的教育类草根公益组织——R机构为典型案例，借助利益相关者理论，探究草根公益组织在服务实践中面临的多重合法性困境，剖析其与地方政府、基金会、社区、公众等多主体间隐藏的矛盾冲突。其次，从组织能动性出发，透过与利益相关者的互动，系统阐释R机构在十年的服务实践中建构的合法性策略，同时，进一步揭示R机构能动性策略内部的冲突。最后，提出一般性解释框架，探究如何消解草根公益组织与各主体间的冲突和张力，在与利益相关者的协调互适中获得成长。分析框架见图1。

如图1所示，双向箭头代表草根公益组织合法性建构过程中与利益相关者之间的张力和冲突；单向箭头代表草根公益组织探索建构的能动性策略；实线圆圈代表草根公益组织面临的合法性困境；虚线圆圈代表草根公益组织采取的能动性策略。基于利益相关者之间不同的价值理念，草根公益组织需兼顾地方政府、基金会、社区、民众、服务对象及家属等的利益诉求，探索消解策略内部张力与冲突的思路。

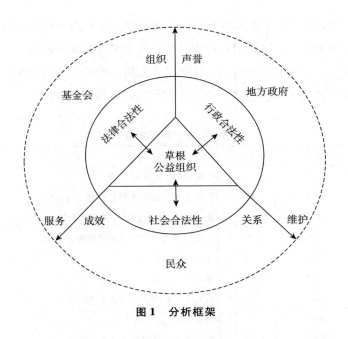

图 1　分析框架

三　案例分析

（一）R 机构基本情况

1. 案例选取

根据案例抽样的极端、典型性原则（Eisenhardt & Graebner，2007），选取教育类草根公益组织——R 机构作为研究对象。该组织地处经济发展水平较为落后的地区。当地 JP 族儿童学业成绩普遍较差、对心理健康重视不足。曾长期在山寨进行田野调查的 LAD 博士和他的妻子 RLY1 看到 JP 族儿童面临的困境，为了推动儿童的"自信与自我认同"[①] 教育，与合作伙伴 RGW2 在 2009 年共同创办 R 机构。至今已在当地"扎根"十年，取得了一定的组织绩效和声誉，其发展过程中遭遇的合法性困境具有一定的典型性。同时，笔者之一熟练掌握当地民族语，对当地情况比较了解，便于开展调查研究。

2. 数据收集

为了保证案例研究的科学性和可靠性，本研究采用访谈法、参与式观察法

---

① 引自 R 机构的使命表述。

收集资料。2019 年 10 月至 2020 年 5 月，笔者以志愿者的身份进入 R 机构，在提供志愿服务的同时，了解机构运作过程，收集服务对象的反馈，并形成田野日志。同时，对 R 机构工作人员、政府工作人员、学校老师、村民、服务对象及家属、志愿者等 15 名利益相关者进行了深度访谈（见表 1）。

表 1　访谈对象基本情况

序号	编号	性别	备注
1	RLY1	女	R 机构创始人及总干事
2	RGW2	男	在 R 机构工作近 5 年的全职工作人员
3	FD1	男	R 机构陪伴成长的第一批服务对象
4	FD2	男	未在 R 机构持续接受服务的服务对象
5	JZ1	女	服务对象家长
6	JZ2	女	服务对象家长
7	JS1	男	当地小学教师，曾任该小学校长
8	ZMZ1	女	当地民政局副局长
9	ZMZ2	女	当地民政局民间组织管理科科长
10	ZHY3	男	合作对象
11	ZXZ1	男	XS 乡乡长
12	ZXZ2	男	XS 乡宣传委员
13	SZY1	男	R 机构工作人员/志愿者
14	SZY2	女	R 机构工作人员/志愿者
15	SZY3	女	R 机构工作人员/志愿者

3. 资料分析

通过逐字记录访谈内容、系统整理田野日志等方式，形成约 15 万字的文字资料。反复阅读推敲后，使用 Nvivo 软件进行编码和分析。首先，开放编码。对收集整理好的访谈资料、观察日志、机构文件，逐字逐句进行分析，对所有概念进行归纳分析。其次，轴线编码。将开放编码所归纳出来的代码与已有理论和概念进行对话，将代码群进行聚类，共形成合法性困境、服务成效、组织声誉、社区关系维护四个与组织合法性建构密切相关的轴线。最后，选择编码。将组织合法性建构作为核心问题，把四个轴线引入合法性建构路径中，探讨其与合法性建构的关系及其相互影响。

（二）R机构的合法性困境及主体间的冲突

草根公益组织的发展离不开与相关利益主体之间的互动。R机构作为民间个人发起的服务型草根公益组织，面临的合法性困境主要是难以得到利益相关者的认可，从而给组织运行带来诸多困难。

1. 法律合法性困境及其冲突

登记注册"艰难"。自成立至今，R机构已经满足民办非企业单位登记中除了业务主管单位以外的所有条件（财务、人员架构、办公场所等），而且也符合"非竞争性原则"①。R机构一直申请登记注册，但未能成功。由于服务范围是公益教育，当地民政局和教育局有监督管理的责任。R机构多次与教育局沟通，但教育局明确表态不愿担任R机构的主管单位。而民政局告知R机构，必须达到登记注册条件、具备一定的成熟度才能给予登记。虽然R机构申请材料齐全，但因缺乏业务主管单位，当地民政局拒绝R机构注册登记。

> 我们首先的条件是它成熟，等基本情况、上报的情况达到条件了，成熟一家办一家。（ZMZ2）

缺乏法律合法性给R机构运行带来诸多困难。R机构一直通过挂靠基金会、以公益项目的名义开展服务。缺乏独立法人资质就无法申请政府购买服务，许多基金会的项目也不能申请。R机构需始终保持与挂靠基金会的沟通协作关系，工作成本增加。

> 有些资助基金会仅针对已注册机构。比如，爱佑基金会认为我机构符合他们的资助条件，曾两次邀请我们去申请他们的资助项目。由于我们还没有注册，因此失去申请机会。资助方也特别遗憾，催促我们尽快注册。（RLY1）

缺乏众筹公信力。众筹是当前许多草根公益组织会选择的筹资方式，有些筹集项目虽然不严格要求公益机构注册，但需要以创办人个人名义对接，或者

---

① 目前在当地没有服务范围相同的民办非企业单位。

通过挂靠的基金会对接。由于 R 机构不是法人主体，在对外合作和服务开展中需要花费更多的时间和精力去解释说明。

> 发起在线众筹的时候，未注册机构需要与具有公募资格的基金会合作，由基金会作为众筹发起人。R 机构曾以创办人个人名义与中华社会救助基金会签约，由后者代为在腾讯网 99 公益日发起在线众筹。在此过程中，与该基金会几经周折和讨论，才对接成功。（RLY1）

民政局、教育局的拒绝使得 R 机构难以找到业务主管单位，作为一家尚未登记注册的草根公益组织，不具有法律合法性。机构只能通过与挂靠基金会维持良好的关系获取更多的资源。而没有登记注册，又成为当地政府否定 R 机构活动的理由之一。

> 有一个前提条件，任何组织，包括公益组织在内，来 XS 乡开展各式各样的活动前，首先它要依法登记。（ZXZ2）

2. 行政合法性困境及其冲突

当地政府不认可 R 机构的工作程序，认为其服务程序和内容不符合相关规范，没有做好基础的安全保障，甚至可能存在重大安全隐患。地方政府必须要管控和防范各类风险，R 机构的各项工作应该提前报备审批，但其很多活动的开展未履行这样的程序。

> 你要组织那么多小朋友坐拖拉机、皮卡车去龙江边上玩，如果冲走一两个，肯定是个大问题。组织说帮助戒毒，我基本不怎么相信，绝大多数吸毒行为的根治还要靠政府强有力的行政手段来实现。（ZXZ2）

> R 机构去山东卫视时，讲了许多负面事情，包括吸毒泛滥、留守儿童等。这些可能是他们的公益卖点，但无形中伤害了乡政府和老百姓。你看××基金会，它全身心地去做实事善事，没讲任何负面东西，社会各界都很支持。我们希望 R 机构多讲一些积极向上的事情……你看我们从早到晚

工作，现在吸毒人员基本上已经控制住了。当你付出了所有努力，有人来把所有工作推翻的时候，你觉得我们是否会支持它。（ZXZ1）

村寨管理不规范、毒品管控不力、儿童辍学率高、童婚、妇女拐卖、青少年从事性工作等，是相对个别化的现象。基层政府已经意识到辖区内存在的社会问题，一直在努力解决。不论从政绩还是从地方形象考虑，政府都希望营造积极的形象，以大局意识推动整体发展。R 机构只有宣传内容积极向上、活动流程经过严格报备审批，才能得到政府的认可。

然而 R 机构更关注在困境中挣扎的个体切实存在的问题，很难完全按照规定的条框和程序行事。R 机构陪伴成长的 200 多个服务对象只是 XS 乡众多居民的一小部分，但其扎根社区一线，经过日积月累的观察和反思，希望通过专业的服务手段解决这些问题。组织使命、价值观以及工作理念的特殊性，使其触及政府的敏感点。

在地方政府看来，R 机构的教育模式和存在形式对于当地来说是创举，但对于新鲜的、创新性的事物，政府较为敏感。政府管理体系强调责任意识，要对辖区内的一切事务负责。因此，当地政府解决社会问题小心谨慎，追求政绩和积极的社会氛围。当地政府看到 R 机构的创始人之一是来自欧洲国家的外籍人士，担心有境外势力或传教的风险，因此对机构的宣传内容非常敏感。但从专业性来讲，R 机构必须客观真实地讲述社会问题和服务背景，筹款行为也要符合公益服务的伦理，才能撬动更多的外援力量。

草根公益组织的专业服务伦理与当地政府的工作理念存在差异，因而陷入行政合法性困境。为获取社会关注进行的媒体宣传，常被政府怀疑过度丑化、放大社会问题。这反映出社会组织灵活运作与行政体制科层化之间的冲突分歧，导致地方政府不认可机构的存在形式和工作程序，质疑其服务动机。

3. 社会合法性困境及其冲突

社会层面的利益相关方对于 R 机构的认知存在偏差，给组织声誉带来不利影响。许多村民对 R 机构认可度低，甚至传出一些谣言。R 机构得不到社会的认可，服务很难开展。

老人、不了解详情的人，认为 R 机构把服务对象、学生聚拢起来，是

为了向别人要钱，再从中抽取一些利益。（JZ1）

他们说 R 机构会拐卖孩子，而且说得有声有色的，在村寨里传播得很大。（JZ2）

有村民说 R 机构的创始人是因为在外面犯了罪所以躲在山沟里，带服务对象去北京游学是为了贩毒、拐卖服务对象等。（RGW2）

由于乡村是熟人社会，谣言散播很快。这既妨碍了更多潜在的服务对象接触 R 机构，也给正接受服务的对象及其家长带来无形的压力。高二学生 FD2[①]就是典型案例。

我就来过两次，其实我个人是很喜欢这里的，我父母不支持我来。但是这次来是想跟 RLY1 老师请教英语学习，我的英语很差，希望能够得到帮助。（FD2）

R 机构的社会合法性困境还体现在得不到当地学校老师的认可。有的老师以说教的方式明令禁止学生接触 R 机构，而且还给学生家长做思想工作，建议家长不要让孩子参加 R 机构的课程活动。

小学的时候，学校老师在课堂中会说，孩子去 R 机构玩成绩会变得不好。（FD1）

就 R 机构所在的农村社区来看，公益文化和公益精神严重缺乏，环境闭塞、村民文化程度总体较低，R 机构的理念和活动对村民来说是超前的，具有创新性。一些村民不了解公益组织，当听到关于 R 机构的负面说法时很难辨别真假，选择听信谣言。此外，村民很难理解 R 机构的服务动机和服务内容。

2015 年我们想启动职业教育计划，这个项目要做好，必须先给服务对象打开眼界。带孩子们去北京游学，在家长们看来是完全不可理解的。觉

---

① FD2 在 2014 年夏天参加了 R 机构举办的英语学习营，后因其父母听到关于 R 机构一些不好的说法，强烈反对他参与活动，所以四年多时间没有再接触 R 机构。

得花这么多钱旅行一趟，不像在学校里能学到知识或者背多少书。这说明我们这个活动做得还不够好。（RGW2）

最重要的是他们原来不理解，觉得一个外国人，说不传教，来这个地方也得不到工资，一定另有目的。他们不理解做公益慈善的人的心理。（ZHY3）

R机构的教育理念与学校教育理念相冲突。R机构所在地方学校，以"考试成绩"作为教育质量和学生成长的考核标准。同时，教师工资与学生成绩挂钩，教师不鼓励学生从事任何与学习无关的事。R机构对于目前中国乡村教育存在的弊端有自己的思考，认为教育理念应以儿童为中心，尊重服务对象。现行教育体制下普遍以能否考上大学来评价学生、培养"标准化"人才的模式，对于少数民族聚居的乡村地区并不适宜。

R机构的教育理念与家庭教育理念的冲突。在当地家庭中，家长倾向于用打骂来教育孩子，忽视了孩子们的内心世界。R机构在当地开展公益教育，花大量的时间和金钱陪伴服务对象成长，开展艺术、舞蹈、心理辅导课程，游学，登山训练等，令村民和当地政府工作人员无法理解。甚至连R机构一直陪伴成长的服务对象家长，也对R机构表示怀疑。在他们看来，两位创始人放弃自己美好的城市生活来到山村，肯定有个人目的。

（三）R机构的合法性策略建构

组织具有能动性，这些困难也倒逼R机构积极协调与不同利益主体间的关系。经过十年探索，R机构用显著的服务成效证明了自身的实用合法性。通过提升组织声誉，获取良好的外部评价，获得道德合理性。同时，积极增强与利益相关者的互动，通过关系维护策略获取认知合法性，不断地为组织拓展生存空间。

1. 服务成效策略

服务是草根公益组织的核心。草根公益组织的成立来源于对社会问题和群众诉求的敏锐捕捉。因此，以服务成效为核心是R机构建构合法性的重要策略。R机构深入了解当地现实情况和民族文化，为服务对象量身定制课程和活动，强化心理支持，帮助服务对象建立自信和自我认同。

随着时间的推移，我父母慢慢知道了那些不好的说法是不可信的，所

以这次同意我来 R 机构参加营会，希望能够对我的学习有帮助。（FD2）

R 机构积极拓展外援，与当地政府、基金会、媒体、其他公益组织建立联系。首先，通过挂靠基金会、公示组织运作情况和财务报告等方式，接受外界的监督，并以良好的服务成效获得基金会的认可和支持，促使 R 机构在组织运作、筹款及服务开展方面具备一定程度的法律合法性。其次，R 机构帮助服务对象获得改变，选派合适的人员与当地居民沟通工作理念，使更多的村民在看到服务成效后逐渐理解机构的工作。最后，机构致力于解决实际问题，以服务成效逐渐打消当地政府工作人员的疑虑，获得当地政府的认可。

R 机构与省人民检察院、当地人民检察院第九检察部（原未成年人检察处）通力合作，建设未成年人综合保护中心"犀鸟家园"，协同撰写展厅内容脚本，商讨向公众科普青少年成长知识的内容架构，培训工作人员……R 机构创办人以个人身份合作，作为检察院未检处外聘专家，规避因未注册而不能获得政府购买服务的困境。（RLY1）

然而，草根公益组织的服务资源有限，未来还需要进一步提升服务技巧和专业能力，回应日益复杂多元的现实需求，通过服务成效来证明自身的存在价值，建构组织的合法性。

2. 组织声誉策略

组织声誉是指组织在总体上是否具有广为人知、为人所喜欢的属性（邓燕华，2019）。对于草根公益组织来说，组织声誉至关重要。良好的组织声誉是解决信息不对称问题的重要手段（周雪光，2003）。R 机构地处偏远山区，当地民众及政府对草根公益组织的认识有限。草根公益组织、利益相关者和服务对象之间，信息严重不对称。R 机构通过公开透明的宣传和媒体报道，借助抖音等短视频平台扩大宣传和影响力，获得外界的理解和支持。成立至今，包括新华社在内的上百家中外媒体通过专题片、新闻报道、杂志文章等方式对 R 机构的工作进行了宣传和报道。

在行政合法性层面，R 机构在活动课程设计中换位思考，深入理解政府的工作立场，在宣传措辞上进行调整，严格遵守行政部门的规章、程序，不触碰地方政府的敏感话题。通过不断努力，当地政府不再认为其抹黑地方政府，甚至阻碍地方发展。在社会合法性层面，R 机构通过不断讲述教育理念，扎实做好服务，让服务对象、学校老师感受到 R 机构的专业性。在法律合法性层面，努力获得基金会的持续认可，通过公益项目挂靠，谋求一定的法律合法性。

> 要不是 RLY1 老师的帮助，这里很多的 JP 族孩子可能小学毕业后就无所事事，染上毒品，或者整天喝酒，包括我的孩子，不可能像现在这样。（JZ1）
>
> R 机构做的有些事情，是政府这边难以去做的，能够起到辅助、补充的作用。（ZXZ2）
>
> 你说像 R 机构这个，主要是以教育为切入点来做了，我通过方方面面了解到，这个组织是合法的，不违反国家的法律法规。（ZHY3）

在服务过程中，R 机构通过众筹、与基金会合作、志愿者参与等方式整合社会资源，为服务对象提供个性化服务。针对一些需要特定专业支持的课程和活动（舞蹈课、高考辅导等），R 机构会链接专业师资力量，确保服务成效。此外，有 150 名志愿者曾为 R 机构提供志愿服务。良好的组织声誉帮助 R 机构链接了更多的社会资源，也为合法性建构提供了多层次保障。

3. 关系维护策略

草根公益组织利益相关者众多，需要处理好多方面关系。其中，关系维护是草根公益组织建构合法性的有效策略。R 机构采取"村寨公关"策略维护社区关系，首先，选择合适的人与村寨沟通。JP 族员工 RGW2 不仅能熟练使用当地民族语，而且对 JP 族传统文化和习俗颇有研究，善于与人沟通交流，这些独特优势加强了 R 机构与村民的联系。其次，将服务对象的需求与社区关系维护相结合，为服务对象提供展示平台，通过为村寨做事让服务对象更有价值感，激发他们积极向上的精神。最后，R 机构视自己为当地社区的一分子，积极参加村寨集体活动，遇到祭祀活动需要各家各户出钱出力时，R 机构也像普通村民一样参与。

R 机构主动融入社区的各种事务中，尊重当地的特质和文化，与村民拉近关系，充分考量社区村民的需求，让村民慢慢了解机构的服务动机和服务内容，从而赢得了社会合法性。同时，R 机构把社区关系维护嵌入服务工作中，构建并巩固社会合法性。良好的社区关系融入有利于获得地方政府、基金会的理解和认可，进一步构建行政和法律合法性。

（四）R 机构合法性策略内部的冲突及其消解

1. 策略内部的冲突与张力

利益相关者行动逻辑的背后有各自的偏好。草根公益组织的能动性策略中也存在冲突和张力。组织声誉的提高有赖于服务成效，但不一定促进服务成效的提高。因为，草根公益组织为了维护长期积累起来的声誉，可能采取暂时无法被服务对象接受或与时下流行的模式不甚相称的行动，从而影响服务效果。同时，良好的组织声誉既有利于获得当地政府的支持和资助，也会换来群众更高的期待，若服务成效难以满足服务对象，便会逐渐失去利益相关者的支持。从"村寨公关"策略看，以社区为中心的方式只是短期的干预，如果过于"讨好"居民，反而会让居民怀疑其服务动机。良好的组织声誉有利于获得利益相关者的认可，在筹措资金方面也会更加便利。然而，过于将声誉作为组织追求和发展的目标，便会丧失初心，违背组织发展理念。

2. 冲突的消解

通过多年的持续陪伴和服务，LAD 夫妇以及合作伙伴 RGW2 对 JP 族的了解不断加深。他们既激励服务对象看到自身的闪光之处，也分析服务对象遭遇困境背后潜藏的社会问题。他们始终坚持以公益教育为切入点，为服务对象乃至社区人群解决问题。在十年实践中，R 机构逐渐形成了独特的组织文化，获得了当地居民的认可和支持，与地方政府的关系也有所缓和，摸索出一套缓解合法性困境的应对机制。R 机构在尊重当地文化特质的基础上，通过各类活动让居民参与到组织的服务实践中，共同陪伴服务对象的成长；积极与居民进行沟通和互动，让各主体了解机构的服务动机和服务内容，促进公益精神的形成。

四　研究发现：草根公益组织合法性与利益主体间冲突的一般性解释

（一）冲突的根源

1. 合法性需求的复杂性

草根公益组织根植于社区，经验和资源有限，其生存发展需要获得法律、行政、社会力量的支持。缺乏合法性的保护，草根公益组织会面临更多的风险，不利于获取资源、参与竞争及达成合作。草根公益组织的生长依附于体制性因素编织的网络结构，只有合乎政府部门的要求，才能获取来自各界更广泛的支持。对于未登记的组织，政府往往采取"不接触、不承认、不取缔"的方针（李芳，2009）。由于公信力缺乏，组织的服务项目难以得到社会的认可，导致社会合法性缺失；这进一步影响其服务效果和专业性，致使草根公益组织更加难以获得法律和行政合法性，形成恶性循环。

2. 制度和社会环境的不足

从宏观社会环境看，由于市民社会发育不成熟、社会公信力不足以及市场机制挤压，草根公益组织的运作和发展还未形成统一清晰的社会规范。从微观的组织环境看，草根公益组织仍缺乏社会公众的理解和行动支持。草根公益组织的合法性首先由政府决定，"条""块"制度逻辑下组织需要一定的成效体现和时间积累，才能获得政府的认可。我国民间组织登记实行双重管理体制，这种管理制度存在责任推诿问题。同时，对于草根公益组织的管理缺乏专门的法律法规，《社会团体登记管理条例》属于行政法规，效力较弱，遇到问题时，草根公益组织很难从法律层面寻求有效的帮助。根据《公益事业捐赠法》的规定，只有"公益性社会团体"才能接受捐赠。大量草根公益组织长期以"灰色"身份开展活动，通过向政府要钱、拉企业的赞助、个人捐助等零敲碎打的方式筹集资金和资源。社会公益文化和公益精神不足，草根公益组织的服务理念和动机与当地文化、民众认知方面存在冲突，从而引起当地居民、社区精英乃至政府管理部门的怀疑。

3. 合法性建构策略中的冲突与张力

R机构的实践说明，草根公益组织可通过提升服务成效、建立组织声誉以及关系维护等策略来建构合法性。凭借良好的组织绩效、领导者的个人魅力、项目和服务的正当性，不断强化组织的非营利性和公益性。以社区关系维护为立足点，处理好与当地居民的关系，博得社区精英的支持（张潮，2018），建立与社会相容的道德规范和文化体系，逐步赢得社会的认可。然而，每种策略的效能都有既定的边界（黄晓春、嵇欣，2014）。一旦草根公益组织与某利益相关者建立起依赖关系，其行为自然也会受到相应的约束。

同时，草根公益组织在合法性建构中牵涉众多利益相关者，在与政府、基金会、市场、公众、媒体博弈中难免产生冲突和张力。首先，良好的服务成效会促进组织声誉的提高，但当草根公益组织的服务无法满足服务对象时，社会组织凭借良好声誉建立起来的合法性也将逐渐流失（Zhao，2009）。其次，组织声誉对草根公益组织合法性而言是一把双刃剑。良好的组织外部评价既有利于组织的关系维护，也会提高服务对象对服务成效的期待。在这种情况下，即使组织取得了一定的成绩，也难以获得应有的评价。最后，组织认同感及自主性的扩大，使其与地方政府间依附与自主的张力进一步增强，地方政府便对草根公益组织加以更多的限制，双方关系的恶化会影响草根公益组织服务的开展。

（二）冲突的消解

组织能动性是消解冲突的第一生长点，草根公益组织在服务实践中，以公益为初心，在务实创新中提升服务能力。不断从服务成效、组织声誉、社区关系中找寻突破口，兼顾利益相关者的立场和诉求，找到利益交会点，用公益服务吸引利益相关者的支持。

草根公益组织与利益相关者之间不总是"对立"关系，有时也表现为"伙伴"关系，这是草根公益组织建构合法性的动力因素，也是消解主体间冲突的又一生长点。随着社会治理载体的拓展，政府意识到草根公益组织的独特优势，希望民间力量以公益组织的形式进入公共服务领域，促进善治和民主治理。此外，在合作供给的治理模式下，基金会、社群资源、企业技术资源等各主体倾向于给草根公益组织搭建成长的平台。加之，社会信任文化建设也为草根公益组织与多主体合作提供了支撑。因此，草根公益组织在提供专业服务中，需要探索出一条消解利益相关者间张力的良性发展道路，与利益相关者协调发展。

五　讨论和结论

本文以教育类草根公益组织 R 机构为例，基于利益相关者理论，阐释其在发展中面临的法律、行政、社会等诸多合法性困境，通过剖析与利益相关者之间的矛盾与冲突，论证草根公益组织获取合法性的艰辛历程。经过十年的服务实践，R 机构建构了服务成效、组织声誉、关系维护等能动性策略，但策略内部亦蕴含着冲突和张力。通过不断的公益探索，R 机构以创新、求实的工作态度积攒声誉，让服务对象切实感受到服务成效，从而逐渐赢得各方的认可。最终，R 机构也在与利益相关者的协调互适中获得成长。

本研究将利益相关者理论运用于草根公益组织，从各主体的利益诉求与合法性分析相结合的视角，探索草根公益组织建构合法性的过程，拓展了利益相关者理论的应用范围，也证实了组织合法性可以后天建构的观点（Suchman，1995；Hudson，2001）。R 机构在十年实践中，孜孜以求登记注册而不得，但终究以"服务—声誉—关系"策略赢得了利益相关者的认可，突出体现了合法性建构中组织能动性的重要作用。组织具备了某一方面的合法性，则更容易以此为基点，拓展建构其他方面的合法性，这也验证了组织"利用局部的合法性得以兴起，谋求充分的合法性以利发展"（高丙中，2000）的观点。

R 机构的发展历程只是众多草根公益组织的缩影。随着时代的进步和人们需求的变化，草根公益组织面临的现实情境更为复杂。突破合法性困境，关键是以组织能动性和利益主体间的"伙伴"关系为两大生长点，找到利益交会点，在博弈互动中促进组织持续发展。本研究并不准备提出草根公益组织建构合法性策略的一般命题，而是提供一个组织运作和服务具体化情境的解释框架，理清草根公益组织合法性困境以及策略内部冲突的复杂逻辑，明晰利益相关者的立场和诉求。当然，单案例研究存在诸多不足。笔者仍在追踪 R 机构，期望看到 R 机构未来成功登记注册。进一步的研究不仅包括更多案例的积累，也有必要通过定量研究提供利益相关者提升草根公益组织合法性的扎实证据。

参考文献

〔法〕埃哈尔·费埃德伯格（2008）：《权力与规则——组织行动的动力》，张月等译，上海：格致出版社、上海人民出版社。

曹媛媛（2014）：《草根组织应对制度困境的思考》，《长春理工大学学报》（社会科学版），第 10 期。

陈津利（2008）：《中国慈善组织个案研究：慈善组织的成功、策略和公众参与》，北京：中国社会出版社。

陈扬、许晓明、谭凌波（2012）：《组织制度理论中的"合法性"研究述评》，《华东经济管理》，第 10 期。

邓燕华（2019）：《社会建设视角下社会组织的情境合法性》，《中国社会科学》，第6期。

〔美〕爱德华·弗里曼、杰弗里·哈里森、安德鲁·威克斯、拜德安·帕尔马、西蒙娜·科莱（2013）：《利益相关者理论：现状与展望》，盛亚、李靖华等译，北京：知识产权出版社。

高丙中（2000）：《社会团体的合法性问题》，《中国社会科学》，第2期。

何艳玲、周晓锋、张鹏举（2009）：《边缘草根组织的行动策略及其解释》，《公共管理学报》，第1期。

和经纬、黄培茹、黄慧（2009）：《在资源与制度之间：农民工草根NGO的生存策略——以珠三角农民工维权NGO为例》，《社会》，第6期。

黄晓春、嵇欣（2014）：《非协同治理与策略性应对——社会组织自主性研究的一个理论框架》，《社会学研究》，第6期。

李芳（2009）：《民间慈善团体的合法性问题》，《青海社会科学》，第1期。

李月娥、李坚、张霖琳（2010）：《草根公益组织发展的困境与对策——"沈阳青春志愿者"个案分析》，《行政与法》，第8期。

刘祖云（2008）：《政府与非政府组织关系：博弈、冲突及其治理》，《江海学刊》，第1期。

〔德〕马克斯·韦伯（1998）：《论经济与社会中的法律》，张乃根译，北京：中国大百科全书出版社。

〔美〕R. 爱德华·弗里曼（2006）：《战略管理：利益相关者方法》，王彦华、梁豪译，上海：上海译文出版社。

〔美〕W. 理查德·斯科特（2010）：《制度与组织——思想观念与物质利益》，姚伟、王黎芳译，北京：中国人民大学出版社。

吴颖（2021）：《草根NGO中的"行动者"——兼论公益活动情感劳动的形成及其"自主性"》，《中国地质大学学报》（社会科学版），第4期。

〔美〕詹姆斯·汤普森（2007）：《行动中的组织：行政理论的社会科学基础》，敬乂嘉译，上海：上海人民出版社。

张潮（2018）：《弱势社群的公共表达：草根NGO的政策倡导行动和策略》，《中国非营利评论》，第2期。

周玲（2009）：《中国草根非政府组织的合法性危机与治理困境及应对策略探析》，《重庆大学学报》（社会科学版），第2期。

周雪光（2003）：《组织社会学十讲》，北京：社会科学文献出版社。

Atack, I. (1999), "Four Criteria of Development NGO Legitimacy," *World Development* 27 (5), pp. 855 – 864.

Baldwin, D. A. (1978), "Power and Social Exchange," *The American Political Science Review* 70, pp. 1229 – 1242.

Barrett, M. (2001), "A Stakeholder Approach to Responsiveness and Accountability in Non-Profit Organisations," *Contracts Manager of Massey University* 12, pp. 38 – 51.

Berman, S. L. , Wicks, A. C. , Kotha, S. , & Jones, T. M. (1999), "Does Stakeholder Orientation Matter? The Relationship between Stakeholder Management Models and Firm Financial Performance, " *Academy of Management Journal* 42 (5), pp. 488 – 506.

Boudon, R. (1977), *Adverse Effects and Social Order*, Paris: French University Press.

Conaty, F. , & Robbins, G. (2021), "A Stakeholder Salience Perspective on Performance and Management Control Systems in Non-Profit Organizations," *Critical Perspectives on Accounting* 80, 102052.

Conway, S. L. , O'Keefe, P. A. , & Hrasky, S. L. (2015), "Legitimacy, Accountability and Impression Management in NGOs: The Indian Ocean Tsunami," *Accounting, Auditing & Accountability Journal* 28 (7), pp. 1075 – 1098.

Dacin, M. T. , Oliver, C. , & Roy, J. P. (2007), "The Legitimacy of Strategic Alliances: An Institutional Perspective," *Strategic Management Journal* 28 (2), pp. 169 – 187.

Deegan, C. , Rankin, M. , & Voght, P. (2000), "Firms' Disclosure Reactions to Major Social Incidents: Australian Evidence," *Accounting Forum* 24 (1), pp. 101 – 130.

De Souza, R. (2010), "NGOs in India's Elite Newspapers: A Framing Analysis," *Asian Journal of Communication* 20 (4), pp. 477 – 493.

Dhanani, A. , & Connolly, C. (2012), "Discharging Not-for-Profit Accountability: UK Charities and Public Discourse," *Accounting, Auditing & Accountability Journal* 25 (7), pp. 1140 – 1169.

DiMaggio, P. J. , & Powell, W. P. (1983), "The Iron Cage Revisited: Institutional Isomorphism and Collective Rationality in Organizational Fields," *American Sociological Review* 48 (2), pp. 147 – 160.

Donaldson, T. , & Preston, L. E. (1995), "The Stakeholder Theory of the Corporation: Concepts, Evidence and Implications, " *Academy of Management Review* 20 (1), pp. 65 – 91.

Eisenhardt, K. M. , & Graebner, M. E. (2007), "Theory Building from Cases: Opportunities and Challenges," *Academy of Management Journal* 50 (1), pp. 25 – 32.

Esteve, M. , Di Lorenzo, F. , Ingles, E. , & Puig, N. (2011), "Empirical Evidence of Stakeholder Management in Sports Clubs: The Impact of the Board of Directors," *European Sport Management Quarterly* 11 (4), pp. 423 – 440.

Hasnas, J. (2012), "Whiter Stakeholder Theory? A Guide for the Preplexed Revisited," *Journal of Business Ethics* 112, pp. 47 – 57.

Hudson, A. (2001), "NGOs' Transnational Advocacy Networks: From 'Legitimacy' to 'Political Responsibility'," *Global Networks* 1 (4), pp. 331 – 352.

Lounsbury, M. , & Glynn, M. (2001), "Cultural Entrepreneurship: Stories, Legitimacy, and the Acquisition of Resources," *Strategic Management Journal* 22 (6), pp. 545 – 564.

Oliver, C. (1991), "Strategic Responses to Institutional Processes," *Academy of Management Review* 16 (1), pp. 145 – 179.

Parmar, B. L. , Freeman, R. E. , Harrison, J. S. , Wicks, A. C. , Purnell, L. , & De Col-

草根公益组织的合法性困境与策略建构

le, S. (2010), "Stakeholder Theory: The State of the Art," *Academy of Management Annals* 4 (1), pp. 403 – 445.

Scott, W. R., Martin, R., Peter, J. M., & Carol, A. C. (2000), *Institutional Change and Healthcare Organizations: From Professional Dominance to Managed Care*, Chicago: University of Chicago Press.

Suchman, M. C. (1995), "Managing Legitimacy: Strategic and Institutional Approaches," *Academy of Management Review* 20 (3), pp. 571 – 610.

Suddaby, R., & Greenwood, R. (2005), "Rhetorical Strategies of Legitimacy," *Administrative Science Quarterly* 50 (1), pp. 35 – 67.

Wiggill, M. N. (2014), "Communicating for Organisational Legitimacy: The Case of the Potchefstroom Fire Protection Association," *Public Relations Review* 40 (2), pp. 315 – 327.

Zhang, C. (2017), "Nothing about Us without Us: The Emerging Disability Movement and Advocacy in China," *Disability & Society* 32 (7), pp. 1096 – 1101.

Zhao, D. X. (2009), "The Mandate of Heaven and Performance Legitimation in Historical and Contemporary China," *American Behavioral Scientist* 53, pp. 416 – 433.

Research on the Legitimacy Dilemma and Strategy Construction of Grassroots Public Welfare Organizations: A Case Study on R Organizations

Zhang Huan, Shang Laneng & Wang Xiaoyu

[**Abstract**] Grassroots public welfare organizations are increasingly becoming an important force in social governance innovation as their services can meet the core demands of specific target groups. However, since their service practice is located in the field of shared governance among government, market, and society, the complex interests among them also bring many difficulties to the operation and development of the organizations. Based on stakeholder theory, this paper discusses the legal, administrative, and social legitimacy dilemmas faced by the R organization as a case study. The study concludes that legitimacy is an important condition for the survival of grassroots public welfare organizations, but in the process of legitimacy construction, conflicts are easily formed among stakeholders. Therefore, grassroots public welfare organizations need to explore the path of harmonious development with stakeholders by using dynamism and inter-subjective "partnership" as two major growth points. The study deepens the thinking on the logic of inter-subjective behavior in the operation of organizations and provides useful insights for grassroots public welfare organizations to build legitimacy and sustainable development.

[**Keywords**] Grassroots Public Welfare Organization; Legal Dilemma; Service Effectiveness; Organizational Reputation; Relationship Maintenance

责任编辑：李朔严

NP

草根公益组织的合法性困境与策略建构

赋能与再造：大数据驱动群团组织服务治理模式升级研究[*]

陈怀锦　王洪川　侯云潇[**]

【摘要】 数字化及相关技术不仅能提高群团组织公共服务的效率，也会推动治理模式升级。通过考察和分析 S 省残疾人联合会大数据平台的案例，提出大数据技术嵌入群团组织公共服务治理模式升级的"路径－体系－效能"分析框架。研究发现，大数据技术嵌入群团组织公共服务治理，在治理路径上实现了需求数字化、服务标准化、管理闭环化，在治理体系上实现了主体多元、关系联结、角色调整，在服务效能上实现了决策更加科学、供给更加高效、服务更加精准、合作更加开放。

【关键词】 大数据；公共服务；群团组织；治理体系；治理模式

一 引言

大数据技术渗透到医疗卫生、教育、交通等多个民生领域，推动公共服务

---

* 本文为国家自然科学基金项目"公共服务治理权配置与感知绩效管理：基于多领域自然实验的实证研究"（71904099）的阶段性成果。

** 陈怀锦，中国宏观经济研究院经济体制与管理研究所助理研究员；王洪川（通讯作者），清华大学公共管理学院助理教授，清华大学国情研究院助理研究员；侯云潇，中国人民大学公共管理学院博士研究生。

治理模式变革。"建立健全大数据辅助科学决策和社会治理的机制，推进政府管理和社会治理模式创新，实现政府决策科学化、社会治理精准化、公共服务高效化"① 是我国大数据战略的重要内容之一。作为党治国理政的重要力量，党的群团组织在公共服务方面发挥着不可替代的作用。如何充分运用大数据技术，更好地承担公共服务职能，是新时期群团组织创新发展的重要命题。

现有文献主要以大数据技术向公共服务领域渗透（马名杰，2018）为研究对象，关注大数据技术的特征及其运用对公共服务治理的"应然"影响，以及政府在提供公共服务方面的职能转变，对数字化背景下群团组织公共服务治理变革的分析框架和案例研究仍显不足。在实践中，群团组织运用大数据等新兴技术驱动其公共服务智慧升级的案例层出不穷。例如 S 省残疾人联合会首创大数据技术与残疾人服务融合模式，以互联网、大数据为依托，打造残疾人"量体裁衣"服务平台（以下简称"量服"平台），在全省范围内为残疾人提供个性化服务，极大地提升了群团组织公共服务能力和水平。

本文以 S 省残疾人联合会依托"量服"平台为残疾人提供公共服务为研究对象，探索性地提出大数据技术驱动群团组织公共服务治理模式升级的"路径－体系－效能"分析框架，论述大数据赋能群团组织治理体系的路径，以及推进群团组织治理模式创新的主要证据，为大数据促进群团组织公共服务治理模式升级提供理论和实证参考。

二　理论基础与分析框架

（一）信息技术与公共服务变迁

20 世纪 80 年代新公共管理范式兴起，各个国家在公共部门改革中引入私营部门的管理方法和竞争机制。这在改善和提升公共服务供给质量和效率的同时，也引发了一些争论和负面冲击，如该范式过分强调市场和企业化运作，削弱甚至破坏了公共价值观；分散化、小型化的公共部门表面上提高了行政效率，实际上削弱了公共部门处理综合性问题的能力；公共部门内部分割化、碎片化、空心化，极大地影响了公共政策的制定和执行，降低了公共服务供给效率；等

① 习近平：《实施国家大数据战略加快建设数字中国》，2017 年 12 月 9 日，新华网，http://www.xinhuanet.com//politics/2017－12/09/c_1122084706.htm。

等（Bozeman，2007；孙珠峰、胡伟，2015）。对此，以戈德史密斯和埃格斯为代表的学者从政府与市场、社会联动的角度，倡导网络治理理论。在网络治理中，政府的作用是通过提供一个共同决策的平台，为私营部门、公民个体等多元利益相关方提供资源、介入和参与的机会；同时，政府运用发达的大数据技术，通过自下而上的决策途径来治理公共服务（戈德史密斯、埃格斯，2008）。

随着大数据、云计算、人工智能等新兴技术的兴起和迅速普及，信息技术逐渐成为公共服务变革的驱动力量。进入 21 世纪以来，信息技术的发展不再被简单地认为是公共管理变革的技术支撑，更是成为公共管理变革的中心。西方公共管理学界提出了"数字时代治理"（DEG）分析范式，逐渐成为数字时代公共部门管理的主导范式（Dunleavy，2006）。

公共服务变革具有强烈的国家色彩，DEG 分析范式在不同国家的公共服务改革进程中也呈现出不同样式。群团组织是中国特色的公共部门，其参与公共服务治理的进程和模式，是世界公共服务治理领域重要的实践样本和理论来源。

（二）大数据背景下群团组织参与公共服务治理

群团组织在我国的社会治理中扮演着愈发重要的角色。"十四五"规划纲要着重强调了群团组织的"社会属性"，将发挥群团组织作用纳入社会治理制度"加强和创新社会治理"部分。作为中国政治管理体系中一种独特的组织形式，群团组织属于准政治管理主体（李景鹏，1991），在中国政治实践中扮演着衔接政府与社会的"准中介"角色，是我国社会治理和公共服务的重要力量。有研究发现，群团组织的介入能帮助政府更加精准地了解留守儿童、老人等特殊群体的社会需求，组织社会力量自下而上地参与扶贫攻坚（衣玉梅、吴思琦，2018）。

然而，在过去的社会治理实践中，群团组织不可避免地存在部分短板。有学者认为，我国群团组织官办色彩浓厚，固守单位体制，在社会治理中几乎成为党政机关的一部分。受"指标化"的考核标准影响，容易体现出急功近利的工作思路，在代表和维护所属群众利益方面不尽如人意（李强，2014；秦琴、曾德进，2014）。在公共服务治理方面，群团组织存在协调机制不顺、工作理念陈旧、服务方式单一等问题，导致群团组织逐渐边缘化、形式化，降低了对组织所属群众的凝聚力（徐双敏、张景平，2014）。

大数据驱动着我国公共服务治理的变革，也驱动着群团组织参与社会治理的方式方法转型升级（见表1）。公共服务供给往往以社会成员的家庭经济状况、财产调查等信息为前提，传统的依赖人力的线下调查统计模式难免存在"应救者不能尽救"的弊端（金红磊，2020）。大数据、互联网具有联结性强、敏捷便利、覆盖面广等特点，为社会救助提供强大的数据支持，打破信息不对称，有效推动社会治理的网络化、数字化、多元化转型（Agranoff，2012）。比如，民政部门、残联等机构依托大数据建立的社会救助信息化平台，对社会救助对象家庭经济状况精准核查，促进社会救助供需精准对接。此外，新兴技术能够强化组织间信息共享和整合，解决经典科层制面临的条块分割、信息共享有限等难题（Bhatnagar，2015；关婷等，2019）。

表1 传统公共服务治理与大数据驱动的公共服务治理比较

对比项目	传统公共服务治理	大数据驱动的公共服务治理
对象识别	程序复杂，标准单一，人工识别存在一定主观性	程序精简，标准较全面科学，依托大数据利于精准识别
服务内容	以物质救助为主	物质救助、服务类救助
服务途径	线下	线上＋线下
信息流通	存在信息共享壁垒	实现信息共享
服务效果	获取救助耗时、耗财、耗力且缺乏针对性，效率较低	获取救助更为快捷便利，服务更为精准化，效率较高

（三）分析框架

随着互联网、大数据在政务服务特别是公共服务供给领域的广泛应用和创新实践，关于互联网、大数据与公共服务等的研究日益受到学者们的关注。大量规范性研究和部分以案例分析为主的实证研究提出，大数据能够增加公共服务的有效供给（范如国，2018；陶国根，2016）。同时，大数据技术的运用有助于减少信息不对称，提高公共服务供需匹配精度，最终提升公共服务供给效率（宁靓等，2019）。公共部门可以利用大数据技术搭建新型平台，降低社会组织、公民个体等公共服务相关主体获取信息的门槛（关婷等，2019），从而有效促进多元主体共同参与公共服务治理。此外，大数据为公众的广泛参与和监督提供了更加透明和便捷的途径（梁木生，2001）。

现有文献中，规范研究从比较系统的角度探讨技术驱动如何赋能公共服务变革，实证研究基于我国公共服务创新实践，从精准管理、整体治理等角度探讨技术如何影响公共服务供给。现有研究对技术嵌入公共服务的路径、机制、影响等议题或者混合，或者割裂，尚未建立起关于技术赋能公共服务治理的理论体系和分析范式。目前，极少有对群团组织大数据治理的研究。

本文结合已有文献和实践案例，构建大数据技术驱动群团组织公共服务治理模式升级的"路径－体系－效能"分析框架（见图1）。一是大数据技术嵌入公共服务治理路径，主要包括需求数字化、服务标准化、管理闭环化等。二是大数据技术引起公共服务治理体系发生改变，主要表现为主体多元、关系联结、角色调整。主体多元是指大数据技术通过连接政府、非政府组织、公民个体等主体，实现公共服务参与主体的多元化；关系联结是指大数据技术通过改变多元主体的交互方式，加强公共部门之间、公共与非公共部门之间、公共部门与公民之间的关系；角色调整是指大数据技术的应用推动了公共服务供给主体的角色转换，促进公共部门从管理者向服务者调整。三是实现公共服务效能提升，集中体现为决策更加科学、供给更加高效、服务更加精准、合作更加开放等方面。

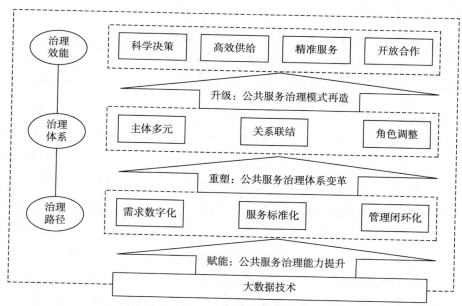

图1 分析框架：大数据技术驱动群团组织公共服务治理模式升级

三 案例选择与资料来源

（一）案例选择与介绍

2003 年，S 省 C 市残疾人联合会在残疾人服务工作中开创了"量服"模式和平台。2011 年起，该平台在 S 省全面推广。这是一种以互联网技术为依托的残疾人服务管理平台：乡镇（街道）、村（社区）利用互联网采集辖区内残疾人基本情况的大数据，基于此为每个残疾人量身定做发展方案或帮扶方案；在帮助残疾人充分挖掘自身潜能的同时，将各级各部门和社会各界为残疾人提供的各项保障、服务和帮扶与残疾人有效对接。本研究选取该案例的主要原因包括以下方面。

首先，S 省残疾人"量服"平台覆盖人群规模庞大，时间跨度大，发展较为成熟。"量服"平台 2003 年发起，经历 15 年发展逐渐走向成熟，截至 2018 年，该服务模式已覆盖 S 省 21 个市（州）183 个县（市、区）4967 个乡镇（街道）59342 个村（社区）的 320 余万残疾人，并依托"量服"平台培育助残社会组织 626 个。

其次，S 省残疾人"量服"平台充分体现大数据治理的精准化、敏捷化和多元化特征。目前，S 省残疾人"量服"平台已经实现大数据"开放治理"，政府、残联、企业等治理主体均可随时随地利用手机 App，摸排查询全省残疾群众的基本状况、需求，对其教育、社保、就业等各项服务供给进行全程全域跟踪。残疾人用户也可线上查询、反馈相关政策及诉求，实现残疾人公共服务治理的科学化、动态化和精准管理。

最后，S 省"量服"平台取得良好绩效，成为大数据驱动群团组织公共服务智慧治理的典范样本。2014 年，S 省"量服"平台治理模式经 200 多位权威专家评审，被授予"中国地方政府创新奖"（当年全国仅 10 项）；2015 年，"量服"纳入 S 省委省政府全面深化改革的内容，应用领域从残疾人服务扩大到扶贫攻坚等，并被吉林省、云南省等地方政府引入采用。

"量服"平台设置了精准需求、精准服务、精准监督、精准管理四个核心工作模块（见图 2）。同时，设置了公开信息与量服互动两个模块：公开信息实时披露相关政策和工作动态，量服互动是残疾人进行咨询以及专业服务机构或工作人员予以回复的互动空间。

1.通过"量服"大数据，实现对残疾人基本状况信息和需求信息、机构服务情况、各类服务质量效果的综合管理；
2.通过精准分析转化制度，实现对残联队伍、项目、奖金、设施和工作纯净的精准管理

1.残疾人通过智能终端"背对背"直接监督；
2.残联组织自上而下的业务监督；
3."三公开一公示"的社会监督；
4.互联互通的网络监督

精准管理　　精准监督

"量服"大数据平台

精准需求　　精准服务

1.专干、专委每年至少一次现场入户调研；
2.省市县残联工作人员每天在"量服"平台上进行网上或电话调研；
3.残疾人通过"开放量服"利用智能终端与专干、专委和残联组织互动交流调研

1.以需求为导向，制定"一人一策"服务方案；
2.发挥政府主导、残疾人主体、部门负责、残联协调、社会协同作用，推动方案落实；
3.按项目名称、责任主体、落实时间、投入资金、具体措施、服务效果"六要素"精准要求录入平台、接受监督核查

图 2　平台的运营模式和基本框架

资料来源：S 省残疾人联合会。

S 省实践表明，互联网、大数据等技术的应用开启了群团组织大数据治理的新阶段，信息化手段极大地促进了残联公共服务能力和效率的提升，成为 S 省残疾人事业现代化发展的强大动力。

（二）资料来源

2018 年 9 月，笔者所在的调研团队前往 S 省，面向"量服"平台的运作模式及实践成效，开展调研与访谈。研究团队通过听取汇报，对 S 省残联维权处负责人、Y 市残联工作人员及残疾人群体等进行深入访谈，收集"量服"平台发展中的诸多一手资料（见表 2）。同时，查阅了与"量服"平台有关的政府部门、企业单位的公开信息，同调研所得资料形成交叉印证，提升材料的真实性和科学性。

表 2　访谈记录

访谈时间	访谈方式	访谈对象	访谈资料编码
2018 年 9 月 13 日	线下	S 省残联负责人 M	MDF20180913
2018 年 9 月 13 日	线下	S 省残联维权处处长 L	LZY20180913
2018 年 9 月 14 日	线下	C 市残联康复处干部	SJR20180914
2018 年 9 月 15 日	线下	S 省残联维权处干部	WXQ20180915
2018 年 9 月 15 日	线下	C 市残联办公室干部	LHG20180915

访谈时间	访谈方式	访谈对象	访谈资料编码
2018 年 9 月 16 日	线下	S 省残联康复处干部	ZTY20180916
2018 年 9 月 16 日	线下	JY 市残联办公室干部	DHN20180916
2018 年 9 月 16 日	线下	DY 县残疾人农户 CM	CM20180916
2018 年 9 月 16 日	线下	DY 县残疾人农户 LTZ	LTZ20180916
2018 年 9 月 17 日	线下	YB 市残疾人商户 PYX	PYX20180917

四　大数据优化残疾人事业治理路径

（一）需求数字化

对残疾群体的需求缺乏严谨和可比的资料，以及对实施项目缺少充足的证据，是社会理解残疾并对残疾状况采取帮扶行动的障碍。[①] "量服"平台的第一环节，便是搜集、整理和分析残疾人及其服务群体的信息。依托该平台，S 省群团组织形成了常态化、制度性的"现场入户调研 + 网上入户调研 + 开放互动调研"工作机制，定期统计和更新残疾人需求信息（LZY20180913）。其中，现场入户调研时为基层残疾人专干、专委配备装有模块 App 的智能手机，要求基层人员每年至少一次全覆盖调研，实现残疾人个体需求信息录入；网上入户调研则以省、市、县残联机关干部、工作人员为主体，了解残疾人群体信息；开放互动调研以残联各级工作者和残疾人群体为主，进行残疾人需求信息自我申请、残疾人业务咨询与回复、残疾人政策信息发布与浏览等工作，实现残疾人基本信息和需求信息的数字化，为下一步的分析和决策提供依据。

> 我们每年在全省范围内，至少组织一次全覆盖调研，以一村一人的人员配置联系并找到残疾人员，将其个人信息录入平台，后期实现动态掌握个人基本情况和家庭情况，有针对性地提供帮助。（MDF20180913）

---

① 参见世界卫生组织、世界银行《世界残疾报告（概要）》，2011。

（二）服务标准化

标准化服务是公共服务高效运作的重要保障。残疾人事业治理涉及多类主体的自我管理和对外履行管理职能，其服务流程优化和标准化需要更高效的数据信息传递予以支撑。依托"量服"平台，一是实现组织垂直到个体的服务。在省—市—县和区—乡镇和街道—村和社区—残疾人的垂直单向路径中，不同行政层级的工作人员在遵循保密要求的前提下均有权限使用该平台推进并汇报工作，距离基层较远的顶层设计不再绝对依靠下级部门的集成信息，避免了信息传递的失真。二是实现服务信息实时更新与跨部门共享。以往涉残管理部门之间信息是封闭的，产生"信息孤岛"现象，政策冲突、政策重叠现象时有发生。"量服"平台相当于一种外部协调力量，推动各部门信息共享和共同决策，消除部门之间的公共资源鸿沟。三是实现服务流程优化。信息采集录入—方案与预算制定—审批与实施—追踪与反馈的全程信息化和常态化，并通过集成管理实时统计残疾人事业治理的资金、项目、设施、培训、人才队伍等信息。

> 我们通过"量服"平台，线上线下对每个服务对象履行告知义务，如申请或享受该政策的条件、程序、待遇等，各级各部门服务的规程、标准等信息。此外，还专门编写《实用手册》，每个项目或服务都有对应的说明，在全省范围内统一服务标准，避免信息不对称情况的发生。（WXQ20180915）

（三）管理闭环化

公共服务绩效评价是实现管理闭环的必要条件。"量服"平台围绕组织监督和公众满意两个维度，设计了残疾人公共服务提供的绩效评价体系。在"业务监督"和"公示督察"模块，省、市、县可对工作情况进行随机抽查。"全省残联机关干部工作人员，每个工作日实行'一五一十'调研要求，即在'量服'平台上至少工作1小时；至少找5个村（社区）线上调研；调研至少围绕1个主题展开；至少研究10户残疾人的情况。"（LHG20180915）在"满意度督查"模块，残疾人基于手持终端进行满意度评价，数据实时更新到平台上，使服务提供者可以及时追踪、收集到残疾人关于服务效果反馈的信息，作为实现评价整体性与个体化服务有效性的基础，帮助公共部门和社会组织及时发现问题并制定纠偏措施。"组织机构公开、服务项目公开、服务结果公开。各级各部门所做的工作都公示在'量服'平台上，服务对象、上级部门、横向相关单位和人员都随时能看到"。（LHG20180915）

五　大数据重塑公共服务治理体系

（一）主体多元

在传统公共服务治理中，公共部门始终居于支配地位（胡键，2019），独享公共服务决策、筹资、生产安排以及具体供给的权力。资源和能力向管理一边倾斜，社区面貌和秩序可能光鲜亮丽和井然有序，但也会面临高昂的行政成本以及看客式的社区居民（容志，2018）。同时，由于缺乏有效的监督，难免会出现权力寻租和腐败问题，公共服务脱离民众的真实利益诉求。随着治理理念的不断演变，"合作生产"（朱春奎、易雯，2017）或"共同生产"（张云翔，2018）等公共服务治理理念受到广泛推崇，通过公共部门、公众、企业等利益主体合作的制度安排，创新公共服务供给和生产模式。然而，受到体制障碍、技术瓶颈等多种因素限制，现实中多元主体协作参与公共服务治理的可行性和可持续性一直不容乐观。

大数据技术驱动公共服务主体多元化，并有效保证参与效率。多渠道信息来源和海量数据打破了公共部门信息垄断地位，为治理主体构成的扩大提供基础。同时，"多对多"的信息传递降低了社会公众知情、参与、表达、监督公共服务治理的门槛，从而促成多主体更加积极有效地参与社会治理，形成公共服务治理的"群体智慧"（WXQ20180915）。本案例中，残疾人通过手持终端"能看到"——在平台上了解相关信息和政策，"能说出"——在平台上反映情况、提出需求、评价服务，与残疾人工作者、有关部门、服务机构和其他残疾朋友交流互动。"机构量服"使得社会组织和企业更加快速、节约地找到、了解、帮助残疾人，改进服务流程，提高服务质量。一个服务机构的负责人指出："平台就是'灯塔'，让我们知道要做些什么。"（DHN20180916）

（二）关系联结

大数据及相关技术不仅使多元主体形成稳定的信息连接，更是在连续多次的信息交互和信息应用的过程中加强主体之间的关系联结。一是公共组织内部的关系联结：一致行动。权力关系明确、等级层次有序的"自上而下"的科层制，被认为是提供公共服务的最优效率的代理者（周雪光，2011）。然而，科层制中资源与责任的不对等性、多层主体的行动逻辑不一致性等，使公共服务难以真正下沉到基层，传递到群众。大数据技术打破了政治传播的科层制（潘祥辉，2011），为跨层级、部门间实现联动改革、共享资源、共同决策提供技术条件，推动组织结构扁平化，在一定程度上克服资源和信息不对称现象，增强多层主体的行动一致性。本案例中，"量服"平台向省、市、县、乡四级残联组织和社区（村）基层工作人员开放，多层治理主体之间建立起公开透明、跨越层级的信息传输通道，形成彼此制约的合作、代理关系。

二是公共组织间的关系联结：协同。在相对简单的治理环境中，不同部门之间明确分工和责任可以提高行政效率。随着社会治理问题多样性和复杂性的增强，多部门协作成为常态。精细化的部门分工往往由于目标追求不同而出现相互推诿或重复管理的问题，导致公共服务"供给真空"和"供给过剩"（陈刚，2017）。大数据技术依托强大的存储、关联、管理技术，克服政务数据碎片化、信息资源共享低等问题，优化多部门的职能集成与分工，加强部门间的横向协作。本案例中，"量服"平台接入 S 省政务大数据共享交换平台，促进群团组织与住建、教育、社保等多个管理部门间的资源共享和政策协同。

三是残联与社会组织的关系联结：服务与规制。在我国，群团组织和社会组织都是可为特定群体服务的组织。这些组织在活动空间上存在交叉、重叠、替代的现象，甚至在面对日益活跃、更具吸引力的社会组织的挑战时，群团组织借助"政治权威"对社会组织形成挤压（康晓强，2018）。大数据技术为残联与助残机构开拓了新的关系契合点。残联向社会组织开放入口，为助残机构提供信息咨询、行业标准、信用管理等服务；同时，也可扮演引导和促进社会组织健康有序发展的规制者角色。

四是残联与残疾人群体的关系联结：信任。残联是代表、服务、管理残疾人群体的事业团体，是我国残疾人事业的治理主体。残联扮演着残疾人群体与政府之间"传递者"的角色，但这一角色并非垄断的，残疾人可越过群团组织直接找对应的行政职能部门。同时，部分残联组织对党政机关依附性增强，组织机关化、行政化，引致残联脱离残疾人群体、残疾人群体对残联不信任。"量服"平台构建起二者广泛、紧密、常态化的交流机制，不断增进残疾人对残联的认可和信任。

全省所有残疾人，都要对残疾人工作者入户了解基本情况、"一人一策"服务情况进行线上评价监督，反映意见和建议。如同网购的网评一样简单方便。在省纪委组织的政风行风群众满意度测评中，省残联连续5年名列前茅。（ZTY20180916）

（三）角色调整

传统的公共管理是为社会秩序服务的，专注于对人的行为进行规范，使之合秩序化（沈荣华，2004）。大数据技术在商业领域应用产生的以需求为导向的运营思维和用户习惯，同步移植到了公共服务领域。在大数据技术支撑下，人民需求得到了精准回应，公共服务得到了有效供给，公共组织由管理向服务调整。

本案例中，"量服"平台推动残联角色调整：一是突出服务职能。残联更精准地服务残疾人多样化需求，更广泛地为社会助残力量提供规范性支持，更科学地为政府职能部门提供决策依据，充分实现其服务残疾人、社会组织、政府的职能。二是突出枢纽作用。利用"量服"平台，残联传递诉求、匹配供需，成为连接政府和残疾人、政府和社会主体的纽带。三是突出研究职能。残联可从具体的服务职能中部分抽离出来，更多地动员和规范引导日益繁荣的助残组织参与残疾人事业治理。自身则利用信息平台集成的治理数据，加强残疾人事业治理的科学研究。

六　大数据提升公共服务治理效能

（一）决策更加科学

决策证据更加充足。大数据技术具有强大的数据收集、管理、分析、挖掘和重组的功能（胡键，2016），可以帮助决策者获得更全面、准确的信息，做出更科学的决策。利用"量服"平台，决策者可以充分掌握地区残疾人总量与结构、残疾人服务机构与人员、残疾人公共设施等信息，并与财政收支、产业规划、城市建设、卫生健康等工作相结合，更好地调配公共资源。

决策更能体现受众需求。公共服务需求特别是残疾人需求管理要依靠最靠近残疾人的基层人员了解、收集并进行集成反馈，大数据技术基于非线性与去中心化思维，使决策者与残疾人之间信息资源交互更加直接，驱动顶层设计更加精准地反映民众需求。

决策更具时效性。大数据技术的潜能在于"预测现在"，预测结果十分有利于政府部门及时做出决策（Choi & Varian, 2012），从而规避公共决策结果的不可预知性。残疾人在"量服"平台上进行咨询、浏览新闻和政策，决策者依据其产生的数据信息及时发布和补充有关的专业知识、政策文件。

（二）供给更加高效

提高服务供给效率，降低服务供给成本。通过"量服"平台，S省残联实现平台无纸化、常态化管理，既节约了纸张，也避免了每年重复登记、更新残疾人信息的工作，使得残联组织可以将更多的时间和资源用在为残疾人群体提供服务上（LHG20180915）。同时，平台开设了残疾人自主业务办理，大幅缩短响应时间，实现了残疾人群体和残联组织、社会组织之间的信息同步更新，推动供需"快速对接与匹配"。平台通过向专业化的社会助残机构开放，极大地扩展和提高了公共服务的供给资源和供给质量；残疾人满意度评价也倒逼残联组织和社会助残机构提升服务质量。

> 我们随时随地可在手机上查看、统计、分析全省320多万残疾人和各级残疾人工作者的监督评价意见。实现了资金的精准管理，每笔资金到底是哪些人得到了，每个人得到了多少，什么时候得到的，在平台上时时刻刻都记录得清清楚楚。（SJR20180914）

（三）服务更加精准

一是服务标准化。标准化为公共服务的提供贡献治理价值（郁建兴、秦上人，2015），只有在宏观层面实现公共服务标准化，才能在不同领域、不同群体间的公共服务提供中实现广泛性和普遍性（刘银喜等，2019）。"量服"平台支撑的残疾人事业治理也是一个标准化的过程，逐步实现需求采集、实施方案、人员组织、服务流程、绩效评估等的标准化。

二是服务均等化。依据"量服"数据，残联精准把握地区、城乡、群体差异，对困难地区和人群予以适度的资源倾斜，促进服务均等化；还可以通过平台远程指导、远程服务，帮助部分残疾人网上就业。"通过'量服'平台，我申请了市级残疾人企业发展资金和县级创业扶持金，2014 年创办肉牛养殖场。畜牧局专家时常为我们进行疾病防疫专业知识培训，帮助我们建立品牌。如今，我们年销售收入实现 350 万元，还帮 40 多家农户，20 多名残疾人年增收 10000 元以上。获'CCTV 三农创业致富榜样''省市自强模范'等荣誉。"（PYX20180917）

三是服务精细化。基层残疾人工作者根据掌握的残疾人家庭情况，为每个残疾人及其家庭量身定做帮扶方案，在平台记录项目名称、责任主体、落实时间、投入资金数量、具体措施、服务效果等内容，实现需求满足、工作流程的精细化。此外，残联通过需求分类向专业化机构购买社会服务，提升公共服务的专业化水平。

> 我是 SN 市 DY 县的农户，早年哥哥自杀、父亲去世，19 岁时患上了间歇性精神分裂症，婚后育有两个孩子，丈夫没有收入来源，加上母亲一家五口生活艰难。当组织了解到我家情况的时候，专程跑了 7 个建筑工地，通过与建筑老板多次沟通，为我丈夫争取到了月工资超出 3000 元的建筑杂工岗位，并且时常为我送药家访。（CM20180916）

（四）合作更加开放

合作能够最大程度地实现残疾人公共服务供给的"物有所值""物超所值"，增进包括服务效率、服务质量、服务公平在内的公共服务社会总效益（张新生，2018）。"量服"平台既为政府、残联、社会组织等各类主体的产品或服务供给提供决策支撑，也是各类主体以信息化手段实现产品或服务高效高质供给的合作平台。此外，向社会大众传递残疾人生存与发展状况信息也是平台供给"思想"的一部分。

第一，为政府有关部门提供合作决策支撑。残疾人事业政策体系涉及多个部门，各个部门不可能针对残疾人群体单独开展数据收集和监测，导致政策可能对残疾人群体的特殊性欠缺考虑。利用"量服"平台，残联组织将残疾人需求以及公共服务供给资源等相对分散的信息聚合为公共话语体系，向政府部门传递群体需求信息。如此，政府部门可以事先考虑残疾人群体的特殊性，制定有据可循的决策并提供有针对性的公共服务。①

第二，助力残联及其基层工作者实现合作施策。依托平台，基层残疾人工作者在与残疾人充分沟通的基础上，结合残疾人身体、智力状况，爱好特长以及家庭的具体情况，制定"一人一策"的个性化服务方案，录入平台，由相关部门和机构进行审核并提供服务。

> 每个月底之前，基层专干、专委应对本月25日前残疾人反馈的问题进行处理，并请残疾人本人确认；省市县残疾业务部门应对本月25日前的业务咨询问题进行回复，从而实现涉残业务的共同治理。（MDF20180913）

第三，协调社会组织合作提供公共服务。残联及其他部门在掌握残疾人精准需求的情况下，通过平台向专业化助残机构购买服务，提高残疾人公共服务供给的专业性和服务质量。同时，社会组织可以通过特定的平台入口收集残疾人需求和能力情况，自发、规范地为残疾人提供精准专业服务。

第四，向社会公众传递残疾人状况信息，提高全社会合作助残意愿。平台有助于更加全面、客观地收集与残疾有关的数据和信息，加强相关部门和机构对残疾人群体的研究，让社会各界了解残疾人群体面临的现实困境和自我发展的迫切需求，增进公众对残疾人群体的理解与关爱，推动社会各界更加积极、主动地支持残疾人事业。

七　结论

20世纪80年代以来，以开放、共享、自由为特征的大数据技术（孙伟平、赵宝军，2016）显示了其巨大的影响力和构建力，关系和行为的再造呼唤着全

---

① 例如，住建部门在了解残疾人家庭无障碍改造需求的基础上，开展家庭无障碍环境改造项目；教育部门在了解残疾儿童受教育状况及需求的基础上，进一步完善地区特殊教育或者融合教育的基础设施；财政部门通过对地区残疾人需求及生存状况的全面了解，制定相应的财政支持政策。

新的治理模式。新技术在提升公共服务效率方面发挥着越来越重要的作用。群团组织作为我国社会治理和公共服务的重要组成部分，运用大数据及相关技术提升治理水平和效能、推动治理模式升级，是我国公共服务治理体系和治理能力现代化的重要创新实践。

本文以 S 省残疾人大数据工作平台促进残疾人事业治理现代化的创新实践为基础，深入考察大数据技术与群团组织公共服务治理之间的互动，提炼出大数据技术主要从路径、体系、效能三个维度对公共服务治理进行赋能和重塑。大数据技术通过嵌入公共服务治理过程，实现需求数字化、服务标准化、管理闭环化，提升群团组织公共服务治理能力。同时，大数据技术嵌入群团组织公共服务治理体系，促进服务主体多元化、服务关系合理化、角色调整适应化，重塑群团组织公共服务治理模式。最终，大数据技术多维度提升群团组织公共服务治理效能，使得决策更加科学、供给更加高效、服务更加精准、合作更加开放。

当然，现阶段我国运用大数据技术促进公共服务治理模式升级仍面临很多制约和挑战，如数据开放共享机制不健全、数据治理水平和质量不高、法律保障和人才队伍建设不足等。这些因素的存在，同样阻碍了群团组织公共服务治理模式升级进程中技术红利的完全释放。随着大数据技术的发展及其在公共服务领域（包括群团组织参与治理的领域）的深度嵌入，其驱动公共服务治理模式升级必将出现新路径、新内容、新价值。为此，技术驱动公共服务治理模式升级的中国实践也需要持续观察和理论创新。

参考文献

陈刚（2017）：《运用大数据思维和手段提升政府治理能力》，《大数据时代》，第 3 期。

范如国（2018）：《公共管理研究基于大数据与社会计算的方法论革命》，《中国社会科学》，第 9 期。

关婷、薛澜、赵静（2019）：《技术赋能的治理创新：基于中国环境领域的实践案例》，《中国行政管理》，第 4 期。

胡键（2016）：《大数据与公共管理变革》，《行政论坛》，第 6 期。

胡键（2019）：《公共管理伦理变迁：从传统社会到大数据时代》，《中国行政管理》，第 6 期。

金红磊（2020）：《"互联网＋"背景下的社会救助：现代功能、实践困境及实现路径》，《河海大学学报》（哲学社会科学版），第 4 期。

康晓强（2018）：《国家治理视野下群团组织转型的困境与出路——以改革开放 40 年来的中国共青团为例》，《中共中央党校学报》，第 3 期。

李景鹏主编（1991）：《政治管理学概论》，北京：高等教育出版社。

李强（2014）：《创新社会治理体制》，《前线》，第 1 期。

梁木生（2001）：《略论"数字政府"运行的技术规制》，《中国行政管理》，第 6 期。

刘银喜、赵子昕、赵森（2019）：《标准化、均等化、精细化：公共服务整体性模式及运行机理》，《中国行政管理》，第 8 期。

马名杰（2018）：《数字技术及创新推动公共服务领域改革的特征和趋势》，《发展研究》，第 1 期。

宁靓、赵立波、张卓群（2019）：《大数据驱动下的公共服务供需匹配研究——基于精准管理视角》，《上海行政学院学报》，第 5 期。

潘祥辉（2011）：《去科层化：互联网在中国政治传播中的功能再考察》，《浙江社会科学》，第 1 期。

秦琴、曾德进（2014）：《政府、残联和残疾人民间组织的关系研究》，《社会科学》，第 4 期。

容志（2018）：《推动城市治理重心下移：历史逻辑、辩证关系与实施路径》，《上海行政学院学报》，第 4 期。

沈荣华（2004）：《提高政府公共服务能力的思路选择》，《中国行政管理》，第 1 期。

〔美〕斯蒂芬·戈德史密斯、威廉·D. 埃格斯（2008）：《网络化治理：公共部门的新形态》，孙迎春译，北京：北京大学出版社。

孙伟平、赵宝军（2016）：《信息社会的核心价值理念与信息社会的建构》，《哲学研究》，第 9 期。

孙珠峰、胡伟（2015）：《后新公共管理改革的起因研究》，《学术探索》，第 1 期。

陶国根（2016）：《大数据视域下的政府公共服务创新之道》，《电子政务》，第 2 期。

徐双敏、张景平（2014）：《枢纽型社会组织参与政府购买服务的逻辑与路径——以共青团组织为例》，《中国行政管理》，第 9 期。

衣玉梅、吴思琦（2018）：《社会治理视域下群团组织参与"精准扶贫"路径探析——以 C 市共青团为例》，《哈尔滨工业大学学报》（社会科学版），第 5 期。

郁建兴、秦上人（2015）：《论基本公共服务的标准化》，《中国行政管理》，第 4 期。

张云翔（2018）：《公共服务的共同生产：文献综述及其启示》，《甘肃行政学院学报》，第 5 期。

张新生（2018）：《创新社会治理：大数据应用与公共服务供给侧改革》，《南京社会科学》，第 12 期。

朱春奎、易雯（2017）：《公共服务合作生产研究进展与展望》，《公共行政评论》，第 5 期。

周雪光（2011）：《权威体制与有效治理：当代中国国家治理的制度逻辑》，《开放时代》，第 10 期。

Agranoff, R. (2012), *Collaborating to Manage*: *A Primer for the Public Sector*, Washington D. C: Brookings.

Bhatnagar, S. (2015), "Using ICT to Improve Governance and Service Delivery to the Poor," *Governance in Developing Asia*: *Public Service Delivery and Empowerment*, Edword Elgar Publishing Ltd. , p. 296.

Bozeman, B. (2007), *Public Values and Public Interest*: *Counterbalancing Economic Individualism*, Washington, DC: Georgetown University Press.

Choi, H. , & Varian, H. (2012), "Predicting the Present with Google Trends," *Economic Record* 88, pp. 2 – 9.

Dunleavy, P. (2006), *Digital Era Governance*: *IT Corporations*, *the State*, *and E-Government*, New York: Oxford University Press.

Empowerment and Reengineering: Big Data Drives the Service Governance Model of Mass Organization to Upgrade

Chen Huaijin, Wang Hongchuan & Hou Yunxiao

[**Abstract**] Digitization and related technologies can not only improve the efficiency of public services provided by mass organizations, but also promote the upgrading of governance models. By investigating the big data platform of the Disabled Persons' Federation in Sprovince, this paper proposes an analysis framework of "path-system-efficiency", in which big data technology is embedded in the public service governance upgrading model of mass organizations. It found that public service governance of mass organizations embedded by big data technology, on the governance path, it realizes demand digitization, service standardization, and closed-loop management; in the governance system, it realizes the pluralism of subjects, the connection of relationships, and the adjustment of roles; in terms of service efficiency, it has achieved more scientific decision-making, more efficient supply, more accurate service, and more open cooperation.

[**Keywords**] Big Data; Public Service; Mass Organization; Governance System; Governance Model

责任编辑：俞祖成

情感治理视域下党建引领社区志愿服务研究[*]

——基于重庆市"老杨群工"的个案

杨永娇　杨靖茹^{**}

【摘要】 近几年，我国社区志愿服务在党建引领下在一定程度上缓解了资源性、专业性和参与性困难，然而仍然存在志愿者激励不足、服务对象需求难以满足等顽疾。本研究从志愿服务中"人的需求"出发，从党建引领社区志愿服务的情感维度切入，基于情感治理的理论视角，以重庆市"老杨群工"为例，分析了如何通过党委的情感保障、志愿者的情感动员、服务对象的情感管理三个环节，将党建与社区志愿服务整合起来，提供有效的志愿服务。研究发现揭示了党建引领社区志愿服务的情感逻辑，并显示了志愿服务在情感治理中的独特优势，弥补了现有研究的不足。本研究对于创新社会治理体系和治理能力现代化、推进党建引领社区志愿服务研究具有重要启示。

【关键词】 情感治理；志愿服务；党建引领；社区治理；"老杨群工"

----

* 本文为国家社科基金重点项目"治理现代化背景下社区志愿服务发展模式研究"（20ASH003）的阶段性成果。

** 杨永娇，重庆大学公共管理学院副教授，研究方向：公益慈善与社会政策；杨靖茹，重庆大学公共管理学院研究生，研究方向：社会工作和社会政策。

一 引言

志愿服务作为一项典型的"情感劳动"，能够充分调动各方力量参与到社区治理中，有助于建立共建共治共享的社会治理格局。2018 年，中央全面深化改革委员会要求大力建设新时代文明实践中心，整合现有基层公共服务阵地资源，以县、乡镇、村三级为单元，通过志愿服务的形式，构建城乡公共文化服务体系。2019 年，习近平总书记在十九届中央纪委三次全会上强调以党的政治建设为统领全面推进党的建设。至此，党建引领志愿服务在基层全面铺开。党的十九届四中全会以来，"发挥第三次分配作用，发展慈善等社会公益事业"被纳入我国推进国家治理体系和治理能力现代化的重要制度安排，对"十四五"时期乃至更长一段时期内志愿服务事业发展作出了重大战略部署。

虽然党建引领通过发挥制度优势、组织优势、政治优势和人才优势在一定程度上缓解了我国社区志愿服务资源性、专业性和参与性难题，但目前在党建引领社区志愿服务中仍然存在志愿者激励不足、服务对象需求难以满足等主要问题。志愿服务的关键是有着复杂情感和心理的人，无论对于志愿者还是服务对象而言，其行为都会受情感需求所驱动。因此，有效开展志愿服务需要重视志愿服务的情感属性，关注党建引领社区志愿服务的情感要素。情感是国家治理中不可忽视的维度。如何在党建引领中发挥党的情感工作优势、延续优良传统，也是新发展阶段的志愿服务需要探讨的议题。通过志愿服务，将"情感"这一关于人的命题重新带回基层社会治理的视野下，是对于原有价值体系的一次回归，也是创新社会治理体系和治理能力现代化的题中应有之义。

本研究旨在从情感治理的视角出发，理清党建引领社区志愿服务的情感逻辑，为提升社区志愿服务的有效性提供一个新的分析视角。本研究基于"老杨群工"的案例，运用访谈法获取一手资料，结合理论与实践展开探讨。访谈对象包括重庆市高新区金凤镇"老杨群工"的核心领导、专职群工（包括"老杨"本人）、志愿者群工以及群众。访谈方式为半结构式。本文首先回顾了党建引领社区志愿服务的现有研究，总结其不足，随后聚焦其情感维度，从情感治理视角，就情感保障、情感动员及情感管理三个环节分析党建引领志愿服务的开展过程，阐释党建和志愿服务的融合如何解决志愿者激励不足、服务对象需求难以满足的难题。本研究对于创新社会治理体系和治理能力现代化、推进党建引领社区志愿服务研究具有重要启示。

二 文献综述及分析框架

(一) 党建引领社区志愿服务

1. 党建引领社区志愿服务的优势与局限

社区志愿服务是社区居民及社区社会组织自愿利用自身资源为社区和其他居民提供公益性公共服务的行为（张勤、武志芳，2012）。自十九届中央纪委三次全会召开以来，学界开始从党的建设理论视角出发探析志愿服务事业的发展，把党的建设延伸到志愿服务领域，以党建引领志愿服务事业健康发展，充分激发志愿服务的活力（黄美，2019）。学者指出，由于基层社会内生资源与外部资源的离散性与碎片化，社区志愿服务出现了三重困境：资源性困境、专业性困境、参与性困境（郭彩琴、张瑾，2019）。由此，通过权威组织引导的服务整合和扎根，结合结构调整与功能优化的实践需求，全力发展基层"党建引领"型志愿服务，是激发治理活力和再造基层治理秩序的可行路径之一。反之，现代政党也有必要大胆地汲取志愿精神，使政党发展有更加广阔的空间，这对中国共产党的执政具有重要的启示意义（祝灵君，2005）。

党建引领通过发挥其制度优势、组织优势、政治优势和人才优势，对志愿服务发展的影响是全方位的。这具体表现为："全心全意为人民服务"的宗旨明确了志愿服务发展须遵循的根本原则；"坚持党的领导"指明了中国特色的志愿服务发展的正确政治方向；党员的参与增强了志愿服务发展的号召力；党建充分链接各类资源，整合多方力量，提升了志愿服务的常态化和长效化水平；党建的顶层设计和机制保障使志愿服务逐渐朝着更加规范化、制度化的方向发展（黄美，2019；莫明聪、徐敏，2021）。正如研究指出的，"'党建引领'型社区志愿服务是以'服务优先'为理念，充分发挥党组织的政治优势与组织优势，着力于开展志愿服务结构调整与功能优化，在治理构架和治理方向上形成新的治理合力，促进基层社区和谐有序发展"（郭彩琴、张瑾，2019）。

虽然党建引领为志愿服务腾飞提供了强力引擎（辛华，2020），但目前的实践探索也暴露了一些重要问题。例如，有学者以天津市 J 社区的党建引领社区志愿服务项目运行为研究对象，发现社区志愿服务项目与居民实际需求不对称、社区党支部在引领社区志愿服务过程中发挥作用不足、社区党员志愿者队伍能力不足等问题（赵媛媛、李名静，2020）。志愿服务的关键是人，既包括志愿者，也包括服务对象。一方面，对志愿者的激励是党建引领志愿服务中的一大难题（莫明聪、徐敏，2021）。除了政治责任之外，党员同非党员志愿者一样，参与志愿服务是基于某些需求。传统的志愿服务强调利他主义精神，却很少顾及志愿者的意愿和需求。另一方面，党建引领以制度建设要求贯穿志愿服务事业的内部治理，虽然在一定程度上提高了志愿服务队伍的稳定性和专业性，但也使志愿服务呈现出一定程度的科层制特征，削弱了其灵活性和亲民性。这也使得服务对象的需求，尤其是隐性的情感需求得不到充分关注。

2. 党建引领社区志愿服务的情感维度

从志愿服务中"人的需求"出发，志愿者和服务对象情感需求的识别和满足可谓是社区志愿服务长效开展的关键。志愿服务是一项典型的"情感劳动"（王婕等，2018），表现为个体管理自我的感受，产生或进行与某个情境相适应的表情或身体展示（Hochschild，1979）。志愿服务行动中的情感色彩是较浓厚的，参与者可获得日常生活中难以获得的情感表达和释放渠道，在正式制度中忽略的情感需要也往往可以通过志愿服务得到满足，比如自豪感、安全感、归属感的满足，以及同情、信任、感动、悲愤等情绪的表达和宣泄。志愿服务作为一项由志愿者主导的社会行动，强调与服务对象进行深入具体的感性互动，以实现对其服务需求的全面把握，其本质体现为行动属性、行动方式以及行动意义（魏娜、刘子洋，2017）。志愿者在开展这一"情感劳动"时的策略以及附着于其上的行动意义亟待予以解释和关注。

同时，情感化是共产党在革命时期构建的国家形象中一个不可忽视的特征（侯瑞，2013）。如何在党建引领的背景下发挥党的情感工作优势，也是新发展阶段的志愿服务需要探讨的议题。然而，社区治理经常被放在国家与社会二元框架下加以考察，对工具理性的无限追崇导致情感的存在与作用在这样的二元架构中被忽视了（付昭伟，2021）。在行动的过程中，制度应该满足人们的情感期待，从而激励个体做出符合制度所预期的反应，因此要重视制度的合情性（王宁，2014）。在社区治理中，个人或者群体的情感弥散在社区中，并且能够通过人们的互动实现迅速扩散与传播（文军、高艺多，2017）。在基层治理问题比较复杂、矛盾冲突较为激烈之时，行政之于情感，呈现出尺有所短、鞭长莫及的问题；此时，情感治理的功能应交由专业队伍——例如志愿者来履行（任文启、顾东辉，2019）。

综上，基于对党建引领社区志愿服务的文献回顾，情感作为志愿服务与党建工作的共同要素，可能是整合党建和志愿服务，进而解决社区志愿服务供需不对称、社区志愿者动力不足等顽疾的关键。然而现有研究对志愿服务情感属性的关注不足，也缺乏对党建如何发挥情感工作优势引领社区志愿服务的探讨。志愿服务作为一项"情感劳动"，其过程不仅涉及服务主体的情感，还关乎服务对象的情感，是复杂的、全方位的。尤其在党建引领的政策背景下，促进党的情感工作在社区志愿服务中发挥作用可能关乎志愿服务项目的有效开展，关乎整个志愿服务体系的良性建构。

（二）理论视角：情感治理

针对目前党建引领社区志愿服务中的志愿者激励不足、服务对象需求难以满足的主要问题，本研究试图从党建引领社区志愿服务的情感维度出发，找寻解决问题的突破口。在情感治理的视域下，情感是指与个体需求满足相关的态度体验（林崇德等，2003）。玛莎·纳斯鲍姆依据情感的作用范围，把情感区分为公共情感和非公共情感。其中，公共情感是与政治、公共利益、国家目标相关的情感，而非公共情感只与个人相关，一般不涉及公共利益（Nussbaum，2013）。潘小娟将基层情治中的情感分为外生情感与内生情感。外生情感指基层社会共同体之外的行政人员、社会服务人员等相关人员在为共同体提供服务过程中与共同体成员互动所产生的认同感和向心力；内生情感注重建立守望相助、相濡以沫、相互信任、互惠共荣的人际关系（潘小娟，2021）。

学界认为目前关于情感治理有两种研究进路：其一将情感作为治理对象，强调治理者如何驾驭或建设情感；其二将情感作为治理方式，强调治理者对情感的运用。对于前者，学者提出，情感治理是以情绪安抚和心理慰藉为目标的制度化和非制度化的情感回应（何雪松，2016）。对于后者，学者指出，治理的情感性主要是与技术治理的总体性、理性化、抽象、刚性的缺陷相对应，强调治理柔性、感性的一面，更加关注治理过程中"人心""情感"的作用（向德平、向凯，2020）。Reddy则提出"情感体制"，并将其概括为"一套规范的情感以及表达和灌输它们的正规仪式、实践和述情话语，是任何稳定的政体必不可少的支撑"（Reddy，2004）。相较于 Reddy 关注情感规训以维护政体情感机制的运行，成伯清将情感体制的考察聚焦于人际交往和互动情境之外的社会性安排，围绕当代社会生活的三个核心领域，即工作领域、消费领域和交往领域，指出居于支配地位的情感体制及主导性的规范情感（成伯清，2017）。

在当下的情感治理实践中，对于农村社区，学者们关注精准扶贫实践中的情感治理。例如，驻村干部以情感的方式柔化贫困治理目标与手段，通过政党的情感工作传统进行动员，可以激发和唤起民众的国家认同与情感回应（向德平、向凯，2020）。学者指出，在脱贫攻坚中，国家对于贫困群体的情感慰藉具有一种凹面镜的聚焦效应，除了政策上对群体的聚焦，还有从政策执行层面对群众的情感慰藉（程军，2019）。对于城市社区，学者从情感治理视角分析了社区公共文化空间再造的实践逻辑，并讨论了如何立足情感治理推进社区公共文化空间的可持续发展（曾莉等，2020）。研究指出，社区情感治理意味着促进社区权力结构的重组、人际关系的重构、居民主体性的凸显、个体社区情感认同的增强等治理效果的达成（文军、高艺多，2017）。

总之，学界对于情感治理的研究主要涉及四个方面：一是关于国家如何运用情感治理手段达到治理目标，属于宏观层面上情感治理技术的应用；二是从个人、社区层面对中国基层社会的治理进行情感上的构建与塑造；三是通过追溯情感治理在中国历史发展中的碎片化实践，对中国传统社会中的情感治理脉络进行梳理；四是以理论构建视角对情感治理的益处和适用性进行理论体系搭建。志愿服务在情感治理中的角色是缺位的。具体而言，现有研究并没有从情感治理的视角对志愿服务进行审视，也未探讨其在党建引领的背景下是否体现以及如何体现情感治理的逻辑，对于丰富相关实践及研究而言是种缺憾。

（三）分析框架

情感治理理论强调，情感治理是一个动态的、系统的过程。相关研究指出了情感的过程属性，认为情感演变成了群体性事件的逻辑性支撑，并基于情感轨迹将情感过程分为情感宣泄、情感管理、情感表演等环节，其中情感表演是核心（陈颀、吴毅，2014）。在基层治理的实践中，情感治理也是一个完整的过程，体现了多方主体的参与和互动、各种资源的整合和利用以及不同事项的处理环节。在党建引领的社区志愿服务过程中，涉及的主体包括党委、志愿者与服务对象。志愿者的情感需求得到满足才能有足够的动机参与志愿服务；服务对象的情感需求得到满足才能使志愿服务有效达成目标；党委发挥党的情感工作优势才能为整个志愿服务的顺利开展提供保障。

首先，在社区志愿服务的发展中，党建引领的作用体现在情感保障环节。我国社区志愿团队常常因为缺少资源、能力不足需要行政力量的支持，这极易导致社区志愿服务的行政化倾向，造成志愿精神的缺失（辛华、王猛，2016）。党建通过柔性的情感策略保障志愿服务的开展，是对志愿服务发展的适度介入，可避免陷入社区志愿服务行政化的恶性循环，显示出弹性体制的特点。一方面，历经革命建设和改革开放的不同时代，党始终坚持群众路线，加深同人民群众的联系，增强人民群众对中国共产党和政府的信任（汪洋、赵晖，2020）。这种"血肉联系"使得老百姓基于对党的信任和认同等感情，更易于接受受党"背书"的志愿者的介入和服务。另一方面，党建引领所蕴含的理性主义可以弥补情感治理的不足。面对多样的居民需求和日益复杂的社区问题，基层治理只依赖志愿者的热情是很难持续下去的。党建引领需通过为社区志愿服务的开展提供权威来源、资源保障和制度保障，起到兜底的作用。"党建兜底"与政府在处理与社会组织的关系中所运用的事本主义和技术主义的"项目治国"或"技术治理"策略有着本质的区别。后者从形式上注重基层民主制度建设，却忽视实质性的社会赋权（黄晓春、嵇欣，2016）。党建兜底意味着在志愿服务的主体性得到充分发挥的基础上为其提供支撑。

其次，志愿服务的关键是志愿者，在党建引领下激励志愿者参与需要重点关注志愿者的两类情感需求：乡土情感和政治情感。这两类情感分别对应情感治理的两类传统：一是情感治理的"大传统"，即以儒家伦理为核心形成的乡土价值观念及行为方式；二是情感治理的"小传统"，即国家（政党）的情感工作（汪勇、周延东，2018）。在中国的基层治理实践中，情感治理强调以情感的方式与乡村社会对接，即进行"乡情治理"，体现了我国情感治理的"大传统"（蓝煜昕、林顺浩，2020）。对于我国情感治理的"小传统"而言，党在情感工作中，善于将个人的生命叙事与宏大的国家命运联系到一起，形成一种政治情感上的共鸣与激荡（裴宜理，2001）。

最后，更好地满足服务对象的需求，需要合理利用党的工作中的情感策略，帮助服务对象进行有效的情感管理。志愿服务的对象不是单纯的经济理性人，而是有着不稳定的情感与复杂心理的人，情感是驱动其行为选择不可忽略的一个因素（付昭伟，2021）。中国共产党有着丰富的情感工作经验。在革命过程中，党通过"诉苦""控诉""批评与自我批评""整风""思想改造"等形成了一整套有效的情感工作经验；20世纪60年代初，浙江省枫桥镇的干部群众创造了"枫桥经验"，以实现"人心"的改造；基层干部还将"送温暖"作为一种情感治疗活动，治疗了经济结构调整造成的政治和经济"伤口"，是一种国家在场的"缘情治理"（裴宜理，2001；Yang，2013；王雨磊，2018；吕德文，2019）。党建引领的社区志愿服务需要运用情感策略，在乡情融入的基础上，帮助服务对象进行情感治疗和疏导，在服务事项中实现共情唤起，促使情感联结，以柔性的手段解决治理难题。

由此，从情感治理的视角出发，笔者认为实现党建引领的社区志愿服务的可持续发展，回应志愿者激励不足、服务对象需求难以满足的主要问题，需要理清这个过程中的情感逻辑。党建引领的社区志愿服务涉及三大主体，包括党委、志愿者和服务对象。这三大主体的需求满足和功能发挥对应着党建引领的社区志愿服务的三个环节。第一，情感保障，即党委为志愿服务这项情感工作进行背书和兜底，是情感治理的准备阶段，体现了党建的引领作用；第二，情感动员，即对志愿者的乡土情感和政治情感进行调动，激励志愿者参与服务，实现非公共情感和公共情感的融合，为服务队伍的建设打下基础；第三，情感管理，即运用情感治理的策略和技巧，基于乡情的融入，帮助服务对象进行情感治疗、共情唤起，实现情感联结，满足服务对象的生物情感和社会情感需求，以达成志愿服务的目的。这三个环节通过情感治理形成一个全面、完整的过程，实现制度理性和情感的双向融合，有助于建立一个有效沟通、动力持久、保障充分的志愿服务体系，从而解决治理难题，营造和强化社区共同体，促进社区情感内生。基于此，笔者提出了本文的分析框架，如图1所示。

三 "老杨群工"实践：党建引领社区志愿服务的情感逻辑

为了描摹党建引领的社区志愿服务实践中的情感逻辑，本研究选取了重庆市高新区金凤镇"老杨群工"的个案。"老杨群工"是以金凤镇党委、镇政府总结提炼综治办原主任杨永根长期扎根基层、从事信访调解工作所形成的一整

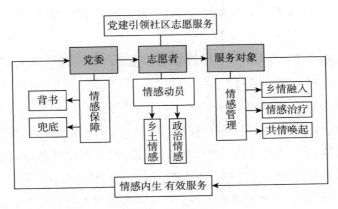

图1　分析框架

套方法经验建立的特色党建群工品牌，在全国有一定影响力（何立军、黄琦，2020）。"老杨群工"的职能主要有四个方面：政策宣传、民生服务、民情调查、纠纷调解。由于金凤镇既没有以自然神灵为基础形成的共同崇拜，又缺乏新乡贤引导，"老杨群工"在基层治理中发挥着举足轻重的作用。"老杨群工"不断探索"党建＋志愿服务"工作模式，把情感治理融入社区志愿服务，通过情感保障、情感动员、情感管理构建了三位一体的情感工作体系。志愿服务很好地发挥了"情治"的功能。基于访谈资料和本文的分析框架，笔者将针对"老杨群工"党建引领社区志愿服务的三个环节以及行动主体在其中的角色和功能阐释其中的情感逻辑。

（一）情感保障：党委的背书及兜底

党在群众中有着很高的威望和信任度，通过党建引领为民间志愿服务的开展背书成为志愿服务有效、持续进行的最强保障。金凤镇党委主要通过三种途径为志愿服务背书：其一，以党委的名义为志愿者进行名誉嘉奖，并在全镇宣传；其二，运用为志愿者"树典型"的情感策略，积极进行媒体宣传和报道，扩大志愿者队伍的影响力；其三，承担志愿服务的风险，为相关工作进行善后，满足志愿者的情感期待。在"老杨群工"的组织机制下，镇党委为志愿者提供了权威，帮助志愿者在群众中树立威信，增强了志愿者开展工作的"底气"，党建引领的优势得到了很好的体现。正如访谈对象提到的：

比较恼火（苦恼）的地方就是有的村民很浑，不讲道理，也不把你

（志愿者）放在眼里，这时候就要找书记出面。（20210525 - SDS - JFC）

党建引领还为志愿服务提供了强有力的制度保障，实现了各种资源的整合，发挥了兜底作用。"老杨群工"建立了"5 + N"机制，对于难以回应的民众需求会联动党建办、综治办、工商、法院、公安等多部门一起解决，为群工志愿者的工作开展提供制度支撑，通过党建引领打通了居民自治的"最后一公里"。同时，"老杨群工"在镇上设置群工工作站，在 6 个村、3 个村改居社区及金凤工业园区共设 10 个群工工作室，在楼栋、院落、网格、车站、学校、企业设了 150 个群工工作点。民生过滤机制将群工点不能解决的问题移交到群工室，再进一步移交到群工站，直至问题解决。党建制度的理性主义与情感治理实现了有效互补。

不怕解决不了（民众纠纷），没有压力，有村里做支撑，我们干就行了。有少数实在劝不动的，就交给村里，那些闹得比较大的，像园区工人要工资那种，反映到镇上会解决。（20210525 - LNN - ZJYZ）

（二）情感动员：激发志愿者的参与动机

"老杨群工"的工作人员构成包括专职工作组和志愿服务队。专职工作组主要是由金凤镇政府公职人员组成，职责比较分明、有限。志愿者占到群工的 70% 至 80%，总人数为 110 人左右，基本是当地居民。这个庞大的志愿者队伍的建立离不开对志愿者两类情感的激发：乡土情感和政治情感。

1. 乡土情感

"乡情"是一种基于地域，附着在经济、社会、文化纽带上的特殊情感，体现为认同感、归属感、荣誉感及在此基础上的回馈意愿和公共精神（蓝煜昕、林顺浩，2020）。有的志愿者抱着为邻里做贡献的心态，从事群工工作。他们每日走访邻里，完成总站点布置的一些行政事务，如宣传政策、上报民情、及时调解纠纷等。许多志愿者并不在乎自己付出的时间精力，更在乎的是一种乡土关系网中的群体认同。这种"口碑"效应与乡情的联结促使志愿者不断地付出，并从这种工作中获得情感上的自我满足。集体的赞扬是自我成就感和归属感的重要来源。自我满足感越高，对于集体的认可度就越高，归属感也就越强，这也是情感共同体构建的重要基础。正如当地工作人员所言：

> 很多人都是无偿在做这些事情，要不然谁会免费让你用人家屋头地方，让你贴这些标语，往墙上钉这牌子（宣传标语等）……而且他们离得近，平时吃完晚饭，随便去家里串个门儿就到了，当然，我们平时也有要求固定地去上门走访，过年疫情那时候，村里那些人员登记什么的，都是他们在干。（20210525 - PXJ - HLC）

中国乡土本身就孕育了强烈的本土认同和地方情感（蓝煜昕、林顺浩，2020）。这样的情感联结也意味着社区具有一定的"排外性"，是不是社区内部人员，首先关系到的就是群众对于"主事人"的认可度。"当地人"这个身份使得"老杨群工"的志愿者在群众中拥有认可度与话语权，在处理民生事务与矛盾纠纷时，这种身份帮助其获得本地居民的认同与信任，更加有效地构建起问题解决的通道与空间。这也是基层治理主体进入社区内部的第一道门槛。在此情景下，解决纠纷矛盾事件就很容易变成"我们是自己人，什么事情都有沟通的余地"，因而降低了调解难度，极大地保障了社区的安全，促进了社区的整合。

> 我们这一片还是比较和谐的，没事爱坐在一起摆龙门阵，有撒子事情就找他们（志愿者）。说白了，我们都是自己人，有撒子都好说。（21210525 - CM - JFC）

2. 政治情感

在这些志愿者中，大多都有一个重要身份——党员。在"老杨群工"的居民点中，有党员的家户都会在门口贴上"党员之家"的标识，这一举措的目的是把党员身份"亮出来""标识化"。"老杨群工"受党员这一主体强烈政治情感的驱动。党建深入基层，引领社区治理，党员就是第一抓手，党员的带头参与实际上也是党的情感工作传统的延续。党员的身份标识化实际上也是将宏大的党的形象重新聚焦到个人身上，这样就使得政党与社会基层之间的联结转向了人与人之间的联结，使这种党群互动带有浓烈的人情色彩。

> 我是党员，原先是村里的组织委员，（20）13 年就退休了……有时间就去参与一些文艺活动，就带动一些其他的妇女，权当锻炼了嘛，最近也在为那个建党 100 周年的活动做准备。……我们那个年代的人，都是这样的，比较热心，那你是党员，就得做出贡献，要不然政治觉悟不就跟不上了。（20200525 – WNN – JFC）

除了党员身份之外，还有部分成员有着一定程度的政治关联，易与代表权威的地方政府产生情感认同，例如兼任村民小组组长或者社长的志愿者。村民小组组长是村民小组这个自治组织的行政负责人，由当地村民兼职，不脱离生产，通过村民小组会议推选产生。这类志愿者在行政职责之外，由于政治情感驱使，也倾向于为村民提供志愿服务。

> 我在做水库管理，群众选我做社长，镇上一动员，我也就在空余时间再带头做做志愿者，服务邻里。像这次疫情防控，统计从外面回来的人和出去打工的人就是我在做。（20210525 – XDG – HLC）

（三）情感管理：满足服务对象的情感需求

金凤镇最突出的问题是群众纠纷，其中大部分都是金凤工业园区的劳资纠纷。"老杨群工"的专职工作者指出，镇里的情况与城市社区差异较大，在镇里广大的农村社区，没有楼栋长和物业公司的协作，志愿者对于纠纷调解起着至关重要的作用。"老杨群工"在实践中通过乡情融入、情感治疗、共情唤起这三大情感策略满足服务对象的情感需求，进一步解决治理难题。笔者以纠纷调解为例来分析这三大情感策略是如何运用的。

1. 乡情融入

除了前文提及的利用乡土情感调动志愿者积极性之外，乡情融入也是有效志愿服务的重要一环。中国的基层社会有着人情、关系等非正式的规则限制，这些非正式规则影响着乡村社会对利益协调、行动组织过程的遵从与接纳（梁照鸿，2021）。在社会交往中，遵循着一个默认规则，"做事留三分情面，日后好相见"。在村庄生活的场域中，这种人情、互惠、面子所建构的村民间的关联和社区整合机制，源于村民的授受之间会产生"给予"与"亏欠"、"权利"和

"义务"的关系，并尽可能地维持双方的平衡（董磊明、郭俊霞，2017）。乡情逻辑为以后的纠纷调解提供了转圜的余地。

> 协商解决的过程中，很多人实际上是不想闹到法庭上的。因为大家离得近，以后说不定低头不见抬头见，一旦上了法庭，就相当于把脸面撕破了。（20210511 – YYG – JFZ）

这种乡情上的联结往往成为调解工作的重要着手点。在调解的过程中，当事者需要先坐下来拉近一下关系，调解人遵循乡情逻辑，强调"本来都是一家的，有什么说不开的""一旦吃上官司，谁不丢人啊"。同时，调解人往往是社区内比较有影响力的人物，是否知根知底成了大家评判一个人处事公不公正的重要指标。这样的乡情联结也是叩开村民心门的一块"敲门砖"。因此，很多群工点负责人都是本地的村民小组组长或社长、离退休干部，具有一定的群众基础，有威望的人才"吃得开，走得通"。

2. 情感治疗

在中国革命中，党重塑普通民众国家观念的重要情感策略之一就是"诉苦"，这种策略可以帮助农民诉说日常生活中的苦难，并通过阶级这个中介性的分类范畴与更加宏大的"国家""社会"话语建立起联系（郭于华、孙立平，2002）。纠纷调解的过程中常常面临比较激烈的矛盾与冲突，因此以"诉苦"为形式的情感宣泄变成了一个缓解激烈矛盾的"必要动作"。"老杨群工"在多年的实践与摸索总结中提出了"事、静、听、看、说"的五字纠纷调解口诀，其中最重要的就是以人为本。纠纷调解中的"冷处理"就是重要的情感管理策略，即先让群众进行情感上的宣泄，以防沟通过程中矛盾激化，然后在平静的时候再进行沟通。

> 我们遇到情绪比较激动的人，通常都不说话，先让他坐下，然后在旁边放一杯水，让他自己冷静一下，如果一直闹，就给他准备好住宿的地方，等他什么时候想谈了，我们工作人员再继续协商。（20210511 – YYG – JFZ）

在调解对象"诉苦"的过程中，"老杨群工"会扮演有效的"倾听者"

"知心人"角色，并策略性地进行沟通。在面对矛盾的时候，如一些劳资纠纷事件，往往涉及的人员众多，不仅包括诉求方本身，也包括他们的家属、朋友，人员混杂。因此，集体无序的情感宣泄很容易演变成影响巨大的群体性事件。由此，持续畅通的情感宣泄通道、识别"关键人物"、辨别入手点成为调解纠纷的核心环节。

> 在我们处理一些纠纷的时候，这个家属啊，可能是因为觉得人多就能解决事情，所以就会带着很多人过来，而且往往情绪都还比较激动，两方一旦吵起来了，场面就很难控制，但是你观察会发现，这个事情里闹得最凶的亲戚一般不是和这个出事的人很近的关系……所以一般我们都要跟这个事情的主要人谈，要找那个最直接的利益相关者，一般是当事人最亲近的人员，比如父母、儿女这种，因为这些人他也不想一直闹，是最想解决问题的人。这种关键人员的切入往往可以帮助我们解决许多问题，家庭作为社会的最基本单位，一般也是我们纠纷矛盾的主要调解对象，在这个过程中紧抓关键就能事半功倍。（20210511 - YYG - JFZ）

3. 共情唤起

共情（empathy）作为一种道德情感，是由另一个人的情感表达所引起的情感唤起的过程（Shelton & Rogers，1981）。有效的动员必须足以引起施助者的同理心，但又不能使其痛苦（Fultz et al.，1986）。有学者指出，为了在捐赠请求中产生共情，非营利组织应该让潜在捐赠者想象受益人的感受，而不是让捐赠者只处在自己的位置上进行思考（Davis et al.，1987）。同理，对于志愿者而言，与受助者之间的共情对于纠纷的解决十分重要。在协商过程中，志愿者积极主动地靠近服务对象，倾听他们的诉求，理解和感受他人情绪，争取信任，保持公平公正，让群众感觉到工作人员是在积极解决问题。

> 我们在调解的过程中，一定得让群众信任我们，有时候群众觉得你向着另外那一方，所以处理事情的一定是个中间人，群众知道你能真正感受和理解他的情况，这个是群众信不信任你的问题，得让群众感觉到你是真真正正在解决事情的。（20210511 - YYG - JFZ）

同时，志愿者在纠纷解决中，基于对当事者双方需求的精准掌握，实现双方的共情，促成协商谈判，才能达到解决问题的目的。一方面，通过对企业进行情感工作，志愿者劝导企业换位思考并体谅求助方作为普通人所承受的生存压力，同时告知企业如果多发这类"劳资纠纷"就会形成不好的影响，不仅不利于企业自身形象，也会给企业招聘带来不良影响；另一方面，志愿者还劝导求助方，如"不能逼得太紧""企业也不想出这种事，都在积极解决"等，以推动纠纷的解决。

> 在一些工伤的事件里面，比如家属要求赔十万元，企业只给五万元，这样调解不好，往往就会出矛盾，这个时候我们就会两方都做工作，跟企业说一下这个伤者的家庭，如果事情一直解决不了，对你们公司也有损害，另外给家属做思想工作，最终企业赔了八万元给家属。（20210511 – YYG – JFZ）

四 结论与讨论

从志愿服务中"人的需求"出发，本研究基于情感治理的理论视角对党建引领社区志愿服务的情感逻辑进行了分析。"老杨群工"的个案研究证实，情感作为志愿服务与党建工作的共同要素，是整合党建和志愿服务，进而解决社区志愿者动力不足、服务需求难以满足等困境的关键。研究发现揭示了党建引领社区志愿服务的情感逻辑。具体而言，第一，党委背书和兜底，为志愿服务提供了权威来源、资源保障和制度保障，促成了志愿服务目标的实现；第二，通过激发志愿者的乡土情感和政治情感，有效激活了志愿者的参与动力，保障了志愿服务的持续开展；第三，通过对志愿服务过程中的情感管理，运用乡情融入、情感治疗和共情唤起的情感工作策略，发挥党的情感工作优势，满足了服务对象的情感需求，有效解决了治理难题。在这个过程中，党委延续了党在情感工作中的优良传统，政治情感的激发、情感治疗策略的运用和党的权威背书对志愿服务的持续、有效开展发挥了重要作用；同时，党建的制度理性实现了与情感治理的互补，为充分发挥志愿服务的主体性提供了前提和保障。

研究发现还揭示了志愿服务在情感治理中的独特优势，弥补了现有研究的不足。志愿服务作为一项典型的"情感劳动"，受利他主义精神的驱动，拥有无可比拟的情感沟通优势。对于"老杨群工"而言，志愿者本身就是社区内部人员，同时代表着国家话语，这种身份上的联结，牵一发而动全身。通过基层志愿服务实践的情感卷入将国家与社会有效地联结到一起，使微观的个人情感受到国家治理主体的慰藉，营造了国家的"在场感"，实现了从个体到家庭、从家庭到社区、从社区到国家的完整的、不断内生的情感网络，是一个促进多元主体联结、共同体建立和良性发展的过程。"老杨群工"的经验表明，将志愿服务嵌入基层社会情感治理的体系之中，可以有效柔化刚性的传统行政力量，提高服务的有效性。

本研究对于推动创新社会治理体系和治理能力现代化具有重要启示。情感治理作为一种更加柔和的治理方式，通过党建与志愿服务相结合的方式，将国家顶层的制度设计与基层的具体实践联结起来，在国家总体性治理和技术治理之间起到润滑剂的作用。"老杨群工"遵照着一套情感逻辑，以情动人、以德服人，充分发挥党的情感工作优势，为新发展阶段的社区志愿服务的开展提供了一个参考。由志愿者组成的群工队伍是柔化了的国家符号，是党的乡野代言人，使国家得以深入基层社会，重新构建了国家与社会之间的关系。中国历来是情理法合一的社会（翟学伟，2004）。要突破传统法理型的基层治理视角主导，根植于"情本体"中国文化中的情感逻辑，探寻中国基层治理的强大社会基础，这是深入本土研究的必经之路，是推进社会治理体系和治理能力现代化的重要途径。

对于党建引领社区志愿服务的推进研究而言，首先，需更好地回应社会持续转型和变迁带来的挑战。本研究所基于的"老杨群工"案例发生在以农村社区为主的地域，传统熟人社会的特征保留得更加完整，乡土情感对于志愿者的激励作用是有效的。然而，随着城市化的持续扩张、人口流动的不断加快，对于异质性不断增强、人情日渐淡漠的城市社区而言，情感的不稳定性和式微可能会刷新情感要素在志愿服务中的角色。其次，对于志愿者个体，尤其是党员志愿者的动员虽说是激发社区志愿服务活力的基本要求，但也不能忽视社会组织在志愿服务中的作用。社会组织往往对志愿力量具有聚合作用，其中的社工机构有着明显的专业优势，往往能培育更加专业的志愿者。最后，志愿服务的情感逻辑需要突破微观的个体层次，上升到中观的组织层次来探讨。最后，虽然党建引领的社区志愿服务体现了时代要求，但在推进的过程中要预防对志愿服务精神的冲击。党建引领发挥了"集中力量办大事"的制度优势，并且志愿者的政治情感在情感动员中发挥了重要作用，但如何保持党委"兜底"的红线，不对志愿服务的开展进行过度干预是一个值得长期探讨的问题。随着志愿服务和情感治理理论和实践的丰富，定会有更多的解决思路。

参考文献

成伯清（2017）：《当代情感体制的社会学探析》，《中国社会科学》，第5期。

陈颀、吴毅（2014）：《群体性事件的情感逻辑以 DH 事件为核心案例及其延伸分析》，《社会》，第1期。

程军（2019）：《精准扶贫：当代中国国家治理的情感逻辑》，《深圳大学学报》（人文社会科学版），第3期。

董磊明、郭俊霞（2017）：《乡土社会中的面子观与乡村治理》，《中国社会科学》，第8期。

付昭伟（2021）：《情感动员：社区干部行动逻辑研究——以重庆市 H 社区为例》，《经济师》，第4期。

郭彩琴、张瑾（2019）：《"党建引领"型城市社区志愿服务创新探索：理念、逻辑与路径》，《苏州大学学报》（哲学社会科学版），第3期。

郭于华、孙立平（2002）：《诉苦：一种农民国家观念形成的中介机制》，《中国学术》，第4期。

何立军、黄琦（2020）：《"老杨群工"：党建引领基层社会治理创新的"金凤探索"》，北京：中国社会出版社。

何雪松（2016）：《情感治理：新媒体时代的重要治理维度》，《探索与争鸣》，第11期。

侯瑞（2013）：《革命、国家与情感——一项有关国家权力情感维度的理论综述》，《学理论》，第25期。

黄美（2019）：《党建理论视角下的志愿服务发展对策》，《区域治理》，第40期。

黄晓春、嵇欣（2016）：《技术治理的极限及其超越》，《社会科学》，第11期。

蓝煜昕、林顺浩（2020）：《乡情治理：县域社会治理的情感要素及其作用逻辑——基于顺德案例的考察》，《中国行政管理》，第2期。

梁照鸿（2021）：《基层社会乡情治理的问题与路径——基于公共领域视角》，《学理论》，第10期。

林崇德、杨治良、黄希庭主编（2003）：《心理学大辞典》，上海：上海教育出版社。

吕德文（2019）：《枫桥经验：基于群众工作方法的检视》，《科学社会主义》，第1期。

莫明聪、徐敏（2021）：《新时代党建引领公立医院志愿服务的路径与实践：以南山志愿服务队为例》，《中国卫生资源》，第5期。

潘小娟（2021）：《基层治理中的情感治理探析》，《中国行政管理》，第6期。

裴宜理（2001）：《重访中国革命：以情感的模式》，《中国学术》，第4期。

任文启、顾东辉（2019）：《通过社会工作的情感治理：70年情感治理的历史脉络与现代化转向》，《青海社会科学》，第6期。

王婕、蒲清平、刘晓云（2018）：《新时代志愿服务参与社会治理的逻辑方略》，《重庆大学学报》（社会科学版），第5期。

王宁（2014）：《家庭消费行为的制度嵌入性》，北京：社会科学文献出版社。

汪洋、赵晖（2020）：《信任视角下"党的群众路线"的实践审视》，《学海》，第4期。

汪勇、周延东（2018）：《情感治理：枫桥经验的传统起源与现代应用》，《公安学研究》，第3期。

王雨磊（2018）：《缘情治理：扶贫送温暖中的情感秩序》，《中国行政管理》，第5期。

魏娜、刘子洋（2017）：《论志愿服务的本质》，《中国人民大学学报》，第6期。

文军、高艺多（2017）：《社区情感治理：何以可能，何以可为？》，《华东师范大学学报》（哲学社会科学版），第6期。

向德平、向凯（2020）：《情感治理：驻村帮扶如何连接国家与社会》，《南开学报》（哲学社会科学版），第6期。

辛华（2020）：《党建为志愿服务腾飞提供了强力引擎》，《中国社会报》，6月29日，第4版。

辛华、王猛（2016）：《三重矛盾：我国社区志愿服务的困境与破解》，《社会建设》，第1期。

曾莉、周慧慧、龚政（2020）：《情感治理视角下的城市社区公共文化空间再造——基于上海市天平社区的实地调查》，《中国行政管理》，第1期。

翟学伟（2004）：《人情、面子与权力的再生产——情理社会中的社会交换方式》，《社会学研究》，第5期。

赵媛媛、李名静（2020）：《党建引领社区志愿服务项目化运作模式研究——以天津市X区J社区为例》，《改革与开放》，第21期。

张勤、武志芳（2012）：《社会管理创新中社区志愿服务利益表达的有效性》，《理论探讨》，第6期。

祝灵君（2005）：《志愿者组织、志愿精神与政党领导》，《中共中央党校学报》，第3期。

Davis, M. H. , Hull, J. G. , Young, R. D. , & Warren, G. G. (1987), "Emotional Reactions to Dramatic Film Stimuli: The Influence of Cognitive and Emotional Empathy," *Journal of*

Personality and Social Psychology 52 （1）.

Fultz, J. , Batson, C. D. , Fortenbach, V. A. , McCarthy, P. M. , & Varney, L. L. （1986）, "Social Evaluation and the Empathy-Altruism Hypothesis," *Journal of Personality and Social Psychology* 50 （4）.

Hochschild, R. A. （1979）, "Emotion Work, Feeling Rules, and Social Structure," *American Journal of Sociology* 85 （3）.

Nussbaum, C. M. （2013）, *Political Emotions: Why Love Matters for Justice*, Cambridge, Massachusetts: The Belknap Press of Harvard University Press.

Reddy, M. W. （2004）, *The Navigation of Feeling: A Framework for the History of Emotions*, Cambridge: Cambridge University Press.

Shelton, M. L. , & Rogers, R. W. （1981）, "Fear-Arousing and Empathy-Arousing Appeals to Help: The Pathos of Persuasion," *Journal of Applied Social Psychology* 11 （4）.

Yang, J. （2013）, " 'Sending Warmth': Unemployment, New Urban Poverty and the Effective State," *China Ethnography* 14 （1） .

Community Voluntary Work Led by Party Construction from the Perspective of Sentimental Governance

—Based on the Case of "Lao Yang Qun Gong" in Chongqing

Yang Yongjiao & Yang Jingru

[**Abstract**] In recent years, under the lead of the Party Construction, community voluntary work in China has alleviated the difficulties of resource, professionalism and participation to a certain extent. However, there are still unresolved problems such as insufficient motivation of volunteers and unsatisfied needs of service recipients. From the perspective of "human needs", this study analyzes how to integrate Party Construction and community voluntary work through sentimental security from the Party Committee, sentimental mobilization for volunteers, and sentimental management of service recipients based on the theory of sentimental governance. Taking "Lao Yang Qun Gong" in Chongqing as an example, the research findings reveal the sentimental logic of community voluntary work led by Party Construction, and

情感治理视域下党建引领社区志愿服务研究

147

show the unique advantages of voluntary work in sentimental governance, which fill the gap of existing research. This study has important implications for the innovation of social governance system and modernization of governance capacity, as well as for the promotion of the study of community voluntary work lead by Party Construction.

[**Keywords**] Sentimental Governance; Voluntary Work; The Lead of Party Construction; Community Governance; "Lao Yang Qun Gong"

责任编辑：俞祖成

嵌入式治理与人才职业成长：社会组织 参与社会治理的经验分析[*]

陈书洁[**]

【摘要】坚持和完善共建共治共享的社会治理格局，就是要将社会组织有机融入社会治理共同体之中。当前，我国社会组织参与社会治理的意愿日益高涨，但社会组织专业化发展仍困难重重，最直观的体现就是社会组织人才职业成长缓慢。本文立足于"嵌入式治理"的分析框架，讨论社会组织关系嵌入与结构嵌入如何形塑人才的职业成长。研究发现，关系嵌入与结构嵌入作用于人才对社会组织的认同感知，进而影响其职业成长。同时验证了高水平工作价值构成的组织吸引力，对社会组织关系嵌入与人才职业成长之间的关系产生积极影响。结论丰富了当前社会治理共同体视角下社会组织行动策略的理论，为社会组织有效参与社会治理的能力性构型与制度性演化提供了一种新解释视角。

【关键词】社会治理共同体；嵌入式治理；社会组织人才；职业成长

---

* 本文为北京市习近平新时代中国特色社会主义思想研究中心项目"多元主体共建共治共享城市社区教育治理制度研究"（20LLSMC057）的阶段性成果。

** 陈书洁，首都经济贸易大学劳动经济学院人才学系副教授。

一　问题的提出

社会组织参与社会治理是多元主体共建共治共享的重要制度实践，党的十九大报告指出："提高社会治理社会化、法治化、智能化、专业化水平。"在推动社会治理重心向基层下移的过程中，社会组织无疑是重要的力量。在多元复合的基层治理体系中，社会组织治理运作机制及其行动策略一直是社会治理共同体建设的难点。

政府出于合法性和自身利益，对社会组织实行"分类控制"策略（康晓光、韩恒，2005），社会组织为了获取制度资源，倾向于提供具有长期治理优势的公共产品。随后，由中央与地方政府不同"控制权"衍生了行政发包制、项目制等治理模式（周雪光、练宏，2012），社会组织努力寻求治理关系边界的突破与行动结构的拓展。政府购买服务的兴起，本质上是国家对社会力量参与治理的一种动员和调适。政府不再是以控制和功能治理的方式来对待社会组织，而是对社会组织进行"嵌入式"治理（吴斌才，2016）。政府与社会各主体都已经嵌入特定的经济社会结构中，社会组织由受支配地被动嵌入国家转为有意愿地主动嵌入国家（陈书洁、张汝立，2016）。国家嵌入逐步内化到社会组织之中，增强了其汲取资源的能力，夯实了执政基础。社会组织嵌入治理的协商联动机制回应了社区需求与冲突（唐兴军，2018；徐珣，2018）。近年来，基层党组织建设及党建引领的基层社会治理实践是政治建构嵌入社会建构的表现（陈秀红，2021）。

从大一统向多元分化的治理转型，既有政府与社会力量的关系嵌入，又有通过社会建构来形成和维持治理网络的结构嵌入（Granovetter，1973）。具体而言，社会组织活动若不能紧密地嵌入制度化治理网络中，不能在重要公共产品配置或公共秩序调适中处于关键位置，就难以发挥治理功能（黄晓春，2017）。社会组织考虑不同政府层级的要求，以分层嵌入的方式进入治理结构中，目的是强化社会认受性、增强资源筹集和自我成长能力（徐盈艳、黎熙元，2018）。社会组织对政府的资源依赖，使其采取"过度体制嵌入"，组织和功能呈现结构性真空（王志华，2012）。在相应的政策环境下，嵌入式治理是否真正有助于社会组织成长壮大是值得关注的问题（刘帅顺、张汝立，2020）。

从嵌入式治理发展的时空中，归纳社会组织参与治理的关系与结构的总体性特征，必然牵涉到社会组织专业化发展的议题。社会组织的能力专有性存在差异，这种能力专有性越强，政府与其越容易形成相互依赖的关系。政社关系应从"能力论"的视角提出新的解释框架（王名、蔡志鸿，2019）。专业嵌入行政的社会治理模式表明，当政府负责行政、社会组织负责专业时，社会组织会逐渐形成有自身特色的独立专业体系（陶传进、刘程程，2017）。政府赋权支持型社会组织，间接培育地方社会组织，专业性的培育主体运用社会机制和市场机制，对社会组织的网络和知识支持更为充分（郁建兴、滕红燕，2018）。民间志愿组织的内部化治理结构和独立性人力资源供给，有助于构建起社会组织与党政部门的共容利益（徐家良、张其伟，2019）。

与大多数组织一样，社会组织专业化发展蕴含在人的要素之中。进一步地，专业人才成长及培育决定了社会组织专业化程度。然而，部分地区由于项目制的推进，嵌入式治理呈现阶段性波动，社会组织与专业人才之间任职期限更短、交易性质更突出的雇佣模式正在形成，传统劳动承诺契约转变为目标效用契约。基于此，社会组织人才的职业成长是一种复杂建构，不仅关系着社会组织对人才资源的开发、保留和使用，还涉及人才对社会组织赋权使能的认同与接纳。在国家治理现代化背景下，政府主导性和社会组织自主性、政府权威性和社会组织积极性的合理界定，构成社会组织社会认同的客观条件（许源源、王通，2016）。衡量社会组织外部认同的要素就是能否吸引专业人才。由此，社会组织嵌入式治理的主体关系与行动结构折射出的组织认同和吸引力，有助于研判当前社会组织人才职业成长面临的难题。因此，本文尝试探究的是，社会组织的关系嵌入和结构嵌入如何通过组织认同与吸引力作用机制影响人才职业成长，以期为社会治理共同体建设的制度实践与社会组织能力性构型的发展提供些许启示。

二　理论基础与研究假设

（一）关系嵌入与职业成长

关系嵌入是指行动主体的经济行为嵌入社会网络之中，各行动主体关系的强弱影响了信息、知识资本在网络中的传递过程和交换质量（Granovetter，

1973）。当面临更多外部机会时，关系持久性能改善行动主体对问题的认识，降低不确定性带来的交换风险，并且缩短组织资源不足产生的组织距离（Burt，1992）。关系持久性让组织获得高质量的信息，组织间的知识渗透带来了关系互惠性，将有利于促成更广范围的社会交换。关系嵌入提高了创新绩效和组织绩效，促进组织中的个体职业成长（Holtom et al.，2005）。职业成长是个体在组织内部职业进展的多维评价，包括工作职务晋升的可能性、岗位调动、薪酬增长。总体而言，职业成长由职业目标、职业能力、职业晋升和职业报酬四个方面构成（翁清雄、席酉民，2011）。因此，本文提出如下假说：

H1：关系嵌入对职业成长有显著正向影响。

H1a：关系交流频繁、关系持久和互惠性对职业目标有显著正向影响。

H1b：关系交流频繁、关系持久和互惠性对职业能力有显著正向影响。

H1c：关系交流频繁、关系持久和互惠性对职业晋升有显著正向影响。

H1d：关系交流频繁、关系持久和互惠性对职业报酬有显著正向影响。

（二）结构嵌入与职业成长

结构嵌入考量的是行动主体嵌入网络的密度以及行动主体的网络位置（Marsden，1990；Gulati，1999；边燕杰、张文宏，2001）。行动主体可通过与其他主体产生的网络联系获得更多回报（Lin，2001）。处于网络中心位置的节点拥有信息、声誉和地位优势，能有效地获取和控制资源（Uzzi，1997）。嵌入松散型网络的行动者"结构洞"越多，越能取得第三方优势（Coleman，1990）。为了搜寻工作或者职业发展，要延伸"桥"在信息和影响力上的传递。嵌入紧密型网络的行动主体，能创造社会资本从而增强合作优势（Bian，1997）。组织在网络中的自主程度越高，越接近中心，越相对地不受其他主体的控制。网络规模大小决定了网络资源是否丰富，网络异质性衡量着资源多样性程度，网络开放可使行动主体避免闭合网络的同质化封闭风险（Rowley，1997）。职业发展理论认为社会网络结构可让个体具备更高职业能力和更多机会。因此，本文提出如下假说：

H2：结构嵌入对职业成长有显著正向影响。

H2a：网络中心性、网络规模、网络异质性和开放度对职业目标有显著正向影响。

H2b：网络中心性、网络规模、网络异质性和开放度对职业能力有显著正向影响。

H2c：网络中心性、网络规模、网络异质性和开放度对职业晋升有显著正向影响。

H2d：网络中心性、网络规模、网络异质性和开放度对职业报酬有显著正向影响。

（三）组织认同的中介作用

组织认同是个体由对组织成员身份的认知而产生的一种自我概念，以及依附于这种成员身份产生的价值观上的一致感和情感上的归属感（Ashforth & Mael，1989）。组织认同感高的个体，会因为与组织的同一性而关注组织的发展（魏钧等，2007）。个体根据所处的组织环境，将自己知觉为组织成员，甚至是自我和组织之间的一种根本联系（Rousseau，1998）。考察行动主体构成的网络结构，当个体觉得自己与组织联系紧密时，就会将自己与组织看成是互为一体的。因此，本文提出如下假说：

H3：组织认同在关系嵌入与职业成长之间起中介作用。

H4：组织认同在结构嵌入与职业成长之间起中介作用。

（四）组织吸引力的调节作用

组织吸引力是个体对在组织工作的预期收益感知，是对组织形象和工作水平的综合评价。组织吸引力最初包括功能性和象征性特征（Lievens et al.，2007），近年来，功能性价值和发展性价值构成了组织吸引力的重要来源（Mosley，2007）。其中，工作价值感知来源于工作岗位本身以及创新的工作实践；基础价值感知来源于组织现有发展基础；经济价值感知强调个体的工作回报（Pierre et al.，2005）。另外，社会价值感知是组织以增进社会福祉为核心的利他主义取向。目前研究中关于社会组织的吸引力量表十分少见，因此，笔者对相关测量条目进行了探索和开发。当社会组织提供挑战性的工作、感召性的社会价值时，组织对个体有较强吸引力（Van Hoye & Saks，2011）。因此，本文提出如下假说：

H5：组织吸引力调节了关系嵌入对职业成长的正向影响。

H6：组织吸引力调节了结构嵌入对职业成长的正向影响。

三 数据和变量

（一）数据来源

本文选取了在北京地区就职于社会组织核心岗位的专业人才作为调查对象。采用问卷调查法，为了避免同源偏差，将被调查者姓名隐去，通过枢纽型组织、咨询公司，按照问卷发放前后两个时点的数据实施编码匹配，时间间隔一个月，对社会组织总干事、秘书长、项目总监等专业人才进行调查分析。

数据处理具体步骤如下：第一，依据社会组织机构名录，筛选出本地区能够体现其专业性的岗位职级、职务、薪酬、学历等社会组织人才代表数据。第二，手动清理数据，剔除了社会组织中兼职、专职但不付酬或者任职时间不超过一年的样本。第三，由于缺乏公共部门组织吸引力量表，本文经过117份问卷预测试后，修正了测量条目。在企业的组织吸引力量表基础上，增加了3个"社会价值"测量条目："社会组织有公共服务价值及治理优势""社会组织能促进公共责任""社会组织能对社会力量参与公共服务产生广泛影响"。所有量表均使用六点李克特形式，1代表"非常不同意"，6代表"非常同意"。共有543名人才参与了问卷调研，剔除无效问卷后，最终获得441个社会组织人才样本。样本有效率为81.22%。

（二）变量测量

关于解释变量关系嵌入。本文采用Chang等开发的量表（Chang，2011），样题如下："本组织与政府建立了长时间的联系。"此问卷在样本中的信度为0.859。

关于解释变量结构嵌入。本文采用Marsden等在研究中使用的量表（Marsden，1990），样题如下："服务对象了解本组织的情况。"此问卷在样本中的信度为0.870。

关于被解释变量人才职业成长。采用翁清雄、席酉民开发的量表（翁清雄、席酉民，2011），样题如下："目前的工作使我离自己的职业目标更近一步。"此问卷在样本中的信度为0.917。

关于中介变量组织认同。本文采用Mael等开发的量表（Mael & Tetrick，1992）。样题如下："我所在的组织的成功就是我的成功。"此问卷在样本中的信度为 0.864。

关于调节变量组织吸引力。采用笔者和杨智勤开发的量表（杨智勤，2015），样题如下："社会组织有良好的社会声誉。"此问卷在样本中的信度为 0.919。

关于控制变量，包括性别、年龄、学历、工作年限与最高职务。

本文采用验证性因子分析考察区分效度。如表 1 所示，与其他四个模型相比，五因子模型对数据的拟合效果最好，$\chi^2/df = 1.351$，CFI = 0.949，TLI = 0.927，RMSEA = 0.042，IFI = 0.957。因此，这五个构念具有良好的区分效度。

表 1　验证性因子分析

模型	χ^2/df	CFI	TLI	RMSEA	IFI
五因子模型	1.351	0.949	0.927	0.042	0.957
四因子模型	2.224	0.827	0.885	0.078	0.813
三因子模型	4.869	0.678	0.636	0.131	0.669
二因子模型	6.178	0.545	0.480	0.144	0.571
单因子模型	8.142	0.367	0.309	0.174	0.352

四　实证分析

（一）描述性统计与相关分析

本文利用 SPSS、AMOS、SPSS PROCESS 对样本数据进行了分析。表 2 报告了主要变量的描述性统计分析结果，数据显示，社会组织人才工作数量在 20 人以下的占比约为 71.7%。男性 200 人，占比约为 45.4%，女性 241 人，占比约为 54.6%。大专以上学历共有 403 人，占比约为 91.4%。应届毕业生、基层自治组织和自由职业者进入社会组织任职的居多，占比约为 54.8%。

表 2　描述性统计分析结果（N = 441）

变量	均值	标准差	1	2	3	4	5
1 关系嵌入	3.728	0.792					
2 结构嵌入	4.231	0.789	0.730 ***				
3 组织认同	4.927	1.566	0.236 **	0.383 **			

变量	均值	标准差	1	2	3	4	5
4 组织吸引	4.374	1.513	0.541**	0.625**	0.530**		
5 职业成长	4.115	0.967	0.268**	0.395**	0.358**	0.710**	

注：** $p < 0.01$，*** $p < 0.001$。

（二）基准回归分析

本文首先对社会组织关系嵌入对人才职业成长的影响机制进行检验。加入控制变量后，关系嵌入对人才职业成长有显著正向影响。表3模型1~3结果显示，关系交流频繁、关系持久性和互惠性对职业目标具有显著正向影响，其中关系互惠性影响系数较高。模型4~6结果显示，关系交流频繁、关系持久性和互惠性对职业能力具有显著正向影响，其中关系互惠性影响系数较高。模型7~9结果显示，关系交流频繁、关系持久性和互惠性对职业晋升有显著正向影响，其中关系互惠性影响系数较高。模型10~12结果显示，关系交流频繁、关系持久性和互惠性对职业报酬有显著正向影响，其中关系持久性影响系数较高。假说1、1a、1b、1c和1d得到验证。

表3 关系嵌入对职业成长的影响分析

变量	职业目标			职业能力		
	M1	M2	M3	M4	M5	M6
常数	2.564***	2.266***	1.408***	2.602***	2.342***	1.288***
控制变量	有	有	有	有	有	有
关系交流频繁	0.259***			0.254***		
关系持久性		0.317***				0.296***
关系互惠性			0.450***			0.459***
R^2	0.084	0.117	0.218	0.086	0.108	0.230
Adj-R^2	0.072	0.105	0.207	0.073	0.096	0.219

变量	职业晋升			职业报酬		
	M7	M8	M9	M10	M11	M12
常数	3.594***	3.233***	2.767***	3.354***	3.210***	3.363***
控制变量	有	有	有	有	有	有
关系交流频繁	0.198***			0.138**		
关系持久性		0.260***			0.162**	

变量	职业晋升			职业报酬		
	M7	M8	M9	M10	M11	M12
关系互惠性			0.320 ***			0.130 **
R^2	0.063	0.091	0.125	0.073	0.056	0.047
Adj-R^2	0.050	0.078	0.113	0.060	0.043	0.034

注：** $p < 0.01$，*** $p < 0.001$。

其次，本文对社会组织结构嵌入对人才职业成长的影响机制进行检验，加入控制变量后，结构嵌入对人才职业成长有显著正向影响。表4模型1~4结果显示，网络中心性、网络规模、网络异质性和网络开放度对职业目标有显著正向影响，网络异质性影响系数较高。模型5~8结果显示，网络中心性、网络规模、网络异质性和网络开放度对职业能力有显著正向影响，网络异质性影响系数较高。模型9~12结果显示，网络中心性、网络规模、网络异质性和网络开放度对职业晋升有显著正向影响，网络异质性影响系数较高。模型13~16结果显示，网络中心性、网络规模、网络异质性和网络开放度对职业报酬有显著正向影响，网络中心性影响系数较高。假说2、2a、2b、2c和2d得到验证。

表4　结构嵌入对职业成长的影响分析

变量	职业目标				职业能力			
	M1	M2	M3	M4	M5	M6	M7	M8
常数	3.020 ***	2.954 ***	2.582 ***	3.094 ***	3.340 ***	3.332 ***	2.786 ***	3.475 ***
控制变量	有	有	有	有	有	有	有	有
网络中心性	0.236 ***				0.165 **			
网络规模		0.226 ***				0.150 **		
网络异质性			0.294 ***				0.253 ***	
网络开放度				0.174 ***				0.107 *
R^2	0.073	0.069	0.103	0.048	0.050	0.045	0.085	0.034
Adj-R^2	0.060	0.056	0.091	0.035	0.036	0.032	0.073	0.020
变量	职业晋升				职业报酬			
	M9	M10	M11	M12	M13	M14	M15	M16
常数	3.786 ***	3.800 ***	3.546 ***	3.818 ***	3.541 ***	3.708 ***	3.875 ***	3.412 ***

续表

变量	职业晋升				职业报酬			
	M9	M10	M11	M12	M13	M14	M15	M16
控制变量	有	有	有	有	有	有	有	有
网络中心性	0.223***				0.146**			
网络规模		0.197***				0.099*		
网络异质性			0.236***				0.064*	
网络开放度				0.172*				0.137**
R^2	0.034	0.063	0.079	0.053	0.051	0.040	0.034	0.048
Adj-R^2	0.020	0.050	0.066	0.040	0.038	0.027	0.021	0.035

注：$^*p<0.05$，$^{**}p<0.01$，$^{***}p<0.001$。

（三）中介效应检验

本文对组织认同的中介作用进行了验证，采用参数 bootstrap 方法检验间接效应显著性。如表 5 所示，以人才职业成长为因变量，关系嵌入和结构嵌入作为自变量，直接效应的置信区间（CI）分别为 [0.2548，0.4838] [0.1153，0.3356]，不包含 0，说明直接效应路径显著。间接效应的置信区间分别为 [0.0662，0.1807] [0.0577，0.1574]，不含 0，说明间接效应路径显著，组织认同在关系嵌入、结构嵌入与人才职业成长之间的中介作用成立。假说 3、假说 4 得到验证。

表5 中介效应检验的 bootstrap 分析

路径	95%置信区间下限	95%置信区间上限
直接效应（关系嵌入→职业成长）	0.2548	0.4838
间接效应（关系嵌入→组织认同→职业成长）	0.0662	0.1807
直接效应（结构嵌入→职业成长）	0.1153	0.3356
间接效应（结构嵌入→组织认同→职业成长）	0.0577	0.1574

注：1. 采用 bootstrap 方法进行中介效应分析时，样本的重置次数为 5000 次；2. 采用偏差校正法（bias corrected）来进行中介效应置信区间估计。

（四）调节效应检验

在传统逐步法的基础上进一步采用 bootstrap 方法检验调节效应，对所有假说变量和交互项作用检验后发现，如图 1 所示，只有高水平的工作价值吸引力才能增强关系嵌入对人才职业成长的影响。假说 5 得到验证，假说 6 未能得到验证。这说明在高水平下，由工作价值构成的组织吸引力对关系嵌入和人才职业成长起显著的正向调节作用。

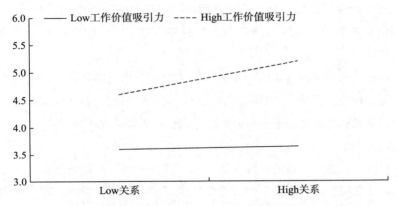

图1　工作价值吸引力对关系嵌入与人才职业成长关系的调节效应

五　结论与讨论

（一）结论

本文考察了社会组织嵌入式治理对人才职业成长的作用机制，具体探讨了关系嵌入和结构嵌入，经由组织认同以及组织吸引力的作用对职业成长产生的影响。

结果表明：第一，社会组织关系嵌入、结构嵌入、组织认同、组织吸引力以及人才职业成长之间存在显著影响。第二，社会组织关系嵌入对人才职业成长具有显著正向影响。其中，关系互惠性对其职业目标、职业能力和职业晋升影响较大，关系持久性对人才职业报酬的影响较大。第三，社会组织结构嵌入对人才职业成长也具有显著正向影响。其中，网络异质性对其职业目标、职业能力和职业晋升影响较大，网络中心性对人才职业报酬的影响较大。第四，组织认同在关系嵌入与职业成长、结构嵌入与职业成长之间存在中介作用。第五，高水平工作价值吸引力正向调节了社会组织关系嵌入与职业成长的影响作用。

从社会组织有效参与社会治理的实践走向来理解，一方面，社会组织就治理问题与各主体协作共治，可以帮助人才实现职业目标，积累更丰富的工作经验来提升职业能力，通过能力专有性带动社会组织发展。社会组织长期保持与政府和其他社会力量的密切关系，有助于提高社会组织专业化水平。另一方面，社会组织成为社会治理共同体的枢纽力量，影响了人才薪资水平。社会组织参与治理的领域、范围和资金量等决定了人才职业目标、职业能力与晋升机会。

要在社会治理共同体中进一步增强人才对社会组织的认同，切实增进社会福祉的工作价值，会使人才感到社会组织是值得付出的。当社会组织与内外部保持良好关系时，这种组织吸引力对职业成长将起到积极作用。

（二）讨论

在中国经济社会体制渐进性改革时期，制度环境的变化与社会组织变迁互相适应，社会组织的主体关系和行动结构也在不断调整，进而影响了我国社会组织参与社会治理的发展逻辑。

将关系嵌入与结构嵌入作为嵌入式治理的基本分析框架，可以发现如下四种人才职业成长的差异化构型：第一，关系和结构核心的社会组织，人才职业成长导向相对清晰，路径比较明确。人才与社会组织的高度契合帮助社会组织有效提升专业化水平。第二，关系边缘而结构核心的社会组织，在组织合法性与社会合理性之间权衡。如果交易关系大于承诺关系，社会组织往往采用短期招聘人才、跨部门选派或者临时雇用人员的方式来满足需要，对于人才颇有"拿来主义"的意味。第三，关系核心而结构边缘的社会组织，内外关系链接程度高于本身行动结构的程度。这类社会组织内部通常采用弹性化的管理机制，需要高素质人才的职业成长来引领社会组织发展。第四，关系边缘和结构边缘的社会组织，基本游离于社会治理网络之外。

将若干现实场景中的本土社会组织实践与理论假说适度兼容，可以肯定的是，社会组织参与社会治理，看似是人才从组织外到组织内做出的职业选择，实质是关系与结构、边缘与核心双重作用的交织。社会组织发展具有多样性，需在多元化社会需求与集体行动中寻找经济社会制度演变与人才价值开发的均衡。促进中国社会组织专业化发展与能力性构型，完善共建共治共享的社会治理共同体是未来面临的重要任务。

参考文献

边燕杰、张文宏 (2001):《经济体制、社会网络与职业流动》,《中国社会科学》,第 2 期。

陈秀红 (2021):《从"嵌入"到"整合":基层党组织推进基层社会治理的行动逻辑》,《中共中央党校（国家行政学院）学报》,第 5 期。

陈书洁、张汝立 (2016):《政府购买服务发展的障碍——一个"嵌入"视角的分析》,《北京师范大学学报》（社会科学版）,第 6 期。

黄晓春 (2017):《中国社会组织成长条件的再思考——一个总体性理论视角》,《社会学研究》,第 1 期。

康晓光、韩恒 (2005):《分类控制:当前中国大陆国家与社会关系研究》,《社会学研究》,第 6 期。

刘帅顺、张汝立 (2020):《嵌入式治理:社会组织参与社区治理的一个解释框架》,《理论月刊》,第 5 期。

陶传进、刘程程 (2017):《专业嵌入行政:一种社会治理创新模式》,《吉首大学学报》（社会科学版）,第 5 期。

唐兴军 (2018):《嵌入性治理:国家与社会关系视阈下的行业协会研究》,《公共行政评论》,第 2 期。

王名、蔡志鸿 (2019):《以"能力专有性"论政社合作——以两岸防艾社会组织为例》,《中国非营利评论》,第 1 期。

王志华 (2012):《论政府向社会组织购买公共服务的体制嵌入》,《求索》,第 2 期。

翁清雄、席酉民 (2010):《职业成长与离职倾向:职业承诺与感知机会的调节作用》,《南开管理评论》,第 2 期。

翁清雄、席酉民 (2011):《企业员工职业成长研究:量表编制和效度检验》,《管理评论》,第 10 期。

魏钧、陈中原、张勉 (2007):《组织认同的基础理论、测量及相关变量》,《心理科学进展》,第 6 期。

吴斌才 (2016):《从分类控制到嵌入式治理:项目制运作背后的社会组织治理转型》,《甘肃行政学院学报》,第 3 期。

徐盈艳、黎熙元 (2018):《浮动控制与分层嵌入——服务外包下的政社关系调整机制分析》,《社会学研究》,第 2 期。

徐家良、张其伟 (2019):《地方治理结构下民间志愿组织自主性生成机制——基于 D 县 C 义工协会的个案分析》,《管理世界》,第 8 期。

徐珣 (2018):《社会组织嵌入社区治理的协商联动机制研究——以杭州市上城区社区"金点子"行动为契机的观察》,《公共管理学报》,第 1 期。

许源源、王通 (2016):《信任视角下社会组织认同的反思与建构》,《中国行政管理》,第 11 期。

郁建兴、滕红燕（2018）：《政府培育社会组织的模式选择：一个分析框架》，《政治学研究》，第6期。

杨智勤（2015）：《组织吸引力要素对员工敬业度的影响机制研究》，《华东经济管理》，第6期。

周雪光、练宏（2012）：《中国政府的治理模式：一个"控制权"理论》，《社会学研究》，第5期。

Ashforth, B. E. , & Mael, F. A. (1989), "Social Identity Theory and the Organization," *Academy of Management Review* 14 (1), pp. 20 – 39.

Burt, R. S. (1992), *Structural Holes: The Social Structure of Competition*, Cambridge, MA: Harvard University Press.

Burt, R. S. (2004), "Structural Holes and Good Ideas," *American Journal of Sociology* 110 (2), pp. 349 – 399.

Bian, Y. J. (1997), "Bringing Strong Ties Back in: Indirect Ties, Network Bridges and Job Searches in China," *American Sociological Review* 62 (3), pp. 366 – 385.

Coleman, J. S. (1990), *Foundations of Social Theory*, Cambridge, MA: Harvard University Press.

Chang, Kuang-chi (2011), "Close but Not Committed? The Multiple Dimensions of Relational Embeddedness," *Social Science Research* 40 (4), pp. 1214 – 1235.

Granovetter, M. S. (1973), "The Strength of Weak Ties," *American Journal of Sociology* 78 (6), pp. 1360 – 1380.

Gulati, R. (1999), "Network Location and Learning: The Influence of Network Resources and Firm Capabilities on Alliance Formation," *Strategic Management Journal* 20 (5), pp. 397 – 420.

Holtom, B. C. , Mitchell, T. R. , & Lee, T. W. , et al. (2005), "Shocks as Causes of Turnover: What They Are and How Organizations Can Manage Them," *Human Resource Management* 44 (3), pp. 337 – 352.

Lin, N. (2001), *Social Capital: A Theory of Social Structure and Action*, Cambridge: Cambridge University Press.

Lievens, F. , Van Hoye, G. , & Anseel, F. (2007), "Organizational Identity and Employer Image: Towards a Unifying Framework," *British Journal of Management* 18 (S1), pp. 45 – 59.

Marsden, P. V. (1990), "Network Data and Measurement," *Annual Review of Sociology* 16 (1), pp. 435 – 463.

Mael, F. A. , & Tetrick, L. (1992), "Identifying Organizational Identification," *Educational and Psychological Measurement* 52 (4), pp. 813 – 824.

Mosley, R. W. (2007), "Customer Experience, Organisational Culture and the Employer Brand," *Journal of Brand Management* 15 (2), pp. 123 – 134.

Pierre, B. , Michael, E. , & Li, L. H. (2005), "Captivating Company: Dimensions of Attractiveness in Employer Branding," *International Journal of Advertising* 24 (2), pp. 151 – 172.

Rowley, T. J. (1997), "Moving Beyond Dyadic Ties: A Network Theory of Stakeholder Influences," *Academy of Management Review* 22 (4), pp. 887 – 910.

Rousseau, D. M. (1998), "Why Workers Still Identify with Organizations," *Journal of Organizational Behavior* 19 (3), pp. 217 – 233.

Salamon, L. M. (2002), *The Tools of Government: A Guide to the New Governance*, New York: Oxford University Press.

Uzzi, B. (1997), "Social Structure and Competition in Interfirm Networks: The Paradox of Embeddedness," *Administrative Science Quarterly* 42 (1), pp. 35 – 67.

Van Hoye, G. , & Saks, A. M. (2011), "The Instrumental-Symbolic Framework: Organizational Image and Attractiveness of Potential Applicants and Their Companions at a Job Fair," *Applied Psychology* 60 (2), pp. 311 – 335.

NP

Embedded Governance and Talent Career Growth: Experience Analysis of Social Organizations Participating in Social Governance

Chen Shujie

嵌入式治理与人才职业成长：社会组织参与社会治理的经验分析

[**Abstract**] Adhering to the social governance pattern of co-construction, co-governance and sharing is to organically integrate social organizations into the social governance community. Social organizations are increasingly willing to participate in governance, but why the professional development of social organizations is still difficult. The manifestation is that the career growth process of talents is slow. Based on the analysis framework of the embedded governance, this article discusses the guanxi embeddedness and structure embeddedness of social organizations participating in governance, and how to shape the career growth of talents. The results show that the guanxi embeddedness and structure embeddedness affect organizational identity, which affects talent career growth. Organizational attractiveness constituted by high-level work value plays a positive role in the guanxi embeddedness and career growth. The conclusion enriches the theory of action strategies from the perspective of social governance community, and provides a newperspective for the ability configuration of social organizations, also institutional evolution in social governance.

[**Keywords**] Social Governance Community; Embedded Governance; NGO Talents; Career Growth

责任编辑：张潮

规制治理：在华境外非政府组织的规制改革探析*

肖　雪　陈晓春**

【摘要】 我国《境外非政府组织境内活动管理法》实施以来，在华境外 NGO 的监管问题尚未得到根本性的解决。目前学界的研究形成了对法律制度和政府主体的路径依赖，没有跳出传统的理论框架。本文首次引入规制理论，论述了"规制政策不确定性、规制机构职能缺位和有限问责、规制工具的低适用性和规制过程不完全透明"的境外非政府组织管理现状及不足。而规制治理作为规制改革的前沿理论，在经济治理领域已经收到良好的实践效应。为更好地实现境外非政府组织的规制目标，亦应遵循全球规制改革的趋势。在传统规制分析框架上，增加"规制信息"作为枢纽，依据规制治理理论，提出境外非政府组织的规制优化路径，包括：增强规制政策的协调性、开放性和规范的多样性，强化协同共治的规制主体，打造规制工具"组合箱"并精准匹配规制目标，建立规制信息枢纽机制等。

---

* 本文为国家社科基金后期资助项目"我国政府对境外非政府组织分类管理研究"（20FZZB012）的阶段性成果。本研究调研期间多次受到湖南省公安厅境外非政府组织办公室的指导和支持，在此表示感谢。

** 肖雪，湖南大学法学院博士生，研究方向：社会组织与社会治理，公益慈善；陈晓春（通讯作者），湖南大学公共管理学院教授、博士生导师，研究方向：非营利组织管理、社会治理。

【关键词】在华境外非政府组织（NGO）；监管；规制治理

一　引言

改革开放以来，境外非政府组织（以下简称"境外 NGO"）进入我国，通过人道主义救援、经费资助等形式，在卫生保健、扶贫救灾、教育和环境保护等领域做了大量无偿性的工作，为加强中外交流、推动我国经济社会发展做出了贡献（陈晓春、施卓宏，2014）。但是，在华境外 NGO 是一把双刃剑（施卓宏、陈晓春，2015）。一些境外反华势力以境外 NGO 的身份为掩护，在我国开展政治渗透等非法活动，企图在我国复制"颜色革命"，插手我国内部事务，严重危害我国的国家安全和政治稳定。因此，对境外 NGO 的管理一直是困扰我国统筹好"对内"和"对外"两个大局的难题。

2017 年《境外非政府组织境内活动管理法》（以下简称"《管理法》"）的出台，解决了境外 NGO 的合法性问题，境外 NGO 的管理有了法律的支撑，但监管难问题仍然存在。主要体现在：一是《管理法》颁布实施 5 年以来，在华境外 NGO 的组织类型、业务领域和活动方式等呈现出新样态。境外 NGO 初入我国境内开展活动时，我国国力较弱，以扶贫济困、卫生医疗、教育为主营业务的境外 NGO 通过资金扶持和开展项目等形式，帮助我国恢复生产力、缓解部分社会问题。但这些组织开展业务的领域也是最容易进行政治渗透的，从而可能严重威胁我国国家安全。因此，彼时我国政府对境外 NGO 采取较为严格的管控措施。随着我国经济的快速发展，国力日益强盛，国家贫困现象得到根本性转变。传统的以扶贫济困为代表的境外 NGO 逐渐退出中国，而以推动经济贸易合作为宗旨的境外社会团体占据主流。这些组织主要受益于市场经济的发展和我国对外开放的实施，为加强中外经贸合作、深化中外交流起到了桥梁纽带作用。在此背景下，一方面，仍需对威胁我国国家安全的组织和活动严格管控；另一方面，鉴于境外 NGO 的主流类型发生了变化，再沿用过去的管控方式进行"一刀切"式的监管可能会引发新的负面效应。二是《管理法》出台后的"法治化"阶段面临诸多实操性难题。法律的制度设计是较为理想化的，但法律本身意味着无法对所有内容作出具体性、细节性规定，因此给执法部门留下了过多的自由裁量空间，加之行政机构自身受部门利益、思想观念、技术理性等诸多因素的影响，造成"执法难"，法律的实际效力受到影响。

鉴于此，后《管理法》时代如何优化对境外 NGO 的管理，是一项值得进一步探讨的议题。国内学者围绕《管理法》立法内容、法律实施效果展开了讨论，提出了诸多有益的建议，包括修改《管理法》的部分条文以提高立法质量、提升法律效力（贾西津，2018），在法治框架下优化监管，探索精细化治理之路（陈晓春等，2017；陈晓春、张雯慧，2019），构建"整合式吸纳"管理机制（赵环、高丽，2017）。上述研究对在华境外 NGO 的治理具有一定的理论启发意义，但形成了对政府主体或法律制度的路径依赖，忽视了多元主体和工具的可能性，可以进行创新的空间有限，实际效力也因而会受到限制。面对在华境外 NGO 活动的复杂性，或许可以探索一条更具弹性和灵活性的理论路径。

"规制理论"是横跨经济学、法学、管理学和政治学的综合理论体系，凝练了各学科的核心要素，在解决复杂的现实问题时更具弹性。规制的核心是指导或调整行为活动，以实现既定的公共政策目标（斯科特，2018），这与在华境外 NGO 的治理目标及性质恰好具有内在的契合性。而在规制理论体系中，规制治理是全球规制改革的前沿阵地，其强调利用多元的治理主体，引入多元的治理工具，通过更好、更公平、更有效率、更具参与性的治理体系来实现规制任务（Levi-Faur，2011）。在规制治理理念的指导下，衍生出激励型规制、自愿型规制、信息规制、信用规制、行政备案等多种新型的规制方式和规制工具，并被应用于经济治理领域，取得了较好的成效。但是社会领域的规制仍然延续了"规制国"时期的理念，在很大程度上禁锢了我国社会组织的发展和社会活力的激发。境外 NGO 作为我国对外开放交流的重要窗口，如果依然沿用过去的规制方式，显然滞后于时代的需求。因此，笔者认为，破解境外 NGO 的规制难题，应当顺应全球规制变革趋势，将规制治理作为改革的新路径。

为此，本文基于规制理论的框架，剖析了境外 NGO 的规制困境，然后阐释了规制治理的核心理念，在此基础上构建了境外 NGO 的规制治理分析框架，最后提出了境外 NGO 规制治理的路径。

二 规制视角下的在华境外非政府组织

"规制"（regulation）也被译作"监管""管制"，该词的出现源于"市场失灵"，即当市场出现无法自行消解的垄断、外部性和信息不对称等问题时，规制被视为克服这些问题的必然方式（黄秋菊，2013），当时主要是用于对特定行业进行经济性规制，规制对象为经济主体，规制目的是保障市场经济的有序化、公平化。20世纪60~70年代，西方国家掀起广泛的社会运动，要求尊重人权、保护环境、安全健康和消费者权益的呼声日益高涨。在此影响下，政府加强了对上述社会问题的监管，形成了"社会性监管（规制）"（杨炳霖，2018）。规制的范畴也由经济领域扩展到社会领域。与此同时，"规制"的内涵逐渐扩展，发展成为广义上的"政府对公共事务进行治理的一种工具，特指公共权力机构对社会共同体的活动依法施加持续的管理与控制活动"（胡税根、翁列恩，2017），为既定的公共政策而展开的指导或调整的行为活动皆是规制（斯科特，2018）。此后，将规制界定为"对目标对象活动的有意识的干预行为"成为规制领域的共识（库普、洛奇，2020）。

规制理论认为，规制改革的成功需要建立在"规制政策、规制机构、规制工具"这三个核心要素的全面变革基础之上（Zhang，2010）。经济合作与发展组织（OECD）在提出政府监管质量提升框架时，也明确指出机构运作、工具采用和政策制定是监管活动的基本组成要素（OECD，1995；OECD，2002）。此外，英国改进规制特别小组在其发表的"良好规制的原则"中提出了规制应遵循的基本原则：透明、负责、比例、一致性和目标（Better Regulation Task Force，2000）。

根据上述观点，笔者将规制的基本要素总结为规制政策、规制机构、规制工具，并依据英国改进规制特别小组提出的"良好规制的原则"，结合境外NGO的发展特性，认为目前在华境外NGO的规制存在如下缺陷。

1. 规制政策的不确定性。虽然我国出台了《管理法》，但是法律本身只能作一些原则性的规定，无法就实施细节进行详细规定，因此留下了较大的行政自由裁量空间。其中较为典型的是"双重管理制度"，由于法律没有明文规定业务主管部门必须受理挂靠申请的职责，加之一些跨领域的组织业务范围可能涉及多个部门，部门间很容易出现互相推诿的现象；又如，《管理法》没有规定当中方合作单位为社会组织时，对临时活动备案进行审批的归口单位，导致社会组织的业务主管部门和登记管理部门都可以受理，也都可以不受理。因此，没有确定性的政策保障境外 NGO 一定可以找到挂靠的业务主管部门。哪怕是获得合法身份后，境外 NGO 可能仍然会在"条条""块块"行政机构的差异性政策中"摇摆不定"。基于部门利益考量，各职能部门对境外 NGO 的态度颇具差异性。比如侨联、统战部门对海外华人设立境外 NGO 代理机构非常欢迎，但公安机关作为登记管理和执法部门又非常审慎，从而容易引发部门政策的矛盾。此外，在我国分类分级管理体制和"一地一团"非竞争性规定下，有的境外 NGO 在高层级部门登记失败后，转而在多个地方"多头登记"，而各地政策的差异较大，对同一类事件采取不同的做法，这就容易导致境外 NGO 钻政策的空子。另一方面，政策的不统一也会损害法制的权威。可见，规制政策的不确定性不仅会造成规制效率的降低、滋生"法外之地"，还可能损害政策本身的威慑力。

2. 规制机构的职责缺位与有限问责。规制机构是规制政策的执行主体，负责任的规制机构可以促进规制目标更好地实现。但境外 NGO 的规制中，出现了规制机构的职责缺位与有限问责并存的矛盾现象。一方面，规制机构间职责含混不清，导致规制缺位。有学者总结，境外非政府组织的业务主管部门、登记管理机关、临时活动审批机构、监督执法主体分属不同层级、下属不同部门，呈现出"登记层级高、执法层级低，公安部门登记、多部门协调监管"的行政管理模式（贾西津，2017）。在此体制下，规制机构职能划分不清，容易造成互相推诿。比如，境外 NGO 的业务主管部门和登记管理部门是省级，而市级公安机关即可实施执法权，其位阶明显低于业务主管和登记管理部门。尤其是，业务主管部门可能与执法机构分属不同的部门，跨部门、跨级别的监督执法容易造成部门间推诿"扯皮"、冲突和矛盾，形成"三不管"地带。另一方面，规制机构的规制能力未能满足实际规制需求。我国公安部门兼具登记管理、执法监督、提供服务等核心职能，在一定程度上满足了规制中对职权集中的要求，方便对在华境外 NGO 统一管理。但由于公安机关缺乏管理经验，过去较少触及非政府组织的相关事务，在该领域的专业知识与技能储备明显不足（赵环、高丽，2017），导致其规制能力无法有效满足实际需求。此外，境外 NGO 的业务主管部门对其管理较为松散，欠缺对境外 NGO 的业务指导和引导。但目前并没有针对上述行为的问责机制，导致规制机构的职能履行不到位，规制目标的实现程度有限。

3. 规制工具的低适用性。使用规制工具需要将其置于特定的规制治理情境中，不同的规制工具具有不同的效力和适用条件。但当下境外 NGO 的规制工具适用性较差。一是源于规制工具的单一性，在对境外 NGO 的规制中，以行政许可、行政处罚等为代表的命令－控制型规制工具占据主导。而对于非政府组织最大的激励方式——税收优惠，目前只有《管理法》中一条原则性条款，尚未对申请条件、判定标准、程序等细节进行详细规定。此外，境外 NGO 在政府购买服务、政府委托项目中不具有参与资质，也鲜有政府对做出突出贡献的境外 NGO 进行表彰奖励。以行业自律和社会公众参与为基础的软规制没有发挥作用。在此情况下，面对数量庞大的境外 NGO，仅仅依靠单一的强制性工具，一方面要对登记在册的组织进行日常性管理，另一方面还要投入大量的精力摸清排查尚未登记在册、隐蔽开展活动的组织，对于规制机构来说任务重、成本高但见效慢。二是规制机构缺乏灵活使用不同规制工具的意识和能力。公安机关既是境外 NGO 的登记管理和执法部门，也是国家暴力机关，在长期的执法过程中，"管控"意识较强，且形成了思维惯性，运用其他规制工具进行管理、执法的意识和能力相对较弱，单纯的刚性管理方式容易引发双方的矛盾冲突。而境外 NGO 的业务主管部门又较为松散，不同的部门持有的态度和立场不同，使用规制工具的方式不一，且大多各自为政。

4. 规制过程的不完全透明性。由于程序立法的缺失，我国的规制改革一直缺乏科学的程序法律保障，导致规制机构的执法具有较大的随意性和不透明性（宋敏、杨慧，2012）。对境外 NGO 的规制更是如此，无论是信息的发布还是执法活动，均延续了公安的办案风格，保密性较强。我国虽然建立了境外 NGO 办事服务平台，但信息的公开度非常有限，年检、年审等重要监管信息未予以公开，类似诸多信息需要依申请而获得。相关信息发布的渠道也较为单一，目前以官方的电子政务平台为主，信息传播范围有限，普通公众很少能够接触或关注到。这不仅容易造成规制权的滥用引致社会公众的质疑，还会降低规制机构的公信力。

三　规制治理：规制改革的新前沿

（一）规制治理：概念界定、理论变迁与主要观点

过多地干预经济社会的运行，导致出现了规制俘获、规制成本上升、规制

效力低下等政府规制"失灵"问题。20 世纪六七十年代以来，西方国家掀起了规制改革的浪潮，要求放松规制、"去规制"，弱化政府在市场经济中的调控，重新发挥市场的作用。到了 20 世纪 90 年代，受到治理理论的影响，公法上逐渐在国家任务之外发展出公共任务概念，认为公共任务应当由国家、企业和社会共同完成（张宝，2020）。于是，政府以外的主体也参与到了规制中来，相应的，规制手段从过去的命令控制式逐渐发展出了激励性规制、间接规制等多元方式，规制的规范体系也多样化。此时，"规制"事实上超越了过去的单一主体、单一手段等内涵，具备了多中心治理的特质，形成了由国家、社会与市场共同塑造规制过程的"规制治理"（Zumbansen，2013）。

实际上，"规制治理"这一概念最早是由 Levy 和 Spiller 提出，但他们并没有详细阐释规制治理机制，只强调规制治理结构应与一国的制度禀赋相适应。斯科特、David Levi-Faur 等学者继承发展了"规制治理"论说。David Levi-Faur 指出，"规制治理"意在强调利用多元治理主体，引入多元治理工具，通过更好、更公平、更有效率、更具参与性的治理体系来实现规制任务。斯科特认为，规制治理是由不同治理主体共同组成具有思想、利益和机构的"混合规制体系"，强调规范的多样性、控制机制的多样性、控制者和被控制者的多样性（Jacobs & Ladegaard，2010）。Warrick、Stern 等学者一致强调规制治理需要遵循规制功能的清晰界定，规制自治、负责和透明（Warrick，1997；Stern & Cubbin，2005）。

总的来说，规制治理在西方学界被理解为包括"新治理""规制国""后规制国""规制资本"等诸多学术流派的一个理论集合（斯科特，2018）。它所强调的不仅是规制机构如何推动优良的规制政策发展与解除不必要的规制，更重要的是，如何通过良好的制度设计与立法过程，搭配适当的策略与工具，形成一个良善的治理模式：政府只负责核心职能，把不需要再继续从事的服务和任务交给社会与市场，并且推动规制过程的公开透明和公众参与，以提升经济与社会福祉（OECD，2002）。可以说，规制治理承认了一种更广泛意义上的规制主体和规制机制，强调一种公私互补的规制模式的可行性（Cafaggi，2010）。激励型规制、自愿型规制、社会参与规制、轻触式规制、信息规制、行政备案、信用规制等新型规制工具、方式都是在规制治理理念下生成的。总而言之，规制治理强调更为弹性的规制，不是简单粗放式的管控，也不是放松监管，而是在实现"更好的规制"这一目标前提下，在分析具体治理情境下形成的规制框架，以多元化应对复杂化，以更为灵活的机制应对不确定性。

（二）我国实践场域中的规制治理

受全球规制革命的影响，我国自 20 世纪 90 年代开始，规制改革成为当代经济体制和政府管理改革的重要内容（宋敏、杨慧，2012）。不同于西方国家的改革进程，我国规制改革是从强经济规制向放松规制、再规制转换，从缺乏完善的法律基础的弱社会性规制向建立在完善的法律基础上的强社会性规制转换（宋敏、杨慧，2012）。此外，我国规制改革恰逢规制治理理念在全球兴起，因此，规制治理实际上成了我国规制改革的新前沿。规制治理倡导的诸多新型规制理念、规制工具被用于我国规制改革实践，并取得良好的成效。比如在环境和食品药品领域，采用激励型规制、自愿型规制等新型规制工具，通过税费规制和可交易许可证规制，发挥市场的激励作用；通过明确公众的参与权、知情权与监督权，发挥社会的作用。总之，环境和食品药品规制改革的核心是促进多元规制主体、规制工具的组合与匹配。而在我国"放管服"改革中，规制改革的重心是规制机构的职能优化，诸如审批制改备案制、行政程序简化、信息透明化、职权明晰化等，其实质是进一步明晰政府作为规制机构的核心职能，删减繁文缛节，将非核心职能交给市场和社会。

上述实践使得我国经济治理从传统的命令控制型规制逐步走向新型的规制治理，经济活力得到进一步释放，经济负外部性带来的社会问题也得到了更多、更好的解决方案。但遗憾的是，我国社会治理领域仍然延续了传统的规制理念，国家、社会的关系得不到调和，矛盾和冲突仍然存在。这种滞后直接或间接地阻碍了我国社会活力的激发，从而不利于社会力量在第三次分配中的作用发挥和我国共同富裕。我国近年来的社会组织管理体制改革的停滞不前和慈善法立法与实施的有限性均是体现和印证。

如果说规制治理第一阶段的实践场域是经济治理，那么，在经济领域的规制改革收到良好成效之后，或许可以进一步扩大到我国社会治理领域。我国当前促进社会治理创新、共同富裕，也正需要这一顶层设计层面的革新。

四 规制治理框架下在华境外 NGO 的规制优化

（一）在华境外 NGO 规制治理的分析框架

"规制治理"意味着不能放松对公共事务的干预和控制，但在机制上又更加强调方法的灵活性和多元性，这实际上与在华境外 NGO 的规制目标不谋而合。因此，规制治理理论有现实基础，与境外 NGO 有一定的理论契合性。鉴于此，提出在华境外 NGO 的规制治理分析框架。

根据传统的规制理论的观点，规制包含"规制政策、规制机构、规制工具"三个基本要素（Zhang，2010；OECD，1995；OECD，2002）。但是，随着公共部门对提升规制能力的重视，资源的获取能力成为监管能力的基础（Mcallister，2010）。信息时代的到来使得信息成为经济社会活动中最重要的资源被争夺。因而，在本文的分析框架中，除了规制政策、规制机构、规制工具以外，增加"规制信息"这一要素，并认为其是连接其他要素的核心（见图1）。在此分析框架下，结合规制治理理念，提出境外 NGO 的规制改革方向和具体路径。

规制政策是一种正式的规范和制度体系，包括法律、行政法规、部门规章、地方性法规等不同性质的政策类型。规制治理理念强调规制政策的回应性、协调性、开放性，同时认为应当引入非正式规范，和正式的政策制度共同构成多样的规范体系。

规制机构是规制政策的执行者，规制机构的权力依赖于规制政策的授予。传统的规制理论认为，政府是唯一的规制主体，既包括科层体制内的各级行政部门，也包括独立的监督机构。是否具有独立性是学界衡量规制机构能否准确、高效地履行规制责任的主要标准。此外，规制机构的级别、职能配置情况也是重要指标。而随着规制治理学派的发展，规制机构被扩展成更为广泛的主体，即市场和社会领域中的相关利益主体皆可成为规制主体。

规制工具是规制机构为了实现规制目标而采取的方式、手段，通常包括命令控制型、市场激励型、公众参与型三种类型。命令控制型是通过制定相关法律法规或行政命令的方式直接干预规制对象及其行为，具有强制性、不可变通性和严格的法律责任等特征。市场激励型是通过收费或补贴的方式，运用显性的经济激励，诱导规制对象主动遵循规制政策。公众参与型是通过社会公共舆论、社会道德压力、劝说等措施间接推动相关法律法规、技术标准得到更严格的落实和执行（王红梅，2016）。近年来，激励型规制被认为可能会产生比强制性工具更佳的效果，比如对非营利组织的规制，披露制度可能比强制性制度更可取（Harris et al.，2015；Bhagat et al.，2008）。

规制信息是指围绕规制的目标、内容、活动等形成的信息集合。规制在很大程度上是针对信息不对称而展开（宋华琳，2017），规制机构的首要目标是获取规制信息（Estache，2001），通过信息的公之于众，可以为相关主体提供决策信息以改善决策质量（应飞虎、涂永前，2010）。现有的文献一般将信息作为一种新型的规制工具，通常称为"信息规制"。William F. Pedersen 认为信息规制包括对信息的规制和通过信息的规制两种，前者是指对误导性或错误信息的控制，后者指利用信息进行规制（奥格斯，2008）。根据这一定义，笔者认为，信息不仅是用来规制的工具，信息本身的内容、传递等都可能会影响到规制目标的实现。因此，本文采用信息规制的双重意义，并将其视作与其他规制要素具有同等重要地位的第四种规制要素，规制改革也将格外依赖这第四种规制要素的作用发挥。

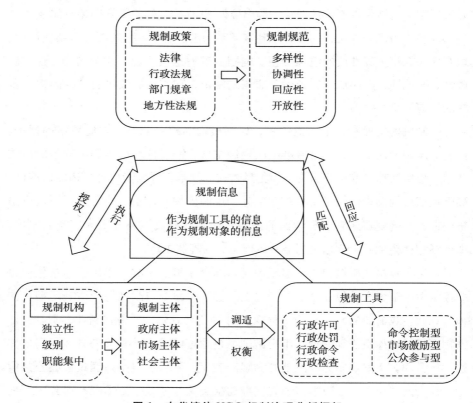

图 1　在华境外 NGO 规制治理分析框架

（二）在华境外非政府组织的规制治理路径

1. 规制政策的协调性、开放性和规范的多样性

规制治理强调规制规范的多样性。但是对于在华境外 NGO 的规制而言，目

前不仅需要强调规范的多样性，还要解决现有规制政策的不确定性问题。基于上述两个层面，笔者认为：首先应当增强规制政策的协调性。不同部门、不同地区的政策差异不宜过大，尤其是在原则性问题上，应保持协调一致。为此，应尽快出台《管理法》实施细则，通过释法的形式，解决各地规制政策的矛盾和冲突问题。其次，增强规制政策的开放性。在几乎每个国内规制领域，行政规制机构在制定政策和作出决定时，都要考量行政规制的全球因素（宋华琳，2017）。尤其境外 NGO 涉及国际因素，各国的法律、政策各不相同，对于同一事项的认定标准也不一致。因此，在制定规制政策时，应充分考虑全球规制政策的差异性，尽量与国际接轨，提高规制政策在国际范围的适用性。最后，增强规范的多样性。随着规制内涵的扩大和规制治理理念的深入，规制政策已经从狭义的法律、政策等正式规范扩展成广义范畴上的规范，不仅包括正式规范，还包括行业公约等非正式规范。同样，对于境外 NGO 的规制，可以探索建立行业公约等，通过社会和市场领域的规范机制予以干预调整。

2. 强化协同共治的规制主体

传统规制模型中，政府是唯一的规制机构，而规制治理理论认为，广泛的利益相关者皆可成为规制的主体。通过公私合作、权力下放和授予，建立一种政府、市场、社会三者之间相互开放、合作共赢的规制框架（Levi-Faur & Gilad，2004）。虽然国际上一些国家、地区的非政府组织形成了以行业自律为主导的自愿型规制体系，但鉴于国家安全因素，我国境外 NGO 的规制应以行政机构为主导，由其承担核心规制职能（比如涉及国家秘密、国家安全的事务），同时鼓励发挥非正式规制主体的作用。对于前者，要提升正式规制机构，即行政部门的规制效力，首先，要在明晰规制机构职能的基础上，加强部门间的协作。按照职责法定原则，依据相关法律法规划定政府规制机构的职责权限范围，确定行使职权方式，确保在境外 NGO 管理领域无"法外之地""三不管地带"。此外要充分发挥各级境外 NGO 管理工作协调小组的作用，做好跨地域、跨部门、跨领域的协调工作。其次，优化规制流程。尤其是活动备案的审批，对那些形式和内容相对简单的活动可采取简易程序，提升审批的效率。同时，在规制过程中应注意透明化，促进信息的双向流通，避免信息不对称引致不必要的矛盾和冲突。最后，要大力提升公安部门和业务主管部门的规制治理能力。适当增加资源投入，加强对相关工作人员的培训，提升其沟通能力和执法能力，丰富其在国际组织、NGO、法律等方面的知识储备，公安部门也可以与高等院校联合培养相关人才。相关职能部门要提升对境外 NGO 的认识，业务主管部门要加强对境外 NGO 的业务指导。

以行业自律和社会参与为主的非正式规制主体得到越来越多的关注，并日益展现出其独具的优势和效用。在境外 NGO 的规制中，非正式规制主体往往容易被忽视，但实际上，依照以往的经验，这部分主体可以成为正式规制主体重要的补充力量。比如政府可以将部分管理和服务的事务性职能让渡给社会自治性组织，由本土的社会组织为境外 NGO 提供有关培训，帮助其熟悉我国国情和政策法规。本土社会组织还可以为境外 NGO 在华的别国员工提供对本土 NGO 考察和跨文化培训的机会（陈晓春、黄嫒，2016），加深对彼此的了解。此外，还可以建立境外 NGO 的行业协会，发挥行业自律的功能，同时可以将境外 NGO 的诉求传达给相关政府部门，起到"传声筒"的作用。另一方面，要鼓励社会公众监督。如英国建立了全国性公益举报机制，对于不当行为，任何一位公民可以在任何时候电话举报和直接举报（何静，2013）。我国要向社会普及境外 NGO 的相关知识，让公众对这类组织有充分的认识，有能力识别非法行为，共同监督。

3. 打造规制工具"组合箱"

规制治理的合作性要求规制工具使用"组合拳"而非"单打一"，因此首先要打造规制工具的"组合箱"，再根据实际情境在"组合箱"中挑选合适的一组或多组规制工具。而对于规制工具的运用，最重要的是与规制目标匹配，同时要考量规制对象的组织差异、合规意愿等因素。

首先，境外 NGO 的规制目标是多重性的，既要防范境外敌对势力以境外 NGO 的名义从事威胁、危害我国国家安全的活动，又要为合法友善的境外 NGO 提供好服务，鼓励引导其在我国合法开展活动，发挥中外交流合作的桥梁作用。因此，不同的规制目标所对应的规制工具也有所差异。对于前者，要提升命令 - 控制型规制工具的威慑力、影响力。由公安部门牵头，做好境外 NGO 的前置审查工作，严格审查境外 NGO 的"底细"，运用好行政许可、行政备案等工具；同时要做好事中事后监管，加强日常监管和年检，对境外 NGO 在华的违法行为要依法予以惩戒，尤其是要加强年检结果的运用，依法进行行政处罚、刑事处罚等。对于后者，要鼓励使用激励型规制工具，比如采用竞争性激励方法，允许具有良好信用和资质的在华境外 NGO 参与到一些政府无力承担的事务性服务中（陈晓春、文婧，2017），并对其加强业务指导，建立与本土社会组织的竞争机制，提升境外 NGO 的服务质量；采用诱导的激励方法，通过税收优惠、官方表彰等方式，对做出突出贡献的境外 NGO 予以物质和精神奖励，提升其服务我国社会经济发展的积极性。比如在新冠肺炎疫情中，对我国抗击疫情做出突出贡献的境外 NGO 予以表彰或通过官方渠道表示感谢。此外，公安部门等规制机构在实际管理过程中，要提升工作人员的服务意识，寓规制于服务之中，为规制对象提供应有的便利，从而减少其对规制的抵触情绪，提升规制的效率。

此外，还需要考虑规制对象的合规意愿。对于境外 NGO 而言，其合规的动机各不相同，有的是基于经济理性，有的是为了追求声誉、荣誉，还有的是基于社会责任感。对于第一种，可以通过命令控制和激励型规制工具予以引导；但对于后两种，则应采取更为柔性的规制工具，除了可采取上文所述的激励型规制工具以外，还可以运用社会参与型工具、信用规制工具等。比如发挥行业协会、社会软治理的作用，通过社会舆论、社交媒体等方式，引导境外 NGO 遵守法律和公共秩序。借助网络社交平台和移动互联网，为社会舆论创造更多空间。此外，可以建立境外 NGO 信用体系，将信用等级与税收优惠、行政处罚等挂钩。

4. 建立规制信息的枢纽机制

从规制信息的第一层意义来说，即利用信息进行规制，包含了两个核心步骤："内部报告"方式的内部信息传递和"授权发布"方式的对外信息传递（周宇骏，2020）。境外 NGO 的信息规制同样需遵循这两条路径。一方面，对内，重点要加强跨部门、跨地区、跨级别的信息传递。尤其是前两者，在现实情境中容易出现信息的阻隔和传递的滞后。因此，建议建立境外 NGO 的信息共享平台，通过信息预警、信息通报、信息咨询等机制，打破信息"孤岛"，使得信息在科层体系中及时、快速、安全地流通，促使相关部门根据信息及时作出应对、建立部门间协作机制。另一方面，对外授权发布信息，应当在现有的境外 NGO 办事服务平台基础上，丰富、扩大信息公开的内容、途径，增加信息公开的功能。对外公开境外 NGO 的组织结构、活动信息、年检报告、行政处罚、评优获奖、评估等关键评价信息，方便社会群体对在华境外 NGO 精准认知。

　　规制信息的另一层面意义是对信息进行规制，即视信息为规制对象，通过对信息的干预和控制，更好地实现规制目标。21 世纪是信息的时代，社会生产生活离不开信息，信息成为人们作出判断、决策的重要依据，无疑是当代最为重要的资源，在很大程度上，掌握了信息就几乎掌握了话语权。但社会上、网络中也充斥着诸多虚假信息，有心之人进行恶意传播、混淆视听、操控舆论。一些境外敌对势力正是利用这一点，借助网络平台等进行虚假宣传、误导公众，甚至进行意识形态的渗透。因此，对于境外 NGO 的信息规制，最重要的是进行信息的正确引导，精准识别虚假性和危害性信息，严格控制信息的恶意传播。

　　但是信息始终只是进行规制的一种媒介，需要运用科学的规制政策，借助合适的规制主体和规制方式来发挥信息的规制作用。因此，最重要的是利用信息这一中坚力量，撬动更多的规制资源，服务于规制目标。

参考文献

　　〔英〕安东尼·奥格斯（2008）：《规制：法律形式与经济学理论》，骆梅英译，北京：中国人民大学出版社。

　　陈晓春、施卓宏（2014）：《在华境外非政府组织的分类管理探析》，《中国行政管理》，第 3 期。

　　陈晓春、黄媛（2016）：《在华境外非政府组织跨文化管理研究》，《湘潭大学学报》（哲学社会科学版），第 2 期。

　　陈晓春、彭燕辉、陈文婕（2017）：《在华境外非政府组织法治化监管研究》，《中国行政管理》，第 7 期。

　　陈晓春、文婧（2017）：《在华境外非政府组织管理如何"更上一层楼"》，《人民论坛》，第 8 期。

　　陈晓春、张雯慧（2019）：《法治视域下在华境外非政府组织精细化治理研究》，《中国行政管理》，第 6 期。

　　何静（2013）：《国外非政府组织的管理模式及对中国的启示》，《学术探索》，第 6 期。

　　胡税根、翁列恩（2017）：《构建政府权力规制的公共治理模式》，《中国社会科学》，第 11 期。

　　黄秋菊（2013）：《社会性规制视角下的食品安全监管问题探析》，《河北经贸大学学报》，第 4 期。

　　贾西津（2017）：《法观念差异下的境外 NGO 立法效应》，《中国非营利评论》，第

1 期。

贾西津（2018）：《境外非政府组织境内活动管理法实施观察》，《中国非营利评论》，第 1 期。

〔英〕克里斯特尔·库普、马丁·洛奇（2020）：《何谓规制？跨学科的概念分析》，沈岿、宋华琳译，《行政法论丛》第 25 卷，北京：法律出版社。

〔英〕科林·斯科特（2018）：《规制、治理与法律：前沿问题研究》，安永康译，北京：清华大学出版社。

施卓宏、陈晓春（2015）：《在华境外非政府组织的注册制度探析》，《湖南大学学报》（社会科学版），第 6 期。

宋敏、杨慧（2012）：《中国规制治理的制度性缺陷及其改革模式》，《中国矿业大学学报》（社会科学版），第 4 期。

宋华琳（2017）：《全球规制与我国政府规制制度的改革》，《中国行政管理》，第 4 期。

王红梅（2016）：《中国环境规制政策工具的比较与选择——基于贝叶斯模型平均（BMA）方法的实证研究》，《中国人口·资源与环境》，第 9 期。

杨炳霖（2018）：《从"政府监管"到"监管治理"》，《中国政法大学学报》，第 2 期。

应飞虎、涂永前（2010）：《公共规制中的信息工具》，《中国社会科学》，第 4 期。

张宝（2020）：《规制内涵变迁与现代环境法的演进》，《中国人口·资源与环境》，第 12 期。

赵环、高丽（2017）：《整合式吸纳：在华境外非政府组织管理的机制创新及其实践》，《社会工作与管理》，第 2 期。

周宇骏（2020）：《制度功用与解释规训：应对突发疫情信息工具的设计悖论及其改进》，《法律方法》，第 2 期。

Better Regulation Task Force（2000），*Principles of Good Regulation*，London：Cabinet Office.

Bhagat, S., Bolton, B., & Romano, R.（2008），"The Promise and Peril of Corporate Governance Indices," *Columbia Law Review* 108（8），pp. 1803 – 1882.

Cafaggi, F.（2010），"Private Law-Making and European Integration：Where Do They Meet, When Do They Conflict?," *The Regulatory State*：*Constitutional Implications*，New York：Oxford University Press.

Levi-Faur, D.（2011），*Handbook on the Politics of Regulation*，UK：Edward Elgar Publishing.

Estache, A.（2001），"Privatization and Regulation of Transport Infrastructure in the 1990s," *The World Bank Research Observer* 16（1），pp. 85 – 108.

Harris, E., Petrovits, C., & Yetman, M. H.（2015），"The Effects of Governance on the Financial Reporting Quality of Nonprofit Organizations," *Accounting Review* 90（2），pp. 579 – 610.

Levi-Faur, D. , & Gilad, S. (2004), "The Rise of British Regulatory State: Transcending the Privatization Debate," *Comparative Politics* 37 (1), pp. 105 – 124.

Mcallister, L. K. (2010), "Dimensions of Enforcement Style: Factoring in Regulatory Autonomy and Capacity, " *Law & Policy* 32 (1), pp. 61 – 78.

OECD (1995), *Recommendation of the Council of the OECD on Improving the Quality of Government Regulation*, Paris: OECD.

OECD (2002), *Regulatory Policies in OECD Countries: From Interventionism to Regulatory Governance*, Paris: OECD.

Jacobs, S. , & Ladegaard, P. (2010), *Regulatory Governance in Developing Countries*, Washington D. C. : The World Bank Group.

Warrick, S. (1997), *Utility Regulators—The Independence Debate*, Washington D. C. : The World Bank Public Policy for the Private Sector Note.

Stern, J. , & Cubbin, J. S. (2005), *Regulatory Effectiveness: The Impact of Regulation and Regulatory Governance Arrangements on Electricity Industry Outcomes//World Bank Policy Research Working Paper 3536*, Washington D. C. : The World Bank.

Zhang, Y. F. (2010), "Towards Better Regulatory Governance: Regulatory Reform in Selected Developing Countries, 2003 – 7," *Public Management Review* 12 (6), pp. 873 – 891.

Zumbansen, P. (2013), "Transnational Private Regulatory Governance: Ambiguities of Public Authority and Private Power," *Law and Contemporary Problems* 2, pp. 76 – 117.

Research on the Regulation-Governance of Overseas Non-governmental Organizations in China

Xiao Xue & Chen Xiaochun

[**Abstract**] Since the implementation of "Law of the People's Republic of China on Administration of Activities of Overseas Nongovernmental Organizations in the Mainland of China", the supervision of overseas NGOs in China has not been fundamentally solved. At present, the academic research has formed a path dependence on the legal system and the government subject, and has not jumped out of the traditional theoretical framework. This paper introduces the regulation theory for the first time, and discusses the current situation and shortcomings of the management of overseas non-governmental organizations, such as "the uncertainty of regulation policy, the absence of regulatory functions and limited accountability, the low applicability of regulation tools and the incomplete transparency of regulation process". As the theoretical frontier of regulatory reform, regulatory governance has received good practical effects in the field of economic governance. To better achieve the regulatory objectives of overseas non-governmental organizations, we should also follow the trend of global regulatory reform. In the traditional regulatory analysis framework, add "regulatory information" as the hub, and put forward the regulatory optimization path of overseas non-governmental organizations according to the regulatory governance theory. Including: promoting the coordination, openness and normative diversity of regulatory policies, strengthening the regulatory subject of collaborative governance, creating a "combination box" of regulatory tools and accurately matching regulatory objectives, establishing a regulatory information hub mechanism.

[**Keywords**] Overseas Non-governmental Organizations; Regulation; Regulatory Governance

责任编辑：俞祖成

NP

规制治理：在华境外非政府组织的规制改革探析

西方慈善社团在中国：洛克菲勒基金会与早期农村社会学

萧子扬[*]

【摘要】 作为中国最早接触的西方慈善社团之一，洛克菲勒基金会既是传播西方知识、文化和改造乡村社会的重要资助者，也是农村社会学等思想理论和问题话语得以在我国移植的文化中间人，因而和旨在诊断乡村问题的中国早期农村社会学结缘。目前，绝大多数研究侧重于从一般性或通识性角度去认识和理解洛克菲勒基金会，导致尚未明确意识到其对中国早期农村社会学发展进程的影响。因此，本文将"洛克菲勒基金会何以结缘中国早期农村社会学？"作为最初问题意识来源，并运用案例分析的方法对洛克菲勒基金会"遭遇"我国近代乡村问题的具体过程以及形塑中国早期农村社会学研究范式的内在逻辑进行初步剖析，以期为解答"近代乡村何以成为问题？"学术疑论提供一个独特的思考维度。

【关键词】 洛克菲勒基金会；西方慈善社团；近代乡村问题；中国早期农村社会学

---

* 萧子扬，安徽大学、安徽省现代农业发展中心联合培养博士后，广东警官学院国内安全与社会稳定研究中心研究员，研究方向：农村发展与社会治理。

一　问题的提出

"如果有一件事情知识分子和战时政治利益都会同意的，就是对能提高中国农村人口的教育、社会和经济水平的项目的需求……基金会在中国合作的机会会有很多，但是我迫切地坚持，我们在未来可能给予的任何援助中，极为重要的部分将是那些使农村人口可以获益的活动。"（马秋莎，2013）这段话出自美国洛克菲勒基金会（亦称洛氏基金会、罗氏基金会）"中国项目"总设计师——萨尔斯卡·甘恩（Selskar Gunn）之口，旨在强调该基金会参与近代中国乡村问题的诊断具有高度的历史必然性和现实必要性，能够助推"共塑乡村""重建乡土""农民受益"等目标的实现。因此，在 1931 年至 1934 年，时任洛克菲勒基金会副主席的甘恩先后多次来华访问，既对中国自然科学、医疗和公共卫生的发展情况表现出浓厚兴趣，也在基金会社会科学部主任 E. 戴（E. Day）的敦促下，对河北定县、山东邹平、江苏无锡等地的乡村建设实验工作，以及燕京大学社会学系的乡村社会学项目、南开大学经济研究所的乡村经济和政治科学项目展开了较为系统的考察。总之，中国之行使其备受鼓舞，而且察觉出了洛克菲勒基金会和他个人事业的新方向，因而他于 1934 年 4 月向基金会主席——马克斯·马森（Max Mason）提交了一份题为《中国与洛克菲勒基金会》（*China and the Rockefeller Foundation*）的报告。他认为，农村的社会重建、经济发展不仅关乎中国命运和前途，还为基金会实现"改变中国"目标提供了重要契机，因而明确强调"如果有什么工作是最关键和最基本的，那就是提高农民生活的各个方面的水平……我们完全有理由说，基金会应该成为这类项目的一个活跃部分"。同时，对我国老一辈社会学家晏阳初主持的"定县实验"等乡村建设运动予以了高度评价："在我所听到的所有活动中，这是一个最鼓舞人心的报道……可以想象在未来一些年这将为许多中国问题带来解答方案。"（马秋莎，2013）基于此，甘恩深信自己对近代中国乡村问题的理解和判断是正确的，并提出了"中国项目"（China Program）的设想，旨在通过研究、教育、示范性的试点等方式来推广知识以改善农村生活条件和解决农村社区福利问题。

"毫无疑问，在甘恩先生提议的建设工作领域中，中国的机会是敞开的……

中国可能成为社会科学的一个巨大的实验室，其影响的规模可能是国际性的。"事实上，正如洛克菲勒基金会主席团所强调的那样，乡村建设运动思潮的兴起为基金会在华传播和转型发展提供了重要契机，同时基金会也在参与乡村建设运动的过程中，既对中国早期社会学等学科的本土化发展和"中国学派"的建构发挥了关键作用，也激发了人们对以衰败和崩溃为标志的近代乡村问题的关注，甚至促使其发展成为该时期社会的"主流印象"（萧子扬，2021）。因此，有研究者认为，由于受到改造社会和建设乡村等思潮的影响，洛克菲勒基金会得以走出精英模式，不仅在实施旨在综合提升农村生活水平的"中国项目"过程中逐渐触及近代中国社会最本质的问题——乡村问题，而且在资助燕京大学社会学系等机构的过程中有效动员了包括老一辈社会学家等在内的社会科学家、知识分子采取一致行动来进行乡村改革和解决农村贫困问题（Chiang，2001；王名、王春婷，2014）。换言之，随着对"中国问题"（尤其是乡村问题）理解的不断深化和乡村建设运动的迅疾发展，洛克菲勒基金会在中国的工作重心发生了重要转变，不仅促使其和旨在诊断乡村问题的中国早期农村社会学结缘，也促使其和燕京大学社会学系等机构碰撞出了思想火花，从而推动了包括农村社会学等在内的中国早期社会科学教育教学和乡村建设工作的发展，甚至留下了"近代乡村何以成为问题？"的学术疑论。

值得注意的是，近年来我国学术界对洛克菲勒基金会的关注程度有所上升，但是侧重于从一般性或者通识性的角度去认识和理解洛克菲勒基金会，主要涉及时代背景、发展状况、运作机制、主要贡献和国内外影响等内容（王伟玲，2011；王亮，2011；肖灵芝，2013；刘文婷，2014；张宝行，2017），并有部分关注其在华传播过程和对近代中国医疗卫生、图书馆建设等事业发展影响的论文和著作得以发表、出版（资中筠，1996；卢宜宜，1998；马秋莎，2013；高嵩，2014；布洛克，2014；王先明、徐勇，2015；张瑞胜、赫特，2017；陈一飞，2018；黄雪婷、谢玲，2020），基于社会学等学科视角对其在华百年历史的探讨较少，而且尚未明确意识到其对中国早期农村社会学的本土化进程以及近代乡村问题研究范式形塑的影响。事实上，"在帝制的传统中国……乡村从来就构不成一个问题"（赵旭东，2008；梁心，2012），而且尽管关注乡村现实遭遇是中国早期社会学的一个重要面向，但在学科发轫之初并未将其视为一个问题，直到 20 世纪初受到现代性、农业恐慌、社团资助、科举制废除、学科特质、学派等内外部知识和社会因素的影响，"那本不是问题的乡村在现代成为问题"（王先明，2017）。可见，作为我国最早接触的西方慈善社团之一，洛克菲勒基金会既是传播西方知识、文化和改造乡村社会的重要资助者，也是农村社会学等思想理论和问题话语得以在我国移植（旅行）的文化中间人。因此，本文重点结合中国早期社会学的视野，以案例分析的方法考察洛克菲勒基金会"遭遇"近代乡村问题的具体过程，以及"中国项目"等活动实施对中国早期社会学（尤其是农村社会学）的影响，从而为解答"近代乡村何以成为问题？"提供一个独特的思考维度。

二 改变中国：洛克菲勒基金会、农村社会学的百年脉络和主要事迹

"二十世纪的第一个十年是美国慈善事业的黄金时代。"正如有学者所言，美国在该时期面临社会经济急剧膨胀、贫富分化愈发严重等问题，集中表现为极少数人拥有持续飞快增长的巨额财富，而绝大多数人却遭受着社区生活离析、城市环境恶化等多重袭扰，促使约翰·D. 洛克菲勒、安德鲁·卡内基等富豪将巨额私人财产投入慈善事业当中，创立了和以往慈善社团风格迥异的组织——基金会，由此拉开了美国"慈善革命"的序幕（聪茨，2016）。其中，由于捐赠时间长、规模大和成就显著，洛克菲勒基金会被公认为"可以当之无愧地执美国乃至世界慈善事业之牛耳"。1913 年，世界首位亿万富翁、美国"石油大王"约翰·D. 洛克菲勒在牧师弗雷德里克·盖茨（Fredrick Gates）"为了人类的利益，以永久慈善事业的法人团的形式将巨大财富作最后处置"的建议下，在美国纽约以一亿美元为最初资金注册成立了一个具有非营利性质的、旨在提高全世界人类社会福祉的新型慈善社团——洛克菲勒基金会，明确强调"要把慈善事业办得最好，首先必须找出贫困或失败的原因"，并早在 1907 年给在华传教士、著名社会学家明恩溥（Arthur Henderson Smith）的一封长信中就明确表示初衷不是加强福音传播，而是发展教育。不过需要说明的是，该基金会早期服务主要集中在自然科学领域，较少关注和扶持社会科学及其教育的发展，直到 1928 年将劳拉·斯皮尔曼·洛克菲勒纪念基金合并后，此种偏好才得以改观，从而为世界自然科学、文化教育、公共卫生、农业技术等众多事业的发展

作出了重要贡献（徐勇，2015）。

同时，有学者特别强调，"在 20 世纪上半叶中国艰难地走向现代化的过程中，洛氏基金会起到了当时历史条件下所能起的积极作用"（刘选国，2013）。事实上，洛克菲勒基金会和中国邂逅、结缘具有深厚的历史渊源，一方面，中国最早接触的西方慈善社团是洛克菲勒基金会，另一方面，洛克菲勒基金会最早和最重要的海外捐赠对象是中国，因而对中国现代化进程产生了举足轻重的影响。此外，洛克菲勒基金会结缘中国早期农村社会学既是上述论断的重要佐证，也是"改变中国"初衷和现代性影响等因素综合作用的结果。具体而言，其在华传播的过程主要可以划分为民国的传入和发展期（1912～1948 年）、新中国成立后的中断和退出期（1949～1977 年）、改革开放后的重返和再发展期（1978 年至今）三个阶段。其中，在民国的传入和发展期，基金会主要经历了以下代表性事件。

其一，在 1908 年、1914 年前后，先后派遣了东方教育考察团和医学考察团赴华访问，旨在收集相关资料和确定洛克菲勒基金会在中国可以参与（介入）的具体领域。其二，成立次年，邀请了一些了解中国情况的美国医学家、教育家和传教士领袖出席参加"中国会议"，旨在明确洛克菲勒基金会的中国使命和找到援助中国的最佳途径。其三，在西蒙·弗莱克斯纳（Simon Flexner）的提议下，北京协和医学院在 1915 年 9 月正式开工建设，洛克菲勒二世（John D. Rockefeller Jr.）参加了奠基典礼，强调"PUMC（北京协和医学院）希望给予中国人民的，不仅是医学科学，而且是西方文明在思维发展和精神文化上的精华"（张艳荣等，2014）。其四，由于洛克菲勒基金会等机构的推动，1928 年召开的"促进中国学会议"提出将"中国学"纳入美国学术研究的范畴，为"将中国作为方法""将近代乡村问题作为方法"等研究范式的形塑提供了必要支撑。其五，由于乡村问题的凸显、乡村建设运动的兴起、自身转型的需要和甘恩等人的推动，基金会在 20 世纪 20 年代放弃了精英医学教育的方针，逐步转向以促进农村社会发展为核心目标的乡村综合建设，充分吸纳了燕京大学社会学系等机构（徐勇，2015）。其六，在抗战时期，基金会资助了包括罗常培、冯友兰、梁思成、费孝通等在内的一大批著名学者赴美国讲学，既改善了我国部分知识分子的生活，也确保了中国早期社会科学的发展和延续。

值得注意的是，农村社会学作为"一门比较后起的学问"（孙本文，

2011），其在华传播的主要过程和洛克菲勒基金会具有高度的相似性与重合性，都作为"舶来品"在我国经历了传入、发展、中断和恢复重建等阶段。相较于政治社会学、经济社会学等分支学科，农村社会学具有"起步较晚，发展较快"的显著特点，其历史最早可以追溯至20世纪初期的美国"农村生活运动"（Country Life Movement）（刘豪兴，2009），主要受到"美国农村发展的现实需要""美国社会学注重实际和应用指向的培育"等方面因素的影响。同时，结合史料来看，农村社会学在我国的移植、传播主要依赖于两条路径，其一是包括传教士等在内的西方学者在中国开展的大量农村社会调查，其二是近代留学生在欧美国家修读社会学等专业后回国从事乡村建设、调查和研究工作（刘豪兴，2009）。其中，前者的代表人物主要有明恩溥、葛学溥、卜凯等人。比如，明恩溥较早地对我国乡村社会展开了系统调查，并在1899年出版的《中国的乡村生活：社会学研究》一书当中明确强调，"中国乡村是这个帝国的缩影"，因而"必须把村庄看作是构成中国社会生活的一个基本单元"，同时他特别强调包括乡村问题等在内的中国问题在很大程度上就是世界问题。再比如，来华传教士、沪江大学社会学系教授葛学溥于20世纪20年代在广东凤凰村开展了社会人类学调查，主要涉及农村人口、家庭、经济、宗教、教育、组织等内容，并在1925年出版了《华南的乡村生活》一书（周大鸣，2006）。此外，在洛克菲勒基金会、太平洋国际学会等的资助下，金陵大学农学院卜凯教授既开展了一系列大规模的农家经济和社会状况调查，也出版了《中国农家经济》《中国土地利用》等重要著作，还聘请了路易士（A. B. Lewis）、雷伯恩（J. R. Raeburn）、霍德兰（Y. W. Hedland）、董时进等国内外知名农业经济学家和农村社会学家来华任教或讲学（殷晓岚，2002；盛邦跃，2008）。后者的代表人物主要有陶孟和、吴文藻、杨开道、费孝通等。比如，1912年，陶孟和与同学梁宇皋在英国伦敦出版了《中国城镇与乡村生活》（Village and Town Life In China）一书，这实际上是由中国人自己写作的第一本社会学著作，对于中国早期社会学和近代乡村问题研究产生了重要的影响（谭丹，2019）。再比如，吴文藻及其弟子——费孝通、林耀华、李安宅等人均在洛克菲勒基金会的资助下到欧美国家留学和参与农村社会调查、乡村建设实验，并出版了一系列具有重要影响力的农村社会学著作。此外，需要说明的是，我国最早的农村社会学教材当数顾复1924年在商务印书馆出版的《农村社会学》一书，在乡村建设运动思想潮流的影响和推动下，杨开道、冯和法、言心哲、童润之等老一辈社会学家陆续出版了《农村社会学》《农村社会学大纲》《农村社会学导言》《乡村社会学纲要》等经典著作（韩明谟，2001；李培林，2020）。

综上所述，中西方农村社会学的发展背景既有相似性，也有差异性，而且它和洛克菲勒基金会不仅作为"舶来品"在同一时期传入中国，还在"改变中国"初衷和现代性等因素的综合作用下彼此结缘。一方面，农村社会学在我国的产生、发展深受工业化等因素的影响，因而和西方社会学一样均是现代性的"产儿"。另一方面，中国早期农村社会学拥有西方农村社会学所没有的两大特点——"乡土性"和"民族性"，即具有经世致用色彩，旨在回应农业恐慌、农村凋敝、农民破产、农地荒芜等问题。此外，洛克菲勒基金会和农村社会学传入我国的时间节点和发展阶段基本一致，并彼此结缘和共同触及了乡村问题。

三 共塑乡村：洛克菲勒基金会结缘中国早期农村社会学的主要动因和典型案例

（一）主要动因："中国项目"何以遭遇近代乡村问题？

一方面，洛克菲勒基金会之所以开辟中国市场和对华援助，主要有三点原因。第一，由于"边疆假说"（Frontier Thesis）的影响，该基金会将具有"新边疆"内涵的中国作为其拓展海外慈善事业的一个核心对象和重要空间。事实上，即将迈入 20 世纪的美国不仅经济上羽翼初满，而且政治上踌躇满志，并希冀在世界舞台上扮演更为重要的角色，弗雷得里克·J.特纳（Frederick. J. Turner）于 1893 年发表的《边疆在美国历史上的意义》一文为该想法的落地提供了依据。他认为，"边疆"不再是一个地理概念，而是代表了美国文化中的坚毅、进取、冒险、扩张和奋斗精神，促使一大批美国政治家、商人、社会活动家、冒险家将目光转向了海外，尤其是那个在当时被称为远东地区之一的中国。第二，受到弗雷德里克·盖茨等人和美国传统慈善精神潜移默化的影响。正如盖茨所言，"几年来我一直在思考如何将洛克菲勒的慈善事业扩展到远东去，因为像许多美国人一样，我们确信远东对美国的未来十分重要"。该时期基金会不仅受到美国传统慈善精神的影响，还在盖茨的鼓吹下逐渐将目光转向了远东地区，并明确意识到包括中国在内的远东地区对于洛克菲勒基金会的慈善事业走向国际、发展成为一个具有显著影响力、较好公众形象的国际性慈善组织具有重要意义（何莉君，2011）。第三，受到西方传教士及其世界眼光的影响。以往美国人乃至一般西方人对中国的看法通常充满了理想主义色彩，直到鸦片战争打开了中国大门，中西频繁接触，尤其是来华传教士将大量信息反馈回美国，使得美国社会逐渐改变了对中国原有的想象。同时，正如明恩溥所言，"中国问题在很大程度上就是世界问题，这一点，即使是那些迄今对世界政治很少有兴趣的人也可以模糊地看到"。因此，在众多传教士的宣传及其西方视域和世界眼光的影响下，该时期绝大多数美国人坚信中国是其拓展新边疆和走向世界的关键国度，将"中国问题"的重要性提到了前所未有的高度，"中国问题"俨然就是"世界问题"（马秋莎，2013）。

另一方面，正如有学者所言，"人们在关注洛克菲勒基金会的'中国项目'的过程当中，必然会有一个疑问，那就是为什么洛克菲勒基金会试图重新塑造中国的农村治理?"（马秋莎，2013）事实上，在该基金会传入中国之初并未将乡村纳入问题域，也谈不上将其作为工作的重心加以推进，而是对自然科学、现代医学教育等工作表现出了较为浓厚的兴趣。因此，在某种程度上可以认为，洛克菲勒基金会在后期发展过程中实施了旨在诊断、重塑近代乡村的"中国项目"是受到多重因素影响的。第一，甘恩前期来华考察对"中国项目"的实施起到了直接性作用。事实上，时任基金会副主席的甘恩在 20 世纪上半叶多次来华考察，认为中国拥有不少能够促进洛克菲勒基金会传播和发展的社会、政治、经济、文化条件，比如，"幅员辽阔""贫困问题严峻""是唯一仍独立存在的文明古国""正处于深刻的社会变革之中""有一大批知识分子积极参与乡村建设运动"。第二，洛克菲勒基金会对中美高校在乡村建设等方面可能存在的合作具有信心，认为中美高校合作能够建立具有代表性的农村现代化模式和把积贫积弱的中国当作一个整体来拯救，并可以在全国范围甚至国际上推广（张瑞胜、赫特，2017）。第三，作为一种发展干预的手段，该基金会的在华传播过程不可避免地受到"他者"眼光和问题解决视角的束缚。研究者在从事社会调查和发展干预时通常会采取一种"他者的眼光"来看待社会和世界，在观察和感受那些对自己形成强烈冲击的异域世界的过程中或多或少会形塑出一种问题眼光，这导致洛克菲勒基金会在华传播和参与乡村建设本质上就是一种问题解决视角下的发展干预过程。第四，乡村问题的紧迫性、乡土社会的独特性为洛克菲勒基金会在中国的转型发展提供了契机和可能。在成立十周年之际，该基金会试图对内部结构、人员组织和工作重心进行改造，并对中国业务进行较大调整，而正是由于该时期中国乡村所具有的独特性影响，以及如火如荼的乡村建设运动浪潮的席卷，基金会主动将工作重心转向了乡村建设。

（二）典型案例：洛克菲勒基金会结缘中国早期农村社会学的外在表征

1. 教育教学：有效推动了燕京大学乡村社会人类学的发展

燕京大学是"民国乡村建设运动的一枝奇葩、一支生力军"，作为"学院派"的代表曾对乡村建设表现出高度的参与热情（萧子扬，2020）。实际上，自 1919 年成立以来，燕京大学始终积极参与乡村建设运动，既涌现出了一大批志在富民的乡村建设实践者和农村社会学研究者，也在燕京大学社会学系和洛克菲勒基金会等机构牵头下创建了一些颇有成效的乡村建设实验区和平民教育组织。可见，燕京大学及其社会学系既是近代乡村问题研究的重镇，也是中国早期农村社会学的重要源头，并获得了洛克菲勒基金会的资助，具体如下。

一方面，洛克菲勒基金会对燕京大学的捐赠间接地推动了社会学系的发展。事实上，燕京大学在创建之初面临较严重的经费紧张问题，因而校长司徒雷登（John Leighton Stuart）努力寻找美国霍尔地产公司和洛克菲勒基金会等的捐赠。其中，1936 年至 1937 年，洛克菲勒基金会的捐赠占燕京大学所获捐赠款项总额的 11% 和年度预算的 21%。而且和霍尔地产公司的捐赠主要用于人文社会科学不同，洛克菲勒基金会在创建之初将精力主要集中在自然科学领域，直到对燕京大学社会学系进行捐赠才逐渐涉及人文社会科学领域。有研究表明，负责洛克菲勒基金会北京财政管理工作的中华医学基金会承担着燕京大学自然科学研究项目的主要开支，劳拉·斯皮尔曼·洛克菲勒基金主要负担燕京大学社会科学研究一半以上的花费（韦斯特，2019）。因此，燕京大学社会学系教授李安宅回忆道："旧燕京大学整个法学院，自我当助教的时候起，由社会学系第二任主任许仕廉与该基金挂上钩，全部经费，都出自该基金。实际上，燕京作为协和的预科，与该基金的联系，还可追溯得远些，燕京的政治系卿汝楫，社会系张鸿钧、吴文藻等，都曾得该基金资助。"可见，洛克菲勒基金会和燕京大学的渊源颇深，并在扶持自然科学的发展过程当中对燕京大学社会学等人文社会科学专业的建立和发展产生了深刻影响，有效资助了吴文藻、许仕廉、张鸿钧等老一辈社会学家从事乡村问题研究。

另一方面，洛克菲勒基金会对燕京大学社会学系提供的直接资助有效推动了中国早期农村社会学和乡村人类学等学科的建设、发展。尽管燕京大学社会学系是由受到普林斯顿－北京基金会（后更名为普林斯顿－燕京基金会）选派和资助的步济时（John Stewart Burgess）于1922年创建的，初衷是给美国在中国的教会、社会福利机构培养社会服务人员，但是洛克菲勒基金会也作为一股重要外部力量参与到了燕京大学社会学系的建设中，并为社会学、人类学、社会事业（社会工作）、社会服务等专业的发展提供了部分资助，有效推动了近代乡村问题研究。主要代表性事件如下。

第一，在建设北京协和医学院过程中，洛克菲勒基金会为燕京大学社会学系社会服务事业（当然也包括乡村医疗和卫生事业）发展积蓄了力量。1921年，被誉为"中国医务社会工作的开创者"的浦爱德（Ada Pruiit）受雇于该基金会，在北京协和医学院建立了社会服务部，并在燕京大学社会学系任教，培养了一批中国早期社会服务人才和社会工作者（刘海涛、彭秀良，2017），同时为兰安生、陈志潜等人从事乡村医疗和卫生事业奠定了重要基础。比如，受到北京协和医学院兰安生在北平乡村和社区建设公共卫生站的影响，作为晏阳初定县乡村建设实验合作者的陈志潜在1929年从北京协和医学院毕业后，到由平民教育家陶行知创办的晓庄实验乡村师范学校执教，并创办了被学术界誉为"中国第一个农村卫生机构"的晓庄乡村卫生实验区，从而有效推动了近代乡村医疗和卫生事业的发展。

第二，资助了派克、布朗等西方社会人类学家来华讲学，并直接推动了燕京大学社会学系的建设、发展和指引了近代乡村问题研究的方向。比如，在洛克菲勒基金会的资助下，燕京大学社会学系主任吴文藻于1932年邀请了社会学芝加哥学派代表人物——罗伯特·E.派克（Robert Ezra Park）来华讲学，并开设了"集合行为"等课程。对于派克来华的影响，费孝通认为"启发了想象力和开了心窍"，而且"不仅我一个人，凡是和我一起听派克老师这门课程的同学，多多少少都在灵魂上震动了一下，而且这一震动，实实在在地改变了其后几十年的学术生活，说不定多少地影响了中国社会学前进的道路"（孟航，2011），因而众多学生在派克等西方学者的指引下从事近代乡村问题研究，并撰写了大量对于当时农村社会学发展而言具有深远影响的经典作品。

第三，既资助了燕京大学教育系冉村乡教实验区的建设，也推动了燕京大学社会学系清河实验区的发展。比如，1928 年，燕京大学社会学系杨开道、许仕廉等教授在洛克菲勒基金会的资助下带领师生赴清河镇开展调查，并于 1930 年正式建立了清河实验区。同时，在抗战时期，该基金会捐助西迁成都办学的燕京大学社会学系在成都崇义桥成立了农村服务研究处，涉及社会调查和社会服务等内容。

第四，为燕京社区学派在"魁阁时期"的发展和转型提供了关键支持，并促使其乡村问题研究倾向愈发显著。1939 年，洛克菲勒基金会资助燕京大学社会学系在云南大学成立了一个社会学研究中心（后称"魁阁"），聚集了吴文藻、费孝通、林耀华、陶云逵、谷苞、田汝康、许烺光、史国衡、瞿同祖、张之毅等人（张莉，2018），先后出版了《禄村农田》《易村手工业》《玉村商业和农业》等一大批具有重要影响的、关注乡村问题的社会人类学著作（李德瑞，2012），从而为以吴文藻为首的、旨在回应和解决农村社区问题的燕京社区学派（也称为燕京学派、中国学派）的形塑发展奠定了重要基础。

第五，资助了不少我国老一辈社会学家赴海外交流、学习，并在特殊时期保护了部分学者，为农村社会学脉络在我国的发展、延续提供了可能。比如，吴文藻之所以能和马林诺夫斯基（Malinowski）交往、互动，实际上是因为洛克菲勒基金会的一手安排，并在燕京大学社会学系任教七年后再次接受捐助赴美国、西欧游学，拜访了本尼迪克特（Ruth Benedict）、马林诺夫斯基、莫斯（Marcel Mauss）、葛兰言（Marcel Granet）等西方著名社会人类学家，增订了"西洋社会思想史"讲义，制定了与西方学者和大学合作的计划。同时，吴文藻协助费孝通、林耀华、李安宅等学生获得该基金会的资助赴欧美国家留学、深造，并从事乡村社会人类学等方面的研究。此外，在 1943 年前后那段艰苦的抗战岁月里，在时任美国驻华使馆文化官员费正清（John K. Fairbank）的建议下，基金会资助了闻一多、费孝通、冯友兰、梁思成、罗常培等十余位学者赴美讲学，从而在某种程度上帮助了一大批对中国复兴极宝贵却面临生活困境的知识精英。其中，费孝通借助赴美进修机会完成了一部对于我国农村社会学（乡村人类学）而言具有重要里程碑意义的著作——《乡土中国》，并有效指引了中国早期农村社会学的前进方向。

2. 社会实践：有效参与了平民教育运动、华北农村建设协进会和清河实验

中国早期社会学所从事的乡村建设实验和社会调查等活动实际上都潜藏着

洛克菲勒基金会的身影，其中最具代表性的事件当数有效参与了平民教育运动、组建了华北农村建设协进会和资助了燕京大学社会学系主持的清河实验等。具体如下。

第一，参与以晏阳初、梁漱溟主持的平民教育运动等为代表的乡村建设运动。随着北京协和医学院的建成和运行，洛克菲勒基金会内部出现了意见分歧，其中有部分人强调，建设如此高档的医院对于解决该时期中国根深蒂固的贫困问题和广大的贫困人口来说是杯水车薪，需要转向平民教育等更为切实可行的路径。因此，甘恩在 20 世纪 30 年代参观、考察完中国部分地区的平民教育运动后明确提出，"中国政治、经济和社会局势都处于动荡不安之中，基金会在华难以作出长远规划，但是今后 10 年仍可有所作为，主要重点应在提高广大农村人口的经济水平……可能在这一领域内才是我们基金会在中国真正的成功机会所在"。此后，该基金会的对华捐赠工作逐渐转向了农村问题的国家建设计划，对如火如荼进行着的平民教育运动给予了多维度资助，最典型的措施是为乡村建设实验培养、输送人才，以及定向资助一些大学的相关科系或训练班。比如，该基金会曾资助燕京大学社会学系开设训练和培养乡村管理人才的班级，在北京协和医学院设立特别奖学金，旨在资助、培养一大批致力于农村公共卫生事业建设和发展的人才。

第二，组建成立了华北农村建设协进会。在 20 世纪二三十年代，尽管我国涌现出了一批有识之士发起各种农村改良运动，并创建了一系列致力于解决乡村问题的乡村建设机构和实验区，但依然存在信息共享不通畅、合作机制不明显等问题，导致全国乡村建设运动的纵深发展面临挑战。因此，洛克菲勒基金会抓住契机，拨款成立了一个全国性的乡村建设协调组织——华北农村建设协进会，旨在促使田野实践和学术研究合而为一，从而实现"使大学教育乡村化，训练高级技术人才，实地工作，俾改善农村建设"的目标，具体策略是"利用洛克菲勒基金会的资金和培训资源，把已经有基础的中国机构联合在一起，集中力量来打造一些可供全国学习的农村发展模式"。总之，华北农村建设协进会的创建标志着我国乡村建设运动进入了"研究推广期"这一新的发展阶段（陈一飞，2018）。因此，有学者明确指出，华北农村建设协进会是洛克菲勒基金会"中国项目"和"华北计划"的核心内容，在众多乡村建设运动中其投资规模最为庞大、科研力量最为雄厚、研究领域广泛深入且具有国际背景，因而被誉

西方慈善社团在中国：洛克菲勒基金会与早期农村社会学

为"中外合作解决中国农村危机的最有希望的果实"。

第三，资助燕京大学社会学系创建了清河实验区。1928 年冬，在洛克菲勒基金会的资助下，杨开道、许仕廉等人带领燕京大学社会学系师生赴北京清河镇开展社会调查（史称"清河调查"），主要涉及清河镇的历史、地理环境、人口、婚姻家庭、经济组织、政治、教育、宗教等方面内容，因而在中国社会学史上具有里程碑意义，是中国社会学者进行的最早的市镇社会调查，被老一辈社会学家孙本文比作是高尔宾（C. T. Galpin）教授的"农村社会解剖"（赵晓阳，2016）。同时，为实验乡村建设和组织学生实习，在该基金会的进一步资助下于 1930 年创建了清河实验区，涉及农村经济、农村社会服务、农村社会调查、农村卫生等工作。其中，杨开道在回忆录中提到，"1930 年秋，燕京大学得到一批有关农村调查的捐款，从而我又回到燕大进行较多的农村调查，此时还在北平郊区的清河镇及其周围几个农村开办过小型试验区，由张鸿钧任主任。大约在 1933 年，美国洛氏基金会决定在 1934 年秋至 1937 年夏，三年内投资 100 万美元，来支持各地的乡村工作者"。总之，作为我国第一次以专业社会工作名义展开的社会实践活动，清河实验既是民国时期乡村建设运动的一个重要组成部分，也是在洛克菲勒基金会资助下近代知识分子为诊断乡村问题、实现乡村复兴所作出的重要探索和创新实践（萧子扬等，2019；杨燕、孙邦华，2015）。

此外，洛克菲勒基金会还资助了一系列的农村社会调查活动。比如，卜凯在 1929 年得到洛克菲勒基金会的资助后，有效拓展了农村社会调查的范围，对 22 个省 168 个地区的 16786 户农家展开了多维度的调查，并出版了《中国土地利用》这一具有重要影响力的农村社会学著作（李金铮、邓红，2009）。再比如，由何廉主持的南开大学经济研究所开展的绝大多数农村社会调查活动、乡村社会学教学研究均获得了洛克菲勒基金会的资助，开设了在当时我国教育界处于前沿地位的"乡村社会学""乡村建设概论"等课程，和北京协和医学院、燕京大学、清华大学、金陵大学一起成立了华北农村建设协进会，为毕业生出国留学深造提供了专门的奖学金，从而有效培养了大量对农村复兴和农村社会学具有浓厚兴趣的人才（李晔，2008）。

3. 学术社团：有效开创了旨在关注农村社区问题的社会学"燕京学派"

"燕京学派"是 20 世纪三四十年代活跃在我国社会学界的一个重要学派，

指代的是以燕京大学社会学系以及吴文藻及其弟子费孝通、李安宅、林耀华等人为中坚力量的研究团体，也间或涉及部分和吴文藻具有同样研究旨趣的同事（杨清媚，2015）。实际上，由于明确意识到"乡村问题和整个中国社会的变迁是紧密联系在一起的，要很好地认识中国便不能不首先了解乡村"（李德瑞，2013），吴文藻、许仕廉、费孝通、林耀华、李安宅等人以认识中国现实社会为宗旨，以关注近代乡村问题为核心旨趣，积极使用社会人类学的理论和方法开展了大量社区（尤其是农村社区）实地研究，也对中国社会结构及其变迁进行理论探讨，并出版了一大批享誉国内外学术界的重要农村社会学理论成果，因而它被马林诺夫斯基称为社会学的"中国学派"（胡炼刚，2011；渠桂萍，2013）。然而值得注意的是，洛克菲勒基金会的资助与"燕京学派"的形塑、发展具有十分微妙的关系，尤其体现在对燕京大学社会学系、社会学研究者和乡村建设实验等资助方面。具体情况如下。

第一，"燕京学派"奠基人吴文藻曾多次获得洛克菲勒基金会的资助。其实，"燕京学派"的创建和吴文藻息息相关，而其背后的洛克菲勒基金会更是发挥了重要作用。20世纪初期，由于明确意识到了中国社会学界所存在的两种倾向——一是在中国原有资料的基础之上填入西方人文社会科学的理论，二是用当时英美社会学通行的社会调查方法来描述中国社会，吴文藻开始致力于社会学中国化，明确把社区作为社会研究的重要对象以研究中国国情（杨雅彬，2001），并为了实践其社区调查和比较研究的学术设想，"向罗氏基金会提交了一份研究计划，阐述其意义和价值，希望能获得资金支持"（阎明，2010）。最终，洛克菲勒基金会为燕京大学社会学系及其乡村建设实验提供了资助。同时，正如前文所言，在燕京大学社会学系任教七年后，吴文藻还获得了洛克菲勒基金会的资助赴西方国家游学一年，从而将国外最新的有关乡村社区研究的理论、方法带入中国。

第二，在洛克菲勒基金会的进一步资助下，吴文藻安排了费孝通、李安宅、林耀华等一大批学生（后来均成为"燕京学派"的代表人物）出国留学深造。比如，费孝通在基金会的协助下赴英国伦敦政治经济学院学习，并师从马林诺夫斯基。他曾提到，"马林诺夫斯基一直是罗氏基金培养的人物……吴文藻先生到美国去，后来又到英国来，口袋里就有一个在中国开展'社区研究'的计划，我这个人是计划中的一部分。这个计划深得罗氏基金的赞许"（费孝通，

2021)。再比如，李安宅在基金会的建议下改变了研究方向，到美国加利福尼亚大学跟随克娄伯、罗维学习人类学，后来到耶鲁大学师从萨丕尔。同时，林耀华在基金会的资助下赴哈佛大学人类学系学习，并撰写了《金翼》等有关乡村问题的社会人类学著作。此外，1927 年，作为清河实验代表人物的张鸿钧到美国西北大学社会学系研究社会工作，由于获得洛克菲勒基金会奖学金，转入芝加哥大学社会行政研究所，获硕士学位，后回到燕京大学任教。总之，洛克菲勒基金会资助的这些学生在学成归国后，成为我国开展实地社区研究的骨干力量，不仅为社会学中国化作出了突出贡献，也在国内外产生较大的学术影响，而其中对于近代乡村问题研究、农村社会服务等方面的影响最为显著（郑杭生、李迎生，2000）。

第三，促使"燕京学派"社区研究的重心逐渐转到乡村问题上。由于派克、布朗等人来华讲学，"燕京学派"的社区研究倾向和中国早期社会学的本土化倾向得以形塑，明确意识到了要将研究重心放在乡村社区、乡村问题上，而洛克菲勒基金会在其中起到了重要的推动作用。具体情况如下。

其一，派克来华。1929 年和 1932 年前后，罗伯特·E. 派克多次来华讲学，传播了人文区位学的理论，也提出了"都市是西方社会学的实验室，乡村是东方社会学的实验室""现代西方社会问题是都市问题，而东方的社会问题是乡村问题"等独特见解（孙平，2005），还为"燕京学派"农村社会调查提供了新思路。因此，燕京大学社会学系在"清河调查"的基础之上创设了清河实验区（侯俊丹，2018）。

其二，布朗来华。1935 年，拉德克里夫·布朗（A. R. Radcliffe Brown）在燕京大学社会学系主任吴文藻教授的邀请下来华讲学，不仅主持了"中国乡村社会学调查"讨论班，也对中国研究（尤其是乡村研究）提出了实质性建议，被吴文藻编译成《对于中国乡村生活社会学调查的建议》等文章（刘雪婷，2007）。他特别强调，研究者务必对已经研究过的乡村进行反复观察和再研究，从而确保人们对乡村社会、生活世界有一个较为客观和清晰的认识。

其三，雷德斐尔德（Redfield）来华。吴文藻和费孝通曾多次邀请著名社会人类学家雷德斐尔德来华讲学，但由于种种原因迟迟未能成行，直到得到洛克菲勒基金会的资助和帮助，雷德斐尔德于 1948 年 10 月正式踏上了访华之旅。在其给燕京大学、清华大学开设系列讲座的过程当中，费孝通和其夫人玛格丽特一同翻译书稿，并由玛格丽特带回美国整理编辑后在 1953 年以《中国士绅》为题出版。访华期间，雷德斐尔德还到广州的岭南大学访问，在时任岭南大学校长、著名农村社会学家陈序经和岭南大学社会学系主任杨庆堃等的邀请下，走访了学校附近的许多村庄，对岭南大学社会学、人类学的发展进行了细致的考察，也就乡村问题研究、人才培养等方面内容提出了宝贵的意见、建议（陈希，2021）。

　　此外，对于派克、布朗等西方学者来华讲学所产生的影响，老一辈社会学家一致认为，他们的到来对于整个"燕京学派"和中国社会学的建设、发展而言产生了不可估量的影响，尤其为中国早期社会学诊断乡村问题提供了全新的思路和方向。其中，林耀华回忆，"一九三五年，拉德克利夫－布朗教授来华讲学，我担任他的助教，进一步增进了我对国外人类学、民族学的见识"，因而在借鉴布朗思想的基础上，他创作出了《从人类学的观点考察中国宗族乡村》等重要文章，并强调"农村是占绝大多数的"，必须借助家族和宗族来观察中国乡村最基本的结构（刘雪婷，2007；孟航，2011）。同时，在布朗来华和洛克菲勒基金会的影响下，吴文藻在 1933 年至 1936 年迎来了他的学术创作高峰期，不厌其烦地介绍"社区研究"的理论、方法与代表人物，旨在推动中国社区（尤其是农村社区）研究的发展和实现中国早期社会学的本土化目标（陆远，2019）。当然，影响最为深刻的当数费孝通，由于洛克菲勒基金会所资助的乡村建设实验和我国儒家"经世致用"的传统密切相关，一大批近代知识分子选择有计划地改造社会和指导社会变迁（陈心想，2017），促使费孝通成为"到实地去"的坚定支持者和实践者，因而既完成了《江村经济》《乡土中国》等众多有关乡村问题的著作，也明确强调"到实地去"是最正确的求学之道（吕付华，2009；孟航，2011），这实际上为我国后来的农村社会学发展确定了一个基本方向——"深耕田野，志在富民"，并成为形塑近代乡村问题研究范式源源不断的思想源泉。

四　结论与讨论

　　本文将"洛克菲勒基金会何以结缘中国早期农村社会学"作为最初问题意识来源，运用案例分析的方法对洛克菲勒基金会"遭遇"我国近代乡村问题的具体过程以及形塑中国早期农村社会学研究范式的内在逻辑进行了重点考察和初步剖析。主要研究结论如下：第一，作为我国最早接触的西方慈善社团之一，洛克菲勒基金会既是传播西方知识、文化和改造乡村社会的重要资助者，也是农村社会学等思想理论和相关问题话语得以在我国移植（旅行）的文化中间人，作为"舶来品"与农村社会学传入我国的时间节点和发展阶段基本一致，彼此结缘，共同触及近代乡村问题，因而能够为解答"近代乡村何以成为问题？"学术疑论提供独特的思考维度。第二，洛克菲勒基金会关注我国近代乡村问题、资助中国早期农村社会学的发展具有高度的历史必然性和现实必要性，其背后也蕴藏着深刻的内在机制和复杂的形塑逻辑。比如，"边疆假说"的影响、甘恩和盖茨的鼓吹、西方传教士的宣传、乡村危机的严重性。第三，乡村建设运动实践和思潮的兴起为洛克菲勒基金会在华传播与转型发展提供了重要契机，随着"中国项目"的实施、拓展和推进，该基金会既和旨在诊断乡村问题的中国早期社会学结缘，也和燕京大学社会学系等机构碰撞出了一定的思想火花，从而有效推动了燕京大学乡村社会人类学的发展，参与了平民教育运动、华北农村建设协进会和清河实验，以及开创了旨在关注农村社区问题的社会学"燕京学派"。

"农村的负面化与问题化（抑或说近代乡村问题）既是一个亟须被重新讲述的故事，也是一个社会学界亟须直视的、悬而未决的学术疑论"（梁心，2012），因而需要以中国早期社会学遭遇乡村问题的过程和解决乡村问题的思路为主要线索（萧子扬，2021），从而实现将近代乡村问题及其重访研究作为一种方法的宏伟目标。其中，洛克菲勒基金会在中国留下了一系列宝贵遗产（王名、王春婷，2014），这既意味着及时回溯其结缘中国早期农村社会学的主要动因和典型案例是有效解答"近代乡村何以成为问题？"学术疑论的重要维度之一，也意味着有众多的内容值得进一步探讨和思考。比如，在洛克菲勒基金会的资助下，西方社会人类学家来华讲学有效推动了西方理论传入中国，而具体的"理论旅行"机制是怎样的？洛克菲勒基金会实施的"中国项目"是否受到了西方视野下的参与式发展（抑或说发展干预）等理念的影响，同时又是如何发展成为一种问题视角的？再比如，包括明恩溥等在内的早期来华传教士的所见所闻对洛克菲勒基金会以及美国大众看待中国（尤其是中国乡村）的眼光究竟产生了何种影响？此外，吴文藻、费孝通等关注乡村问题的老一辈社会学家曾在洛克菲勒基金会的资助下到西方留学，那么包括他们在内的近代留学生群体又是如何遭遇乡村问题的，并对后来的近代乡村问题研究产生了何种持续而深远的影响？

参考文献

〔美〕奥利维尔·聪茨 (2016)：《美国慈善史》，杨敏译，上海：上海财经大学出版社。

陈希 (2021)：《"最后离开的第一批"：富布莱特学者雷德斐尔德的中国之旅》，《世界历史评论》，第 2 期。

陈心想 (2017)：《时代·个人·学问：费孝通与〈江村经济〉》，《清华社会学评论》，第 1 期。

陈一飞 (2018)：《华北农村建设协进会研究 (1935～1942)》，山东大学硕士学位论文。

〔美〕菲利普·韦斯特 (2019)：《燕京大学与中西关系 1916～1952》，程龙译，北京：北京师范大学出版社。

费孝通 (2021)：《江村经济》，北京：三联书店。

高嵩 (2014)：《"混合杂交论"视野下的中西文化碰撞与融合——评马秋莎〈改变中国：洛克菲勒基金会在华百年〉》，《近代史研究》，第 1 期。

韩明谟 (2001)：《农村社会学》，北京：北京大学出版社。

何莉君 (2011)：《美国 20 世纪现代私募基金会的诞生及其创建者的慈善观——研读洛克菲勒、卡耐基及罗森华德》，《中国非营利评论》，第 2 期。

侯俊丹 (2018)：《市场、乡镇与区域：早期燕京学派的现代中国想象——反思清河调查与清河试验 (1928～1937)》，《社会学研究》，第 3 期。

胡炼刚 (2011)：《中国社会学史上的"燕京学派"》，《中国社会科学报》，2 月 24 日。

黄雪婷、谢玲 (2020)：《洛克菲勒基金会与近代中国图书馆事业》，《图书馆》，第 12 期。

李德瑞 (2013)：《乡村问题如何"惊扰"了中国社会科学——以社会学、人类学与乡村问题之间互动关系为例的分析》，《甘肃行政学院学报》，第 5 期。

李德瑞 (2012)：《学术与时势：1990 年代以来中国乡村政治研究的"再研究"》，北京：社会科学文献出版社。

李金铮、邓红 (2009)：《另一种视野：民国时期国外学者与中国农村调查》，《文史哲》，第 3 期。

李培林 (2020)：《社会学与中国社会巨变》，北京：社会科学文献出版社。

李晔 (2008)：《民国时期留美知识分子探索中国乡村现代化模式的个案解析》，《前沿》，第 6 期。

梁心 (2012)：《都市眼中的乡村：农业中国的农村怎样成了国家问题 (1908～1937)》，北京大学博士学位论文。

刘豪兴 (2009)：《农村社会学》(第二版)，北京：中国人民大学出版社。

刘文婷 (2014)：《洛克菲勒基金会在美国外交中的作用》，内蒙古大学硕士学位论文。

刘选国（2013）：《洛克菲勒基金会在华的成功与失败》，《中华读书报》，6月5日。

刘雪婷（2007）：《拉德克利夫－布朗在中国：1935～1936》，《社会学研究》，第1期。

卢宜宜（1998）：《洛克菲勒基金会的中国项目（1913～1941）》，《中国科技史料》，第2期。

陆远（2019）：《传承与断裂——剧变中的中国社会学与社会学家》，北京：商务印书馆。

吕付华（2009）：《派克、布朗与中国的"社区研究"》，《思想战线》，第S2期。

马秋莎（2013）：《改变中国——洛克菲勒基金会在华百年》，桂林：广西师范大学出版社。

马秋莎（2016）：《洛克菲勒基金会与中国公共卫生的早期发展——以混合杂交理论为视角》，《医疗社会史研究》，第1期。

〔美〕玛丽·布朗·布洛克（2014）：《洛克菲勒基金会与协和模式》，张力军、魏柯玲译，北京：中国协和医科大学出版社。

孟航（2011）：《中国民族学人类学社会学史（1900～1949）》，北京：人民出版社。

刘海涛、彭秀良（2017）：《浦爱德：中国医务社会工作的开创者》，《中国社会工作》，第16期。

渠桂萍（2013）：《20世纪前期中国乡村问题论争的历史追索》，《中国社会科学报》，9月4日。

盛邦跃（2008）：《卜凯视野中的中国近代农业》，北京：社会科学文献出版社。

孙本文（2011）：《当代中国社会学》，北京：商务印书馆。

孙平（2005）：《从派克到费孝通——谈费孝通忆派克对中国社会学、人类学的贡献》，《开放时代》，第4期。

王伟玲（2011）：《洛克菲勒基金会研究》，南京师范大学硕士学位论文。

谭丹（2019）：《华人如何向西方介绍中国——华人最早出版的英文中国社会学著作》，《寻根》，第2期。

王亮（2011）：《20世纪80年代以来非政府组织对亚非拉援助研究综述——以洛克菲勒基金会在黑非洲的援助为例》，《高校社科动态》，第5期。

王名、王春婷（2014）：《论基金会与现代慈善——〈改变中国——洛克菲勒基金会在华百年〉述评》，《中国非营利评论》，第1期。

王先明（2017）：《乡路漫漫：20世纪之中国乡村（1901～1949）》（上、下），北京：社会科学文献出版社。

王先明、徐勇（2015）：《华北农村建设协进会述论（1936～1942）》，《历史教学（下半月刊）》，第2期。

萧子扬、马恩泽、石震（2019）：《乡村振兴背景下"清河实验"社会治理思想的再研究（1928～1937）》，《华东理工大学学报》（社会科学版），第2期。

萧子扬（2021）：《"近代乡村何以成为问题？"学术疑论初探》，《聊城大学学报》

（社会科学版），第 6 期。

萧子扬（2017）：《"清河实验"：当代中国农村社区治理的路径选择》，《世界农业》，第 7 期。

萧子扬（2020）：《以"乡教"促"乡建"：燕京大学教育系"冉村乡教实验区"研究（1938～1941）》，《中国人民大学教育学刊》，第 1 期。

肖灵芝（2013）：《洛克菲勒基金会与菲律宾绿色革命研究（1962～1982）》，福建师范大学硕士学位论文。

徐勇（2015）：《洛克菲勒基金会与"中国项目"（1935～1944）》，《聊城大学学报》（社会科学版），第 4 期。

阎明（2010）：《中国社会学史：一门学科与一个时代》，北京：清华大学出版社。

杨清媚（2015）：《"燕京学派"的知识社会学思想及其应用：围绕吴文藻、费孝通、李安宅展开的比较研究》，《社会》，第 4 期。

杨雅彬（2001）：《近代中国社会学》，北京：中国社会科学出版社。

杨燕、孙邦华（2015）：《许仕廉对燕京大学社会学中国化的推进》，《北京社会科学》，第 10 期。

殷晓岚（2002）：《卜凯与中国近代农业经济学的发展》，《南京农业大学学报》（社会科学版），第 4 期。

张宝行（2017）：《洛克菲勒基金会援助欧洲流亡学者项目研究（1933～1945）》，湖南师范大学硕士学位论文。

张莉（2018）：《魁阁：一代学人的坚守与担当》，《云南日报》，10 月 26 日。

张瑞胜、R. 道格拉斯·赫特（2017）：《壮志未酬：美国洛克菲勒基金会在中国农村（1934～1944）》，《中国农史》，第 3 期。

张艳荣、杨雪静、杨微（2014）：《洛克菲勒大学的开拓者：西蒙·弗莱克斯纳》，《医学与哲学（A）》，第 5 期。

赵晓阳（2016）：《寻找中国社会生活史之途：以燕大社会调查为例》，《南京社会科学》，第 2 期。

赵旭东（2008）：《乡村成为问题与成为问题的中国乡村研究——围绕"晏阳初模式"的知识社会学反思》，《中国社会科学》，第 3 期。

郑杭生、李迎生（2000）：《中国社会学史新编》，北京：高等教育出版社。

周大鸣（2006）：《凤凰村的变迁：〈华南的乡村生活〉追踪研究》，北京：社会科学文献出版社。

资中筠（1996）：《洛克菲勒基金会与中国》，《美国研究》，第 1 期。

Chiang, Yung-chen (2001), *Social Engineering and the Social Sciences in China (1919 – 1949)*, Cambridge University Press.

Western Charities in China: The Rockefeller Foundation and Early Rural Sociology

Xiao Ziyang

[**Abstract**] As one of the earliest Western charitable organizations in China, the Rockefeller Foundation is not only an important sponsor of Western knowledge and culture and the transformation of rural society, but also a cultural intermediary that allows rural sociology and other ideological theories and discourses to be transplanted in my country. Early Chinese Rural Sociology in Diagnosing Rural Problems. At present, the vast majority of research focuses on understanding and understanding the Rockefeller Foundation from a general or general perspective, resulting in a lack of clear awareness of its impact on the development process of early rural sociology in China. Therefore, this paper takes "Why did the Rockefeller Foundation become associated with early Chinese rural sociology?" as the source of the initial problem awareness, and uses the method of case analysis to analyze the specific process of the Rockefeller Foundation "encountering" my country's modern rural problems and the shaping of early Chinese rural society. This paper conducts a preliminary analysis of the internal logic of the academic research paradigm, in order to provide a unique thinking dimension for answering the academic doubts of "Why does the modern countryside become a problem?".

[**Keywords**] Rockefeller Foundation; Western Charitable Societies; Modern Rural Issues; Early Chinese Rural Sociology

责任编辑：马剑银

乡村社区资产建设中的社会企业参与

——以"e农计划"的儿童保护实践为例

肖棣文　朱亚鹏[*]

【摘要】拥有资产对维持和提升社会福利水平的作用显著，资产为本社会政策在中国的受重视程度也日益提升。将乡村社区的"自然资源禀赋"转化为"资产"，释放出福利效应，是资产为本社会政策建设的重要一环。本文以社会企业"e农计划"参与乡村资产建设、提升留守儿童福利水平的实践为例，展示社会企业在资产建设过程中的行动策略和作用方式，探讨其遇到的困境和发展挑战。案例呈现与分析可为中国推动资产为本社会政策的发展提供范本，有助于理解转型期中国乡村地区治理变革。

【关键词】资产建设；社会企业；"e农计划"；儿童保护

一　导论：资产为本的社会政策与儿童保护

资产为本的社会政策是社会政策范式发生转变的结果，相关研究已成为社会政策理论的重要分支（杨团，2005）。其理念是：社会政策制定不仅要关注资

* 肖棣文，中共广东省委党校（广东行政学院）公共管理教研部副教授，研究方向：社会保障、政策过程；朱亚鹏，中山大学政治与公共事务管理学院、中国公共管理研究中心教授，研究方向：公共政策、社会保障。

源再分配，还应从资源生产角度着手，为公众提供参与社会生活的公平机会。让每个人拥有参与社会生活的资产和能力，是社会政策的核心关切。因为，"拥有资产的人容易在社会上有好表现，……没有资产的人不容易把事情做好"（谢若登，2005）。作为应对社会风险的有效方式，资产为本的社会政策强调资产建设中的个人和社区参与。这既能为个体提供维持生活、改善家庭环境的机会，又可以提升他们的能力，使他们成长为与国家、市场分担福利责任的独立主体。资产为本的社会政策对福利供给持积极态度，鼓励国家、市场和个人一起通过资产积累来提升福利水平。这对解决"福利陷阱""福利污名"等传统福利政策问题有参考意义。

资产和资产建设是这套社会政策体系的核心。资产是由一定方式获得的人力、社会、金融或者自然性质的固定物（Ford Foundation，2004）。它具有发展、改进、转换和代际传递的特点（Moser，2009），社会、政治属性很强。社会认可度高的资产价值更大，资产效应作用更被重视，影响范围也更广。资产概念内涵丰富，资产建设、累积不止于发现自然资源、社会成员和社区潜在的市场价值。同时，拥有资产被视为政治共同体成员的重要权利，是参与公共生活的前提。资产为本的社会政策重视善用资产，通过资产积累将解决社会问题和推动社会发展结合。基于具体政策项目，特定资源与能力获得社会认可，转化为资产。资产再释放社会效应，让个体受益、社会福利水平提升，最终实现共同体的繁荣。基于政策引导和行动者互动，资产为本的社会政策将自然、个人和社区的资源与公共福祉联系起来，而不只是让资源成为"赚钱"的工具（Sen，1997）。通过经济活动完成的资产积累，受到社会环境、政治结构等因素影响。社会对资产的认可度，对资产积累方式的约束，公共政策安排来确保资产产生经济、社会效应，决定了资产本身的"价值"。在经济全球化背景下，全球市场的资产对价转换、类型变换趋势也深刻影响资产积累效果。为此，参与主体需要灵活选择行动策略，因时间、社会环境变化调整，才能实现资产有效建设。

在儿童保护领域，资产为本社会政策的价值已得到高度重视。儿童是家庭的希望，也是国家、社会的未来。儿童健康成长需要来自多方的共同保护。在完善的福利体制下，社会保护的题中之义是将收入和资产转移给社会弱者，让其生活、发展不受阻于社会障碍（Devereux & Sabates-Wheeler，2007）。基于此，国家制定儿童社会保护政策，不应止于提供充足的食物、健康保护以及教育机会，还应该着力激发社区、学校和其他社会力量积极行动为儿童成长赋能，为其提供"保护盾"（Benson et al. , 2004）。有学者认为，可以基于"资产积累"的框架来看待儿童保护，提升儿童面对压力挑战、融入社会的心理和行动能力（Benson, 2003）。因为，将家庭和社区的资产建设做实，使之成为儿童保护的重要内容，是资产为本社会政策的题中之义。

基于资产积累来实现儿童保护的实践已在世界各地开花结果。在欧美国家实践逐渐成熟的同时（Kretzmann & McKnight, 1993），资产为本的社会政策项目也已扩散到亚洲各国，并吸引不少研究目光。中国政府近年来也开始提倡弱者发展机会公平的理念，推动包容性发展的政策实践，展开以资产为基础的社会政策探索（如 Deng et al. , 2013）。部分地区出现针对儿童的资产积累政策，建立社区为本的儿童保护机制是其政策重点（贺连辉、陈涛，2018）。但儿童保护领域中围绕家庭、社区的资产建设仍不够系统，探索实践较少（赵芳、朱宁，2019），项目效果亟待提升（徐丽敏等，2019）。更少有研究深入分析涉及儿童保护的资产为本社会政策实践（例外：亓迪、张晓芸，2020）。本文以社会企业"e农计划"推动乡村资产建设的实践为例，剖析其实施进程，基于资产为本的社会政策理论视角，探讨社会企业参与乡村资产建设的问题与挑战。研究通过整理围绕"e农计划"的新闻报道、公开访谈、推文与视频等资料，实现对研究案例的过程追踪①。基于案例分析，本研究可丰富对中国资产为本的社会政策实践的认识，也能为社会组织参与社会福利体系建设提供参考。

二　乡村资产建设缘起：助力儿童福利质量提升

中国农村留守儿童数量庞大，健康发展压力不容小觑，是急需保护的对象。据 2013 年发布的《我国农村留守儿童、城乡流动儿童状况研究报告》，全国留

---

① "e农计划"由邓飞先生发起，完成了一系列能见度高、影响力广的项目，大量新闻媒体关注，且不乏深度报道。邓飞先生在很多场合接受公开访谈，向公众传递"e农计划"等项目的价值和发展设想。"e农计划"还有公众号、微博，既进行市场推广又进行公益宣传。这都是本文重要的研究资源。本研究还收集了"e农计划"的理事单位、合作地方政府发布的公告、新闻，整理了围绕它的研究论文。本研究系统梳理、仔细甄别上述资料，尽量客观地进行案例过程呈现。

守儿童超过 6000 万人①。诸多农村儿童衣食短缺、营养不良，在教育、身心健康发展方面与城市儿童差距明显（刘志军，2020）。更严重的是，很多农村适龄劳动力以外出打工来维持家庭收入，牺牲陪伴、照顾子女的时间，对留守儿童的心理、社会认知和发展带来负面影响（Chen et al.，2015）。

中国政府和社会各界十分关注留守儿童，多措并举力促他们健康成长。国务院各部委联合出台一系列法规和政策，搭起儿童保护与发展的框架②。一些政策实践已在儿童教育、儿童营养和健康照顾、特殊儿童保护等领域取得成效。囿于中国区域差异大、福利问题多样，"解决儿童发展面临的突出问题，促进儿童的全面发展和权利保护，仍是今后一个时期儿童工作的重大任务"③。其中，留守儿童保护直到 2008 年才真正被提上政策议程。公益慈善组织是留守儿童保护的主力之一。除"希望工程"项目、国际公益组织外，本土草根社会组织在儿童保护、儿童福利服务供给方面也十分活跃，"免费午餐""童伴计划""蓝信封"等公益项目正日益成熟。

中国推动儿童保护的努力值得肯定，但多个根本性问题尚待解决。儿童健康成长离不开家庭，家长的陪伴和言传身教是品性塑造的关键。由于缺乏父母关爱，或受隔代抚养影响，留守儿童身心健康状况与一般儿童差异明显（李钟帅、苏群，2014），患心理疾病、犯罪的概率更高。一些幼童甚至遭受严重身心伤害，产生长久、持续的影响（李晓敏等，2010）。公益组织的实践也表明，父母的关爱和陪伴对儿童健康成长的作用不可替代④。要从根本上实现留守儿童保护，必须重视家庭的作用（严骏夫、徐选国，2020）。从提升儿童保护质量的角度看，国家与社会需要对留守儿童家庭赋能，让留守儿童的父母能够陪在子女身边的同时，就地就业、赚钱养家。采取可行的方式重建乡村，让乡村积累起能承载留守儿童家庭的资产，理应成为备选。研究表明，营造儿童友好环境

---

① 民政部 2016 年底数据显示，经严格排查确认的留守儿童约为 902 万人。

② 《义务教育法》《母婴保健法》《预防未成年人犯罪法》《中国儿童发展纲要（2001—2010年）》《中国儿童发展纲要（2011—2020 年）》是相关法律、政策基础。国务院各部委联合全国妇联等组织还出台了一系列具体政策方案。

③ 《中国儿童发展纲要（2011—2020 年）》，2011 年 8 月 8 日，http://www.scio.gov.cn/ztk/xwfb/46/11/Document/976030/976030. htm.

④ 如邓飞所言："如果孩子的父母不在家里，不在孩子身边，我们的努力注定是徒劳的。因为我们没有从根本上解决孩子的困境问题。"《邓飞：公益如何混搭商业，系统解决留守儿童问题》，2016 年 4 月 8 日，http://www.mianfeiwucan.org/infor/detail3/post/1479/。

十分重要（宋月萍等，2020）。以家庭、社区和学校以及朋辈为基础的社会资本能够显著提高留守儿童的抗逆力（严骏夫、徐选国，2020），环境友好型社区建设可以促进留守儿童发展（陈静、王名，2018）。乡村地区拥有的资源（如旅游景观、生态食品、地方文化）有其独特和持续的价值，是积累资产、振兴乡村进而实现儿童保护的保证。邓飞等人发起的社会企业"e农计划"辐射中国中西部诸多市县，意在通过农产品购销来增加家庭收入，引导农村劳动力回流，为留守儿童带来陪伴并改善其福利状况，是社会企业参与乡村社区资产建设的典型。

三 从"乡土资源"到"乡村资产"："e农计划"的方案及实施

在成功倡导并运营"免费午餐""大病医保""保护女童"等公益项目之后，邓飞发现，让儿童吃饱穿暖、免于疾病侵害，不能从根本上解决他们的健康发展问题。儿童成长最不可或缺的是家庭关爱。然而，农村地区机会贫乏，家庭生计维持困难，劳动力只能去城市工作，将老人儿童留在农村。尽管留守儿童的温饱得到解决，但缺乏父母陪伴、指引难以顺利成长。从实质上保护儿童福利，需要让家庭在获得稳定收入的同时给予儿童陪伴。这要求从提供工作机会着手，让父母在乡村安居乐业，最终实现乡村振兴。

（一）"e农计划"的初期运作：为保护儿童而生的社会企业

"e农计划"意在帮助偏远农村建立基于自然禀赋的产业，吸引留守儿童父母回家工作。它初期着眼于将地处偏远、没有工业污染的农产品推荐到城市，形成稳定的购销模式①。城市可以获得价廉、安全的绿色食品；农村劳动力则获得稳定的收入，留在农村、发展农村；农村儿童获得更多陪伴，利于身心健康发展；农村老年人也摆脱空巢之苦，乡村得以"更有尊严地发展"。

为让"e农计划"落地，邓飞以中欧国际工商学院为平台，利用个人影响力来搭建组织架构。2013年4月，邓飞在中欧国际工商学院提出"e农计划"的想法，并联络校友捐款支持。他希望首期能联合100名中欧校友，每人出资1

---

① 《邓飞发起e农计划帮助乡村公益自我"造血"》，2014年11月29日，http://www.shan-da960.com/shanxinglu/article/220002。

万元成立社会企业。第一批募集于次年 6 月完成，加上后续捐款共约 400 万元。此后，他与中欧校友注册私募基金会，成立由基金会控股的商业公司。公司的初期商业计划是，向贫困山区村民收购农产品，并利用网络平台打造 e 农春天品牌，让农产品实现品牌化运营。公司盈利不分红，而是继续投入"e 农计划"。它的初期运营由多名中欧校友主导，志愿性极强。这些商业精英利用各种资源来推动项目落地：有的为 e 农提供农产品供应渠道，有的接手"e 农计划"的线上商城运营，有的参与品牌策划宣传，有的为农产品提供技术检验①。中欧国际工商学院部分教师被聘为顾问，协助宣传推广。全职参与运行的工作人员并不多。

"e 农计划"的主要产品来自参与"免费午餐""大病医保"项目的 10 余个合作模范县。"e 农计划"下属运营公司与这些偏远贫困县的农民专业合作社对接，以高于市价约 5% 的价格收购农产品，经检测和包装后，再销售出去。合作地区政府发展愿望迫切，且因长期互动对邓飞团队有基本信任，两方在农产品购销上很快形成合作伙伴关系②。"e 农计划"在市场营销上主打"感情牌"。邓飞为"e 农计划"设计了"帮农产出村，让爸爸回家"的亮眼口号，将大众消费与公益慈善结合起来："购买就是做公益，消费就是帮孩子。"他还利用在媒体工作时建立的社会网络，在不同场合进行宣传。除纸媒新闻报道和个人社交媒体宣传外，他成功联系到广西电视台《第一书记》栏目，为项目在湖北鹤峰县的实施录制节目，邀请到"二更"视频团队为"e 农计划"拍摄宣传片。宣传的首要目标群体则是邓飞团队 2011 年起推行的 8 个慈善项目的捐赠者。

（二）"e 农计划"的发展：以专业运营促进资产积累

2014 年底，"e 农计划"从北京搬至杭州，社会企业进入专业运营阶段。在一位中欧校友的帮助下，"e 农计划"在杭州获得可免费使用 5 年的办公场地。出于经费和发展考虑，邓飞将"e 农计划"等公益项目迁出北京③。"e 农计划"

---

① 《邓飞：我们为什么发起以及凭什么做好"e 农计划"？》，2014 年 8 月 11 日，http://www.paihang360.com/ph/news_ph.jsp？op = op_browse&record_id = 17428417。
② 《"E 农计划"将鹤峰农特产 E 至城市》，2015 年 1 月 13 日，http://www.enshi.cn/2015/0113/301862.shtml。
③ 《邓飞的"公益帝国"》，2013 年 8 月 13 日，https://gongyi.qq.com/a/20130813/008459_all.htm。

在杭州成立"杭州易农农业科技有限公司",由4名主要发起人持股控制,从志愿化组织走向规范社会企业运营。邓飞等人认识到,要想持续运作乡村资产建设计划,必须区分并规范公益和商业。2016年2月,作为"e农计划"公益资金募集平台的浙江益农慈善基金会成立。该基金会被"e农计划"发起人定位为"中国可持续公益的践行者",担任公益慈善项目的资金募集方,通过注资、捐赠的方式来支持社会企业运作。这既可以给社会企业提供运营资金,又确保个别项目的失败不影响整体运行。邓飞团队还成立中国乡村儿童联合公益办公室,整合多个公益项目,让它们共享资源,提升行动能力①。

在杭州站稳脚跟后,"e农计划"开始招聘专职人员,理顺商业流程。根据最初设想,"e农计划"是农村家庭和城市家庭间的消费桥梁,要承担农产品遴选、质量检测,品牌设计包装以及产品销售、物流等任务。团队根据自身能力将品牌营销作为运营重点。2015年,"e农计划"将所有农产品贴上"e农春天"的品牌,并邀请跨国设计公司IDEO设计农产品包装②。基于持续发展考量,"e农计划"还非常注重农产品质检,找到稳定的第三方检测机构作为合作伙伴③。同年"e农计划"依托的杭州易农农业科技有限公司建立专业化治理结构。次年,"e农计划"聘请某物流公司董事长为CEO,理顺工作流程、提升运行效率。

在产品销售方面,"e农计划"不仅进驻电商平台,还用"分销"模式来提升销量。通过多方努力,"e农计划"下属杭州易农农业科技有限公司的营业范围于2015年从微店、淘宝,扩展到飞牛网、有赞、试客圈、顺丰有物等电商平台。平台店铺运营不但需要充足的人手应对用户的购物需求,而且要对品牌推广宣传投入巨资,否则"e农计划"的农产品很难被发现。这远超出公司的能力范围。为此,"e农计划"与点点客、人人店平台合作,支持有意向的参与者在平台开店代理农产品,以扩大产品行销。就具体销售策略而言,"e农计划"注重粉丝动员和熟人销售模式。在淘宝等大型电商平台上,囿于产品推广资金

---

① 中国乡村儿童联合公益,包括微博打拐、免费午餐、大病医保、暖流计划、儿童防侵、会飞的盒子、拾穗行动、让候鸟飞、水安全等10个公益项目、1家社会企业和1家民非组织。

② 《IDEO在中国接了一个活,又开始想象它们的"创新"了》,2015年4月15日,https://www.qdaily.com/articles/8143.html。

③ 《免费午餐发起人邓飞联合商人做社会企业》,2015年3月14日,http://gongyi.sina.com.cn/gyzx/2015-03-04/105151868.html。

投入少，它只能效仿部分淘宝店铺打造"爆款产品"①。"e农计划"还充分利用中国乡村儿童联合公益办公室下属项目"青螺学堂""青螺营"②，让销售农产品成为学员的必修课。此外，"e农计划"专门打造商务礼品、员工福利礼物系列，将发起人企业的商务订购做成主营业务。

在多方努力下，"e农计划"的商业运行进入轨道（表1）。2015年，"e农计划"与贫困县伙伴合作开发出20余种农产品，形成较稳定的产品供给链、宣传链和销售链。同年，公司旗下农产品销售额达到461万元，实现利润55.5万元。次年底，"e农计划"的营运范围扩展到多家购物平台，累计营业额达2000万元。其中，2016年双十一期间，e农春天系列产品订购量达2000单。部分农产品的生产、采购和销售稳步提升，如"e农计划"承销的湖北鹤峰蜂蜜，从2014年的不足2吨提升到2016年的6吨。

表1 "e农计划"农产品销售额一览（2014～2016年）

单位：元

年份	云南临沧、漾濞	湖南紫鹊界	广西灌阳	湖北鹤峰	陕西平利、岐山、眉县	新疆	四川凉山	内蒙古阿拉善
2014	336600	80000	216000	682500	75000	—	—	—
2015	1283000	351281.7	326900	332955	490495	1105994	—	—
2016	1176275	476256.7	463235	917656	352535	1807200	231050	221020

资料来源：e农春天公众号推文《跨年夜，我们许下心愿》，最后访问：2018年10月20日。

（三）"e农计划"的战略远景：从家庭资产积累到乡村振兴

实现农产品稳定销售只是"e农计划"初期目标之一，彻底解决儿童保护难题才是核心目标。要解决乡村福利难题，必须深度介入乡村发展，建设内源发展力的美好社区（刘素素、吕彩云，2020）。农产品购销是"e农计划"撬动

---

① 对于"烧钱"的电商行业，"e农计划"不到300万元的投资显得捉襟见肘："我们只能够去打这种突袭，我们不能打阵地战，创新才能活下去。"《免费午餐发起人邓飞联合商人做社会企业》，2015年3月14日，http://gongyi.sina.com.cn/gyzx/2015-03-04/105151868.html。

② 青螺学堂是邓飞、涂猛、郑壹零联合众多公益人发起的公益培训机构浙江省青螺公益服务中心下属品牌，旨在帮助中国县域公益组织青年执行官提升四项专业能力，推动县域公益组织专业发展。

各方资源实现儿童保护战略目标的杠杆。该计划的长远战略在于推进中国乡村自我造血与持续成长，实现资产积累，自然实现儿童保护。

首先，"e农计划"引入商业资本参与贫困地区开发，在为企业开拓原料市场的同时，替政府解决贫困难题。它于2015年在湖北省鹤峰县引入北京百花蜂业，助推精准扶贫工作，推动"农户＋合作社＋龙头企业"的产业模式发展：农民找到稳定收购对象实现增收，地方政府扶贫难题得以缓解，企业则获得高质量的货源和稳定的消费者群体。在初见成效后，邓飞团队也试图将鹤峰经验向其他合作贫困县推广。其次"e农计划"团队认识到，专业人员对乡村振兴不可或缺。此后，邓飞团队在2014年成立"青螺学堂"，培养青年公益人。机构以中欧校友资源为依托，计划为县域内的公益组织培训青年力量；也为贫困地区年轻人提供培训，开办合作社、小微企业的支持①。最后，发起人为"e农计划"制定了宏大的远景战略。一方面，它试图通过不断增加系列农产品，拓展销售渠道、提升销售能力，推动农业规模化、专业化。它还计划包装乡村文旅资源，吸引更多城市居民来消费观光，提升乡村资源的价值，形成留住乡土人才的产业模式。另一方面，它也试图建立长期稳定的社会组织互助机制，提升社会力量的集体行动能力，探索社会企业参与基层社会治理的可能。

（四）"e农计划"取得的成效

"e农计划"打造出亮眼的农产品牌，形成良好的带动作用，成为中国乡村儿童联合公益中的重要一环（表2）。它利用新媒体和传统媒体开展全面宣传，吸引诸多"粉丝"购买系列农产品。由于能够帮助解决扶贫问题，"e农计划"在贫困县市也获得政府支持，在区域内被重点推介。此外，"e农计划"催生了青螺学堂、青螺营等公益慈善项目助力乡村振兴。"e农计划"下属的"e农春天"公司更是于2018年通过中国慈善会社会企业认证②。这让它在从关注儿童福利走向以资产建设为基础的乡村振兴的路上迈出坚实一步。

① 《邓飞：如何用跨界的方法解决社会问题?》，2016年10月24日，https://www.sohu.com/a/116990066_255167。

② "e农春天"公司实际即为杭州易农农业科技有限公司。

乡村社区资产建设中的社会企业参与

表 2　中国乡村儿童联合公益下属公益项目一览

公益议题	公益项目
乡村儿童	免费午餐、大病医保、暖流计划、微博打拐、儿童防侵、拾穗行动、会飞的盒子
乡村经济	e 农计划
乡村生态	水安全、让候鸟飞
乡村人力	青螺学堂
应急救援	心唤醒基金
公益社群	青螺营

资料来源：乡村儿童联合公益简介，https://chudu.kuaizhan.com/。

在"e 农计划"执行相对成熟的区域，农民家庭得到实惠，贫穷面貌有所改善，"帮农产出村，让爸爸回家"的愿景部分实现。参与"e 农计划"的 10 余个贫困县已经打造出一批产源稳定、销售可观的农产品，包括临沧红糖、鹤峰蜂蜜、新晃茶叶等。这些产品销量的提升，让当地农民看到返乡就业的希望。比如，该计划在鹤峰县就吸引了 500 余名留守儿童家长返乡加入"养蜂人"行列[①]。在云南、广西等地，它也成为农村青年返乡创业的重要支持者。此外，还有部分农户因加入"e 农计划"的合作商而受益。乡村的改变对留守儿童福利也带来正向影响，这对其"从商业切入农村公益"的发展规划具有积极意义。

四　社会企业助力乡村振兴的困境和挑战：资产建设的视角

"e 农计划"已成为贫困山区的活跃社会企业之一，在倡导、践行乡村资产建设方面表现突出。不过，基于资产为本社会政策视角分析，社会企业自身发展和乡村资产积累都面临不小挑战。在将商业和公益进一步有机结合的探索中，"e 农计划"还需要有效应对诸多政治、经济和社会因素的影响，接受重重考验。

（一）"e 农计划"推动乡村资产建设遭遇的困境

"e 农计划"在"帮助更多留守儿童家庭"和"农产品供销专业化、商业

---

① 《鹤峰：牵手民间组织推动深度扶贫》，2017 年 3 月 21 日，http://hbfp.cnhubei.com/2017/0321/350589.shtml。

化"上存在两难困境。资产为本社会政策视野下的资产建设，核心在于帮助和鼓励个人、家庭提升能力，围绕社区优势资源来积累并持有资产（刘素素、吕彩云，2020）。作为社会企业，"e农计划"致力于多种农产品购销，试图打造"e农春天"系列产品来覆盖更多贫困地区的留守儿童家庭。但这些农产品产量少，品质也不稳定①，难以达到商业化的要求，品牌效应并不突出。除在鹤峰、临沧、漾濞等地有较稳定的特定品种供销外，"e农计划"承销的其他农产品供销有明显的波动。在这个意义上，农产品并非这些社区的优势资源。若"e农计划"选择与在地的农产品公司深度合作，既会影响社会企业在资产建设中的参与度，又很难保证青壮年劳动力的就业和薪酬，社会企业对农村社区的资产积累、留守儿童福利水平提升的直接影响必然减弱。

在发展规划方面，"e农计划"尚未协调好"乡村资产建设"和"发展持续盈利的社会企业"两个目标。基于发展愿景，它试图"在农产品生产、品控、消费等方面建立标准，牢固话语权"，并"聚集农产品科研、政策、技术、产销、培训等力量，自由而多元，分工又协作，支持国家深远有力解决中国'三农问题'"。这是一份系统的乡村资产建设愿望清单，有消弭城乡发展鸿沟的雄心。为此，"e农计划"四面出击，联合商业公司、社会组织和地方政府一起重建乡村经济，推动乡村振兴。不过，社会企业有效参与乡村资产建设的前提是自身能力和资源已具备优势（张和清，2021）。"e农计划"则面临非常实际的生存挑战。它不仅需要保持盈利，让发起人放心投资，让员工安心工作，还需要通过健康的经营状况来获得参与农户、地方政府的合法性背书。"乡村资产建设"需要它四面出击，"发展持续盈利的社会企业"则要求它专注经营、注重盈利。"e农计划"仍在这两者之间摇摆。

"e农计划"的产品营销也并不稳固。发起人最初的设想是，以中国乡村儿童联合公益前期项目积累起来的粉丝作为潜在顾客群体。"e农计划"也经常发起"运动式"营销来激发消费热情，达成销售目标②。但社交媒体粉丝的热度

---

① "e农计划"并不一定能够收到优质的农产品。优质农产品是稀缺品，它要跟运行成熟的农业公司和专业平台竞争。《分论坛四：用传播思维跨界联动、资源整合，助力扶贫攻坚》，2018年6月1日，http://www.shanda960.com/shandaguan/article/15327。

② 《免费午餐发起人邓飞联合商人做社会企业》，2015年3月4日，http://gongyi.sina.com.cn/gyzx/2015-03-04/105151868.html。

难以持续①。同时，人手有限，农产品质量不稳定，让粉丝购物者不时诟病②，农产品购买常客比例仅为 10% 左右。对此，"e 农计划"逐渐将销售重点放在公司的产品团购上③。这种销售模式高度依赖相关企业的承受能力，对社会企业本身的可持续运营不利。但若不依赖粉丝、发起人，"e 农计划"则无异于无根之木，对贫困地区的农户和政府也会失去吸引力。社会企业与所在社区融入度不足、与市场有机结合度不高，很难为乡村提供将资源持续转化为资产的稳定渠道，资产建设能力自然大受限制（张玉强、张雷，2019）。

（二）"e 农计划"发展面临的挑战

首先，"e 农计划"面临如何持续推进项目的挑战。资产建设过程漫长，需要长期积累和持续努力才能见效（Prabhakar，2009）。"e 农计划"虽然有超百位发起人，但募集资金额度不大，很难保障组织持续运营。这也使得它在运营上面临人手不足、团队专业性不理想的困难，更要应对人员流失的挑战。为扩大销售影响，"e 农计划"发起购买者、捐赠者参与的"e 农小店"。但这种让顾客成为"推客"的销售模式，有让社会企业美誉度受损的风险。同时，"e 农计划"不具备如免费午餐项目所拥有的道德优势和持续融资的能力。从长远看，社会企业在能力不足的情况下助力乡村资产建设，可能难如其愿。

其次，"e 农计划"覆盖了诸多公益任务，有目标失焦的危险。资产积累与建设有其演进的逻辑顺序。基于个人的资产积累通常在社区资产建设之前，并对后者有促进作用（Blunkett，2007）。"e 农计划"的愿景宏大，希望以资产建设为切入点，实现从留守儿童保护到乡村振兴的跨越。除搭建平台帮助贫困农户输出农产品外，该计划还希望引入专业技术提升农产品质量。它也试图将贫困地区的农民组织起来，为其提供小额贷款，实现联合生产，建立合作化经营

---

① 《邓飞的"公益帝国"》，2013 年 8 月 13 日，https://gongyi.qq.com/a/20130813/008459_all.htm。

② 有购物者表示："当时 e 农开始做的时候，我们买过一次他们的核桃，有一些核桃是坏的，当时我妈妈就说，你看看公益的东西，价格高，但是是这样的，那我不如去买淘宝店家的。"《分论坛四：用传播思维跨界联动、资源整合，助力扶贫攻坚》，2018 年 6 月 1 日，http://www.shanda960.com/shandaguan/article/15327。

③ "e 农计划"下属公司 CEO 江其霖女士表示："我们大部分的销售更多是来自 B 端，在 C 端上现在做产品实在是太难，而且需要打低价，这是没有办法的。"《分论坛四：用传播思维跨界联动、资源整合，助力扶贫攻坚》，2018 年 6 月 1 日，http://www.shanda960.com/shandaguan/article/15327。

模式。此外，"e农计划"更规划在贫困地区开展旅游、文化教育等一系列项目。这涉及乡村资产建设的诸多项目，不但需要充足的资源和人手，而且依赖多方长期、系统和有序的关注（龚志伟，2020）。为此，"e农计划"引入多家商业公司、社会组织以及志愿服务团队参与合作。这些参与者目的不同，对它的愿景并不完全认同，很难与其一起循序渐进，为社会企业坚持战略目标带来挑战。

最后，"e农计划"面临经济、社会环境变化带来的挑战。任何资产为本的政策项目都要嵌入宏观制度背景，以帮助个体和社区破除发展藩篱、积累资产为目标。在城乡差距的背景下，"e农计划"从促进农产品销售切入乡村资产建设，稍显理想化。一方面，乡村资产建设对贫困地区农户、留守儿童家庭吸引力并不强。在"e农计划"覆盖的区域，参与者仍以老弱病穷家庭为主，青壮年劳动力仍在外不归。同时，除稳定的收入外，农村家庭认可的优质资源还包括儿童教育、生活便捷等能助力家庭发展的要素。在这种认识下，这些目标家庭持续向发达的城市地区流动。另一方面，"e农计划"还要与其他乡村振兴项目竞争。政府出台的整体搬迁、集中居住政策，电商巨头参与的农村电商计划对乡村振兴的促进同样明显。若"e农计划"不能够在短期内带来显著的资产建设效果，就可能逐渐淡出公众视野，失去自我存续的基础。

五 社会企业参与乡村资产建设：前景展望

案例分析发现，"e农计划"作为社会企业参与中国乡村社区资产建设在取得一定成绩的同时仍面临诸多挑战。这与社会企业定位不清晰、对乡村资产建设和资产积累过程理解不足有关。

首先，社会企业在乡村资产建设、儿童保护中的角色需更加明确。一方面，社会企业可以实质参与特定区域的乡村资产建设，在这些地区深耕，做好将乡土资源变成乡村社区资产的发掘者。它们对于提升和增加贫困家庭的行动能力和现金流意义重大（Lombard，2006）。另一方面，社会企业也可以继续充当政策倡导者，呼吁从资产为本社会政策角度推动乡村振兴、提升儿童福利。两种角色要求社会企业采用不同的行动策略。从目前情况看，"e农计划"还在两种角色之间摇摆，影响其长期持续推动乡村资产建设。

其次，社会企业对资产内涵的挖掘尚需深入。除资金储蓄外，资产还包括帮助贫困家庭实现经济独立的技能、人际网络、基础设施以及非正式经济组织等社区资产（张和清，2021）。它们会为持有者带来稳定感和抵御风险的韧性，让其对未来有更积极的期望（Shobe & Page-Adams，2001）。目前，"e 农计划"在乡村资产建设中仍停留在帮助农产品找销路的层面，现代农业技能培训、生产组织培育才刚刚起步。对农村贫困家庭而言，就近工作带来资产积累效应并不足够。对其行为改变和品性塑造的"赋能"，还需要更稳定的家庭、社区资产基础（Bebbington，1999）。社会企业需完善资源转化为资产的机制，通过技术培训、基础设施建设等方式推动乡村经济结构变化，以带来贫困家庭所面临的机会结构的改观，为儿童发展提供更优质的环境（Alsop et al.，2006）。

最后，社会企业在乡村资产建设中的参与度有待提高。作为外来者的社会企业，与贫困地区地方政府、农村社区形成良好的互动，才能切实发挥作用。本案例显示，"e 农计划"在与地方政府联系紧密、适应地方经济发展，且与农村家庭持续互动的地区获得了更稳定的货源，也带来了最显著的乡村变化。有鉴于此，社会企业在乡村资产建设过程中应该加强与在地行动者的交流，从本土资源出发，协力打造促进资产积累的治理架构（刘素素、吕彩云，2020）。通过鼓励贫困家庭充分表达和积极参与，将本地资源转化为社区资产，会使资产建设和儿童保护发生更显著的改变。

参考文献

陈静、王名（2018）：《教育扶贫与留守儿童关爱体系建设——基于 D 县 T 村"图书导读试验"的研究》，《西北农林科技大学学报》（社会科学版），第 2 期。

龚志伟（2020）：《乡村振兴视阈下社会组织参与公共服务研究》，《广西社会科学》，第 4 期。

贺连辉、陈涛（2018）：《我国社区儿童保护和服务机制发展新走向》，《中国青年社会科学》，第 3 期。

〔美〕迈克尔·谢若登（2005）：《资产与穷人——一项新的美国福利政策》，高鉴国译，北京：商务印书馆。

李晓敏、袁婧、高文斌、罗静、杜玉凤（2010）：《留守儿童成年以后情绪、行为、人际关系研究》，《中国健康心理学杂志》，第 1 期。

李钟帅、苏群（2014）：《父母外出务工与留守儿童健康——来自中国农村的证据》，《人口与经济》，第 3 期。

刘素素、吕彩云（2020）：《资产为本视域下的农村社区能力建设与扶贫模式：基于 J 村政府购买服务项目的案例研究》，《中国非营利评论》，第 1 期。

刘志军（2020）：《留守儿童行为发展影响因素研究——基于 137 个案例的回溯分析》，《浙江大学学报》（人文社会科学版），第 6 期。

亓迪、张晓芸（2020）：《儿童发展账户对儿童发展影响效果的系统评价研究》，《人口与社会》，第 2 期。

宋月萍、韩筱、崔龙韬（2020）：《困境留守儿童社会排斥状况及对健康的影响》，《人口研究》，第 2 期。

徐丽敏、徐永祥、梁毓熙（2019）：《需求与结构：现代家庭视角下困境儿童保护的政策研究——基于天津市第二批全国儿童社会保护试点区的案例分析》，《学海》，第 5 期。

严骏夫、徐选国（2020）：《社会资本、抗逆力与留守儿童的教育获得——基于 7 省 "农村中小学生发展状况调查" 的实证研究》，《中国农业大学学报》（社会科学版），第 2 期。

杨团（2005）：《资产社会政策——对社会政策范式的一场革命》，《中国社会保障》，第 3 期。

张和清（2021）：《社区文化资产建设与乡村减贫行动研究——以湖南少数民族 D 村社会工作项目为例》，《思想战线》，第 2 期。

张玉强、张雷（2019）：《乡村振兴内源式发展的动力机制研究——基于上海市 Y 村的案例考察》，《东北大学学报》（社会科学版），第 5 期。

赵芳、朱宁（2019）：《近三十年儿童保护研究进展与趋势——基于 CiteSpace 和 HistCite 的图谱量化分析》，《社会工作》，第 4 期。

Alsop, R., Bertelsen, M., & Holland, J. (2006), *Empowerment in Practice：From Analysis to Implementation*, Washington, DC：World Bank.

Bebbington, A. (1999), "Capitals and Capabilities：A Framework for Analyzing Peasant Viability, Rural Livelihoods and Poverty," *World Development* 27 (12), pp. 2021 – 2044.

Benson, P. L., Mannes, M., Pittman, K., & Ferber, T. (2004), "Youth Development, Developmental Assets and Public Policy," Lerner, R. M., & Steinberg, L., eds., *Handbook of Adolescent Psychology* (2nd ed.), New York：Wiley, pp. 781 – 814.

Benson, P. L. (2003), "Developmental Assets and Asset-Building Community：Conceptual and Empirical Foundations," Lerner, R. M., & Benson, P. L., eds., *Developmental Assets and Asset-Building Communities：Implications for Research, Policy, and Practice*, New York：Kluwer Academic/Plenum Press, pp. 19 – 43.

Blunkett, D. (2007), *The Asset State：The Future of Welfare, 2005*, reprinted at http://www.ippr.org.uk/events/? id = 1529.

Chen, L. J., Yang, D. L., & Ren, Q. (2015), *Report on the State of Children in China*,

Chicago: Chapin Hall at the University of Chicago.

Deng, S., Sherraden, M., Huang, J., & Jin, M. C. (2013), "Asset Opportunity for the Poor: An Asset-Based Policy Agenda towards Inclusive Growth in China," *China Journal of Social Work* 6 (1), pp. 40 – 51.

Devereux, S., & Sabates-Wheeler, R. (2007), "Editorial Introduction: Debating Social Protection," *Ids Bulletin* 38 (3), p. 1.

Ford Foundation (2004), *Building Assets to Reduce Poverty and Injustice*, New York: Ford Foundation.

Kretzmann, J. P., & McKnight, J. (1993), *Building Communities from the Inside Out: A Path toward Finding and Mobilizing a Community's Assets*, Evanston, IL: Chicago, IL: Asset-Based Community Development Institute, Institute for Policy Research, Northwestern University.

Lombard, C. (2006), "Micro-Finance and Property Rights," De Soto, H., & Cheneval, F., eds., *Realizing Property Rights*, Berne: Rüffer& Rub, pp. 238 – 246.

Moser, C. O. N. (2009), *Ordinary Families, Extraordinary Lives: Assets and Poverty Reduction in Guayquil, 1978 – 2004*, Washington, DC: The Brookings Institution Press.

Prabhakar, R. (2009), "The Assets Agenda and Social Policy," *Social Policy & Administration* 43 (1), pp. 54 – 69.

Sen, A. (1997), "Editorial: Human Capital and Human Capability," *World Development* 25 (12), pp. 1959 – 61.

Shobe, M., & Page-Adams, D. (2001), "Assets, Future Orientation, and Well-Being: Exploring and Extending Sherraden's Framework," *Journal of Sociology & Social Welfare* 28 (3), pp. 109 – 127.

Social Enterprise Participation in Rural Community Asset Building

—A Case Study of the Children Protection Practice of the "E-Farm Project"

Xiao Diwen & Zhu Yapeng

[**Abstract**] It is no doubt that holding assets would have positive effects on maintaining the wellbeing of poor families. The asset-based social policy programs have also received continuous attentions and supports in China. Asset building programs that transform the natural resource into social assets is the vital tool to help rural families out of poverty by releasing the welfare effect of the assets. Taking the social enterprise named the E-farm plan as a case, this study explores the rural assets building process which aims to give better protection to rural left-behind children. It demonstrates the specific action strategies and roles of social enterprises in the process of asset building. The dilemma of social enterprise participation and its further development have also been discussed. This paper could help both to understand the governance in rural China and provide a model for the development of asset-based social policies in China.

[**Keywords**] Asset Construction; Social Enterprise; "E-Farm Plan"; Child Protection

NP

责任编辑：张潮

乡村社区资产建设中的社会企业参与

如何推动高校慈善通识教育

——基于"敦和·善识计划"的思考

叶珍珍　沈旭欣[*]

【摘要】《慈善法》颁布以来，全国各地陆续出台了发展慈善事业的政策法规，公益慈善的核心价值与时代使命得到进一步重视。随之，各类慈善组织与高校联手，在校园开展了形式多样的公益慈善教育项目，其中不乏有效模式，高校慈善通识教育也成为备受关注的核心议题之一，校园慈善文化氛围日益浓厚。

那么，如何推动高校慈善通识教育，促进其价值与使命实现？"敦和·善识计划"资助 51 位大学教师，在全国 34 所高校开设慈善通识课程。本文以该项目为例，通过分析其架构设计、过程节点问题和评估策略，提出基金会作为"社会创新推动者"，高校作为"知识生产者"，社会组织作为"桥梁"，在资源链接、知识生产、理念倡导和搭建平台中交互作用的协同创新模式，以期对高校慈善通识教育的普及、未来课题和应具备的发展进行观察，提出建议。

【关键词】高校慈善教育；通识教育；协同创新

＊ 叶珍珍，浙江敦和慈善基金会高级项目经理；沈旭欣，浙江敦和慈善基金会理事长。

一 价值之辩：慈善与通识教育

首先，从政策出发，我国通识教育政策与文化素质教育政策密切相连，旨在促进人的全面发展和公共利益的实现。2016 年，国家"十三五"规划纲要提出高等教育中实行"通识教育和专业教育相结合的培养制度"①，这是"通识教育"首次出现在中央政策文件中。同年 3 月，全国人大通过《慈善法》，规定"学校等教育机构应当将慈善文化纳入教育教学内容"②。2018 年 9 月，习近平总书记在全国教育大会上强调，教育要培养"德智体美劳全面发展"的社会主义建设者和接班人③。随后，2021 年修改的《教育法》将"培养德智体美劳全面发展的社会主义建设者和接班人"写入第 5 条，进一步丰富了马克思关于人的全面发展理论。

其次，通识教育思想的内涵具有高度复杂性，受到国外通识教育理念、中国传统文化，乃至当前教育政策话语的三重影响，慈善通识教育亦在西方公益理论、中国本土慈善价值与文化中孕育。具体到高校慈善通识教育课程，表现为两种形式：一种是"独立成课"，国内现有 30 余所高校将慈善相关课程纳入本科生公共选课系统，供学生选修；另一种是"融于规定课程"，按照国家要求，高校本科学生必须学习 9 门课程④，教师将慈善通识内容与 9 门必修课中的思想政治理论课程或创业基础课程相结合，而后者的课程研发基本完成，且在高校教师之间形成了一定的交流氛围与机制。

最后，由于"公益慈善通识教育"的研究和学术讨论尚不多见，仅散见于一些网络文章中，且学界对其界定尚未统一，现有主要为对课程的单体研究和成效研究，鲜有对"慈善教育"与"通识教育"的关系研究、互动研究，导致理论难以指导实践，且二者之间缺乏有效的学理统合。例如有的学者将社会责

---

① 2016 年，国务院发布《中华人民共和国国民经济和社会发展第十三个五年规划纲要》（http：//www. moe. gov. cn/jyb_xxgk/moe_1777/moe_1778/201603/t20160318_234148. html），提出"推进高等学校综合改革，实行通识教育和专业教育相结合的培养制度"。

② 2016 年《中华人民共和国慈善法》（主席令第四十三号）第九章促进措施第 88 条，http：//www. gov. cn/zhengce/2016 - 03/19/content_5055467. html。

③ 《坚持中国特色社会主义教育发展道路 培养德智体美劳全面发展的社会主义建设者和接班人》，人民网，http：//edu. people. com. cn/n1/2018/0911/c1053 - 30286253. html。

④ 郑思佳《我国通识教育政策过程存在的问题及对策研究》一文的附录 1。

任教育与专业教育结合，以专业教育作为实现社会责任教育的有效方式，培养学生以创新的方法解决社会问题，在承担社会责任的同时满足学生的自我实现需求；有的学者强调公益慈善通识教育与高校的思想政治教育、志愿服务及实践课程融合，引导大学生的价值发现；甚至有的学者将通识教育与慈善教育视为互不相关的两个领域。

总体来看，对高校慈善通识教育的目标和路径讨论已有基础，且引出思考方向。李健[①]从个人成长角度，认为通识教育是有关"好公民"的教育，它的目的是培养大学生做一个合格的公民，而非"制器"，将其纳入现有的通识教育体系可以在当前的教育环节中进一步帮助大学生塑造正确的价值观以及养成健全的人格。马玉洁则认为慈善通识教育的目标是培养"聪明睿智的外行人"，为学生当下和未来参与公益生活服务，使其成长为公益事业的关注者和参与者，成为公益事业发展的巨大推动力（马玉洁，2020）。李宏图[②]提出了高校公益慈善教育发展的可行路径：增强慈善教育多学科性，不局限于社会科学的课程体系设置和内容，要在不同学科维度与路径上传播慈善知识与理念，从而使学生产生不同维度的思考，提升认识世界和改造世界的能力。

二 善识计划：撬动慈善通识教育创新的尝试

"敦和·善识计划：高校慈善通识课程支持"项目（以下简称"善识计划"）由浙江敦和慈善基金会[③]（以下简称"敦和基金会"）与公益慈善学园[④]

---

① 李健，中央民族大学教授、公益慈善学园负责人。该资料来源于李健教授在"清华–敦和中国高校公益慈善教育发展论坛"上的发言，http://iptu.tsinghua.edu.cn/info/gyldlzx/1278。

② 李宏图，复旦大学通识教育课程委员会副主任。该资料来源于李宏图教授在"清华–敦和中国高校公益慈善教育发展论坛"上的发言，http://iptu.tsinghua.edu.cn/info/gyldlzx/1278。

③ 敦和基金会是一家资助型基金会，其使命是弘扬中华文化，促进人类和谐。基金会希望通过关注"慈善文化"，加强公益慈善伦理文化及其对慈善行为的支撑，持续探索本土慈善价值体系、理论体系和知识体系的构建及应用，而公益慈善教育无疑能够在传递慈善知识与价值体系的过程中，描摹中西、汇聚古今、弘扬慈善文化。

④ 公益慈善学园是由一群关心我国公益慈善事业发展的国内外专家学者联合发起的学术交流平台，以青年慈善学者为主，分布在全国各地高校，成员在研究与教育中一直发挥着潜移默化的作用，希望通过聚合效应产出体系化、理论化的慈善知识。

（以下简称"学园"）联合发起，现已开展两期。以培养有社会责任感、志愿服务精神的新时代人才为目标，通过支持大学教师开设全校范围内的公益慈善类公共课、高起点打造慈善通识课程体系，向青年学生普及慈善知识与价值，弘扬慈善文化。

该项目预期在全国50所高校设立慈善通识课程，形成可持续、可推广的慈善通识教育模式。具体包括：（1）打造慈善师资队伍，已支持51位教师在全国34所高校授课，超过4000名大学生参与学习；（2）建立起"3＋X"通识课程体系，辅以教学案例库、教学资料包、教研工作坊、第三方跟踪评估等，助力教师队伍建设；（3）引入"体验式慈善"国际教学理念，支持其在中国高校落地，让大学生体验服务学习，感受"资助和慷慨"带来的成就，已有60多篇学生心得体会发表。

（一）多方协同，做好顶层设计

研发之初，"善识计划"就将项目建立在"基金会 – 高校 – 社会组织（慈善中介组织）"多维合作框架中，以正式合作形式启动项目。学园依托在高校教师中的动员能力和号召力，在项目招募及动态管理中扮演重要的"动员者"与"组织者"角色；敦和基金会在项目研发、社会资源和资金的链接中发挥作用，扮演"资源供给方＋创新支持者"；高校教师运用慈善专业理论与知识，实现"教育实践"与"理论贡献"这一关键价值。

此外，为了实现长效有序的协同机制，项目设立"项目专家组"和"课程专业委员会"，项目专家组致力于项目自身的迭代创新，课程专业委员会负责公益慈善通识课程的研发与课程体系搭建（见图1）。

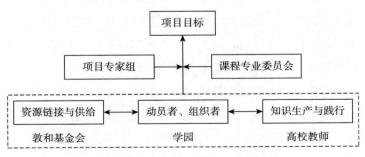

图1　"敦和·善识计划"的多方协同

（二）把握节点问题，从未来看今天

"公益项目模式"的核心要素是"节点问题"（陶传进等，2020），基于公益项目模式概念以及五层级分析框架，能够更为系统地观察和分析公益项目。在提炼"善识计划"节点问题时，要把握其"慈善＋教育"的双重属性，既发挥"慈善"专业优势，也遵循教育客观规律，依据项目发展的不同阶段，对问题进行分层识别，走向问题深处。

当前，项目处于第一阶段，面临的节点问题有：与谁合作？如何找到他们？又如何留住师资？实质是项目的资助标准。识别并解决这些问题，意味着搭建项目基石，是起步和生长的必要条件（见图2）。

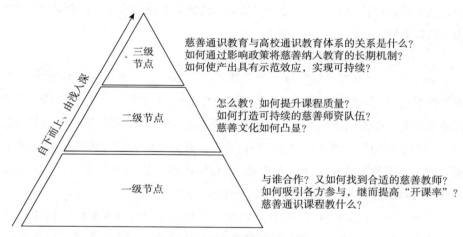

图2　"敦和·善识计划"面临的节点问题分析

第一，与谁合作？项目要找的是谁？为了增强慈善教育师资的稳定性，项目从长远考虑，定位于高校本科阶段的在编教师。如何找到对公益慈善有教研兴趣的教师？项目通过公开招募的方式，面向高校社群，在网络平台等新闻媒体广泛发布招募公告，同时以滚雪球的方式扩大范围。

第二，如何吸引各方参与，继而提高"开课率"？无论从课程申请流程还是课程吸引力上，在高校新开一门公选课都并不容易，前期要做好充分准备，至少兼具以下几点：教师的教学兴趣和研究背景、学生选课兴趣和既有学业负担。除此之外，"善识计划"的项目专家组与课程专业委员会也扮演着重要角色：协助教师开展课程宣传，帮助教师与教务部门进行必要的沟通，说明慈善教育对于校园慈善文化建设和学生成长的关键价值；更重要的是，专家们合力研发了慈善课程资料，包括教案、教学大纲、教学案例等，这对顺利开课起到了良好的促进作用。

第三，慈善教育教什么、怎么教？国内有百位教师提交了课程申请，学园面向他们逐一展开需求调研，据此拟定出"3＋X"慈善课程框架："3"代表慈善通识教育的三门核心课程，"公益与社会"、"社会创新与公益创业"和"慈善文化与伦理"；"X"代表开放性的慈善课程，如"公益慈善法律法规""企业家精神与慈善"等。研发并转化"三门核心课程"成为第一阶段的重点。

（三）以立体式监测评估，促进各方有效交流

在多方协同的过程中，"善识计划"进行了全流程、立体式监测评估，各方主体分工见表1。

表1　"敦和·善识计划"的监测评估分工

主体	分工	实施方法
高校教师	单体课程评价	借助高校自有课程评价系统，由学生在期末对教师授课打分，反馈学习体会
学园、敦和基金会	项目日常监测	统筹推进、纠偏、资源调配和进度调整，及时收集回应需求，解决日常难点
第三方评估团队	整体成效评估	评估团队由国内外慈善领域专家组成，运用混合研究方法，探究公益慈善通识教育的有效性

经过第一期项目评估，初步发现学生们对慈善课的三项关注重点：第一，"经验学习"，外请的慈善行业嘉宾走进课堂，能够更直接地促使学生认识、学习慈善经验，将其用于未来的学习生活。第二，在课程内容和教学方法中增加实践元素。第三，"如果有经费能用于真实的捐赠体验"，参与到公益慈善组织的决策当中，更能促进学生体悟（李华芳、李健，2021）。

虽然该项目的实施周期尚短，但第一期学生"需求意识"和"学业兴趣"方面提升显著，这鼓励着各方主体持续、深入地推进。据此，"善识计划"第二期将重点放在：强化"体验式慈善"理念，以"Learning By Giving"① 引导学生切身体验慈善；扩大课程的样本量，增加学校和具有多元学科背景的师资；

---

① 借鉴李华芳译法"捐着学"。

重视教育过程中的数据跟踪，关注长远。

2020 年 9 月，在"公益与社会"课上，中央民族大学 2017 级电子信息工程专业的梁同学表示："在上这门课之前，我还完全想象不到，自己将以这种方式和武汉，和疫情，和在咆哮着的新冠病毒恶魔的阴影之下苦苦坚守、奋力反抗的人们产生微妙的联系。之前，媒体中的宏大叙事让我将武汉想象成一个广阔无边的战场，在战场两侧分别是邪恶强大的病毒，以及更为高大光辉的、执剑操戈、名为'人民'的形象。而在此之后，我猛然意识到，那些穿梭于或高耸或低矮，或破败斑驳或崭新前卫的万千建筑中如蝼蚁一般的普通市民以及社区工作者，才是英雄的中国人民的主体。"

三　协同创新："善识计划"中的产学研模式分析

协同创新的思想主要源自管理学和经济学的研究，麻省理工学院彼得·葛洛教授的定义最为广泛接受：由自我激励的人员所组成的网络小组形成集体愿景，借助网络交流思路、信息及工作状况，合作实现共同的目标[①]。国内学界对其定义立足于协同创新与原始创新的区别，游士兵等认为协同创新是企业、高校、研究机构、政府、社会中介组织等创新主体平等互动的模式，通过深入合作与资源整合，产生系统叠加的非线性效应（游士兵等，2014）。近年来，协同创新思想逐渐扩展应用至教育领域，并引起广泛关注（何郁冰，2012；李祖超、梁春晓，2012；黄正夫，2014）。

从国内外实践来看，在类型方面，可分为内部协同创新和外部协同创新。内部协同创新指的是高校内部形成的知识分享机制，包括不同学科之间的交叉合作；外部协同创新即产学研合作，指企业、科研院所和高等学校之间的合作，通常指以企业为技术需求方，以科研院所或高等学校为技术供给方，两方开展合作。在层次方面，何郁冰认为高校外部协同创新可以分为战略协同、知识协同和组织协同（何郁冰，2012）。与外部协同创新类似，高校内部协同创新也存在三个层面的内涵，即价值需求上的协同、学科知识借鉴上的协同以及组织方式上的协同。

[①]　Collaborative innovation network，维基百科，https://wikimili.com/en/Collaborative_innovation_network。

结合过程和节点问题分析,"善识计划"协同创新框架搭建如图3所示。

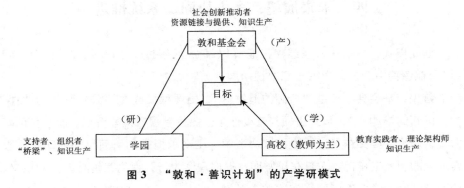

图3 "敦和·善识计划"的产学研模式

在这一动态进程中,三方主体协同创新,各负其责又互为补充,以促成社会效益的实现,使其成为目前国内独树一帜又不可替代的慈善通识教育创新力量,逐渐形成"基金会 + 高校 + 社会组织"的协同模式。其中的关键性协同要素为"需求主导 + 顶层设计 + 节点问题分析 + 全流程测评":注重顶层设计,发挥专家委员会的作用;各方定位准确、分工合理;通过梳理各阶段的节点问题,立足当下的同时展望未来;理念结合实践,及时关注测评及效果反馈的闭环。

学园:发挥独特优势,促进慈善教师定期交流研讨,并协助研究成果的转化,将其运用于慈善教育课程,教师也在教研相长中纵深前进。疫情期间,参与公益慈善通识课程的很多学生主动关注疫情态势,积极充当志愿者和捐赠人,做了很多力所能及的事情。

高校(院系及教师):充分发挥知识生产、教学及研究功能,并自主发起慈善通识教育的研讨交流、知识共享,通过各自的渠道,将研究成果以政策建议的形式输出,进一步实现改变。

敦和基金会:做"探索者的后援",在提供资金的同时,链接项目发展所需要的内外资源,积极搭建项目所属议题"公益慈善通识教育"的公共平台,促进高校与慈善行业之间有效对话合作,为长远建设提供了保障。

值得一提的是,基金会、高校和社会组织不是各自扮演着产、学、研的角色。就"知识生产"这一功能而言,高校和社会组织均有所支撑;高校同时担负着教学和研究功能;基金会不仅仅是生产者,也是支持者和研究者。这些角色的分配、转换和补位耐人寻味,也是该项目的特殊之处,以供后续研究。

四 未来展望：多方协同、系统推进

据此模式，分别从公益慈善行业（以基金会为主）、高等院校、社会组织（以公益慈善中介机构为主）三个视角展望。

首先，基金会不仅是"资源的提供者"，更要积极成为"公共服务的伙伴、社会创新的推动者"，起到引领与建设作用。高校慈善通识教育是一股教育创新力量，基金会要集结多元力量、综合资源，主动承担起创新项目的推动者和教育理念的引入者角色。尤其在研发期，提倡理念先行，强化慈善与教育的意义、价值与使命，这对于可持续推进尤为关键。此外，基金会作为行业组织，深谙慈善的"实践属性"，在课堂教学与学生实践上能够发挥独特的作用，例如增强行业师资、调动慈善从业人员参与课堂互动等。

其次，高校作为教育及研究重镇，要在夯实慈善理论的同时，从全人教育出发，将慈善内容纳入通识教育教学，扮演慈善通识教育的"知识生产者、理念倡导者"。教师是教育的第一生产力，高校尤其要抓住这一关键点位。当前，无论在研究数量上还是研究深度上，慈善教育工作还处于起步状态，虽然《慈善法》等政策法规强调了高校慈善文化建设与教育教学，但各地举措寥寥。未来应转变理念，探索将慈善内容纳入高校通识教育体系，重视产学研创新协同，形成可持续、可推广模式，进一步营造良好和谐的社会和校园慈善文化。

最后，社会组织尤其是慈善行业中介组织（包括智库、枢纽组织等），要发挥"桥梁"作用，搭建交流与协同平台，积极推动政策法规建设。由于慈善研究薄弱、理论尚在建设中，慈善教育知识基础不牢、分类不一、课程散乱。已有的零星课程资料尚待完备，缺乏案例更新，翻译资料较少，难以形成国际对话系统，对课程研发带来很大挑战。对此，单一高校或单一教师很难解决，需要智库、平台型/枢纽型组织发挥作用，搭建平台、整合力量，以系统性、前瞻性的眼光看待问题，在系统思维中创造性地攻破难题。

整体来看，国内高校公益慈善通识教育还在多元探索、积累成果阶段，并逐渐产生影响力。就当前阶段而言，夯实研究、凝聚共识、协同共创非常重要；就未来发展而言，需要高瞻远瞩、勇立潮头，培育青年慈善意识，营造社会慈善氛围，以慈善文化助力中国实现共同富裕。

参考文献

李华芳、李健（2021）：《育人为善——基于善识计划的一项混合研究》，《实证社会科学》，即刊。

游士兵、惠源、崔娅雯（2014）：《高校协同创新中交叉学科发展路径探索》，《教育研究》，第 4 期。

何郁冰（2012）：《产学研协同创新的理论模式》，《科学学研究》，第 2 期。

黄正夫（2014）：《基于协同创新的全日制教育硕士培养模式研究》，西南大学博士学位论文。

李祖超、梁春晓（2012）：《协同创新运行机制探析——基于高校创新主体的视角》，《中国高教研究》，第 7 期。

陶传进、朱照南、刘程程等（2020）：《公益项目模式——理论框架及其应用》，北京：社会科学文献出版社。

马玉洁（2020）：《服务学习研究：以新冠肺炎疫情中"体验式慈善"教学实践为例》，《高等教育研究》，第 9 期。

How to Promote the University-Based Philanthropy General Education？ Taking Dunhe Shanshi Plan as An Example

Ye Zhenzhen & Shen Xuxin

[**Abstract**] Since the Charity Law of the People's Republic of China was promulgated in 2016, relevant policies and regulations have been introduced, and the value and mission of philanthropy have been further emphasized. Under this background, NGOs have cooperated with universities to carry out various education projects, among which many effective models emerged. We are seeing that the philanthropy general education received much attention and the philanthropy culture in universities has become stronger.

This paper focuses on how to promote the university-based philanthropy

如何推动高校慈善通识教育

general education, taking the Dunhe Shanshi Project, which grant-making 51 teachers from 34 universities in China to teach philanthropy general education courses, as an example, and puts forward an effective collaborative innovation model. Here, foundations act as "social innovation promoters", universities as "knowledge producer", and NGOs as "Bridges". All parties interact with each other in resource link, knowledge production and platform building, and they work together to solve the problems in order to get feasible suggestions for the future development of the topic.

[**Keywords**] University-Based Philanthropy Education; General Education; Collaborative Innovation

责任编辑：蓝煜昕

中国基金会的发展与转型：
第三次分配背景下的思考[*]

史 迈 程 刚^{**}

【摘要】 对于当前的中国社会来说，如何利用第三次分配这样一种本土理论范畴，去理解和审视基金会的本土实践与发展过程，并由此思考未来转型之方向，是一个极具现实意义的研究问题。对于这一问题，我们认为，就第三次分配所指向的"财富升维"而言，现代基金会制度依然是一种较为理想的公益实践机制，但基金会在中国的发展历程也有着鲜明的本土化特征，迄今仍处在不断转型与进化的过程当中。面向未来，基金会需要肩负起更多财富升维的使命，从而更好地服务于社会和国家。

【关键词】 基金会；第三次分配；财富升维；公益

在我国全面建成小康社会、逐步走向共同富裕的今天，第三次分配业已成为与初次分配和再分配相并列的基础性制度安排。如何以第三次分配的视阈去理解基金会的行业发展，正成为当下学界一个值得深思的问题：一方面，作为

---

* 本文为国家社会科学基金重大项目"中国特色社会体制改革与社会治理创新研究"（16ZDA077）的系列成果之一。衷心感谢王名教授及其他师友在本文撰写、修改期间给予的宝贵意见。
** 史迈，清华大学公共管理学院助理研究员；程刚（通讯作者），浙江工商大学英贤慈善学院院长。

当前政策领域一大关注热点的第三次分配，其在学理上的内涵并不仅限于公益慈善，更是一种具有本土色彩的、有关财富和社会两者相互"升维"的哲学命题；另一方面，基金会迄今40余年的发展，实质上也是一个不断因地制宜、开拓和摸索的过程。这使得我们在试图理解第三次分配与基金会发展的相互关系时，实际上并不能简单地移植或依赖过去西方实践所形成的认知——何况"照猫画虎"式的制度仿制，同样也不符合我国治理体系建构的客观需求。因此，如何利用第三次分配这样一种本土理论范畴，去理解和审视基金会的本土发展过程，并由此思考未来转型之方向，便成为一个极具现实意义的研究问题。

一 第三次分配：一个有关"财富升维"的认知框架

第三次分配这一概念，原本是由经济学家厉以宁在20世纪90年代提出的一个经济学范畴，旨在表述建立在初次分配、再分配之上的，由社会部门在道德力量驱使下所完成的另一种收入分配过程（厉以宁，1999）。近年来，随着中央层面屡次提及，第三次分配再次回归到学界视野当中，并成为当下的焦点话题之一。不过，与厉以宁时代相比，这一概念对于当下中国社会的实际意义早已超越了单纯的道德倡导层面，而是指向了一种有关"财富升维及其相应实现机制"的全新内涵——其中既包括作为分配主体的财富拥有者、作为客体的社会，同时也包括作为媒介的财富本身，以及整个过程为社会所带来的变革性意义（王名等，2020）。

这种变化所带来的一大启发性意义，莫过于第三次分配是一种行为识别语境上的创新。对此，王超将第三次分配作为一种"语境"所具备的构建性和反身性特征（以及带来的影响）概括为以下三个方面：其一是对原有财富分配观念的解构和颠覆（价值观），其二是对财富、社会变革和不同社会角色的理解（知识储备），其三是对社会身份的识别与认同、社会资本的获取与转化等（社会区位）实践方面的再理解。[①] 随着行为识别语境的创新，"公益慈善"的概念得到极大丰富。所谓"财富向善"不单是一种模棱两可的利他主义行为，更是人与财富谋求和谐共生关系的客观过程。从这个意义上来说，第三次分配范围

---

① 参见《王超：第三次分配语境下的乡村振兴》，第三届中国第三次分配高峰论坛，2021年9月30日。

大于公益慈善，为我们理解公益慈善活动的种种实践提供了一个更为客观并且更为贴近时代发展的本土化理论范式。

相比厉以宁时代的道德倡导性意义，第三次分配这一概念在当前中国社会情境下的功能，或许更多地体现在作为一种全新理论视阈所带来的构建性功能，以及在这种体系下延伸出的种种启发性思考。对于这一点，王名等（2021）学者在其所著论文《第三次分配：更高维度的财富及其分配机制》中，将第三次分配释义为"在财富不断创造和积累的基础上，经过初次分配和再分配，进而在探索共同富裕的进程中通过财富向善、财富传承与财富提升的种种社会实践，更高维度的财富及其分配机制"，认为其本质在于"推进财富升维的社会过程中实现人的升维，在实现财富解放的同时最终实现人的彻底解放"，并将其定位为"人类进入丰裕社会的一项重大的制度创新"。

"财富升维"是上述学者对于第三次分配理解中的一个核心逻辑。在原论述中，第三次分配的过程主要包含了财富在空间、时间、层次三个维度上的提升（见图1）：首先，空间维度体现为财富社会属性在空间上的扩展，表现为财富社会性之公益度，是财富由"小我"到"大我"渐次移动、升级的过程，这一过程是在再分配基础上的衍生；其次，时间维度体现为财富传承属性在时间上的赓续，表现为财富传承性的恒久度，是财富由"当下"到"未来"、从"当代"向"跨代"渐次传递、升华的过程；最后，层次维度体现为财富精神文化属性在层次上的提升，表现为财富精神文化性的高贵度，是财富从"有形"到"无形"、从满足物质需要到满足精神需要乃至人的全面发展的层次提升的过程（王名等，2021）。

如王名等（2021）学者所说，如果把以往囿于有形、小我和只存在于当下的财富看作一个原点，那么第三次分配便是其在时间、空间和形态这三个维度上进行提升，由点到线，由线到面，再由面到立体不断进行"升维"的过程。随着这一进程的深入，作为分配主体的"财富拥有者"以及作为客体的"社会"，包括有关财富归属和财富义务的种种关系同样会产生质的变化。在本文看来，这种理解的另一个巧妙之处在于，所谓财富在三个维度上的提升过程之间并不相互孤立：财富在空间上从"小我"到"大我"实现扩展的过程并不能脱离时间的积淀，同样，在时间维度上的赓续也往往依赖于财富在空间范围上的扩展——从特定少数人所代表的"私有性"，到特定多数人所构成的"共同性"，再到不特定多数人所形成的"公共性"，逐步实现范围扩展的过程。

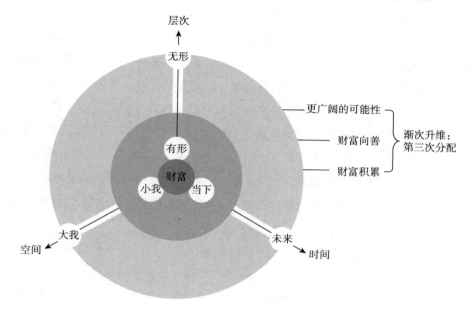

图 1　第三次分配的三维认知框架示意

资料来源：王名、蓝煜昕、高皓、史迈（2021）：《第三次分配：更高维度的财富及其分配机制》，《中国行政管理》，第 12 期，第 103～111 页。

而作为结果，时空两个维度上的提升也必然会导致财富在形态上的变化。除了原文所说的"精神文化属性"以外，倘若借用经济社会学者维维安娜·泽利泽（Vivian A. Zelizer）的观点，由于其符号意义所带来的人与人之间的联结，这种财富传递同样也是充盈社会资本、强化社会韧性乃至完善公共治理的过程（泽利泽，2021）。也就是说，所谓财富的"层次"提升，是一个将财富的存在形态从货币性实体转变为某种抽象价值，并不断丰富和拓展其内涵的过程。当然，财富在层次维度上的升华同样也将反作用于时空两个维度上延续性和公共性的进一步强化，毫无疑问，一个相对稳定的社会环境也必然更利于财富的横向转移与纵向传承。从这个意义上来说，王名等人关于财富在三个维度的相互关联中实现"渐次升维"的论说，既是对第三次分配概念的一种创新性解释，同时也形成了一种对第三次分配实践的规范性理解——第三次分配所期待的制度实践，包含公益慈善在内，应当对财富的延续性和公共性提升有所帮助，并在财富形态的转变过程中，撬动并创造出更多的社会价值。

二 现代基金会：作为第三次分配的理想实现工具

上述王名等人关于第三次分配的阐释，对于本文所关心的中国基金会发展问题来说，提供了一种颇具启发性的理论视阈。不过在进入对本土实践发展的考察之前，需思考一个前提性问题——作为一种面向公益慈善的社会组织形态，至少从学理上来看，基金会是否能够帮助财富实现三个维度上的提升，并以此带来财富拥有者及社会整体的共同"升维"，进而达到第三次分配所期待的效果？本文认为，这个问题的答案应当是肯定的。

首先，从时间维度来看，基金会为财富增强其延续性提供了一种有效的社会机制。这一点与基金会的诞生过程，或者说与这种组织形式最原始的存在意义有关。如资中筠在其所著的《财富的责任与资本主义演变：美国百年公益发展的启示》一书中所介绍的：美国南北战争之后的几十年间工业化和技术的突飞猛进造就了空前的财富，一些财富巨头在晚年开始意识到，如不妥善处理这些财富，便会祸及子孙，殃及社会。于是，如何对财富做出适当安排，避免"拥巨富而死者以耻辱终"的尴尬，便成为当时财富巨头不得不思考的问题。作为问题的答案，基金会也就应运而生了（资中筠，2015）。从这个意义上讲，与其说基金会是一种利于财富延续的制度工具，倒不如说是财富自身在时间维度上的存续需求催生了现代基金会制度。

不过，时至今日，财富对于延续性的追求远不止超越某些富豪的个体生命长度那么简单，在与时代的共振中，同样产生了成长与迭代的诉求。财富自身所拥有的"资本属性"，使其在超越一代又一代人的存续过程中，不会一成不变地沉寂于原地，而是不断地寻求膨胀和流动。基金会则成为这种需求的满足方式之一。这一过程中的有趣之处在于，在财富谋求长期化、合理化的过程中，基金会这样的制度模式所改变的并不是所有制与分配规则等技术问题，其背后所反映的是人与财富之间如何和谐共生——当剩余的财富在时间的长河中不再从属于某些特定个体时，如何依然可以继承他们的意志，并让他人（及后人）从中不断受益（Anheier & Toepler，1999）。关于这一点，洛克菲勒基金会、诺贝尔基金会等这些成立百年、活跃于全球公益事业领域的西方"老炮"，为我们提供了一个很好的例证（马秋莎，2013；喻恺等，2018）。

其次，从空间维度来看，基金会为财富增强其公共性提供了一种灵活的组织工具。财富在空间扩展上的需求首先与前者的延续性有关。单纯以血缘为纽带的传承机制，在大部分情况下似乎并不具备足够的韧性，所谓"富不过三代"便是对这种局限的一种朴素概括。有学者在对"长寿企业"的观察中发现，为了打破这种局限，一种必要的方式在于拓展传承路径，使更多的人参与到对财富的处置中来——从家庭到家族，再到以地缘或其他社会关系为纽带所形成的共同体，比如社区或企业（李新春、邹立凯，2021）。但与前者的不同之处在于，基金会的出现在传承的面向上为财富提供了一种"向善"与"公益"的选择，因而财富超脱了私有领域的局限，进入了更为广泛意义上的公共空间，即社会整体（比索普、格林，2011）。

从这个意义上来讲，以"捐赠－资助"行为为核心的财富转移，构成了基金会之于财富在空间维度上得以"升维"的具体功能。而伴随这一过程所产生的社会互动关系，即以往学者们常提到的"社会资本"，便成为财富的空间升维所带来的现实意义。值得注意的是，尽管在多数情况下，隶属于第三部门的基金会并不以追求利润、反哺自身或社会统治为目的，但这并不妨碍这样的组织形式同企业一样具备生产性特征，同社区一样关注人们的生活需求，以及同政府一样充满对公共秩序的关心（Evers & Laville，2004）。相反，恰恰得益于这种凭借财富转移所构建起的中枢性优势，基金会也常被认为有着比企业、社区、政府等传统部门更为灵活、更富有创造力的问题解决方式。其中既包括基金会对于社会问题更为敏锐的感知和洞察，同时也包含在多元主体参与的问题解决过程中所发挥的协调性功能，以及更为包容的价值取向等（Anheier & Toepler，1999）。

最后，从层次维度来看，基金会为财富的形态转化提供了一种便利的实现条件。关于这一点，一个很好的参照对象是以公平作为主要追求的再分配。试想，如果只是为了让财富存续的时间更长、影响的范围更广，那么直接将财富托付给公共权力主导下的财税系统，或许是一种更便捷，也更有效率的方式。但与再分配的不同之处在于，第三次分配追求的并不限于公平，而是在社会正义的前提下，提出了对人的自由发展的更高追求。与此同时，出于社会对财富处置权的正义性要求，第三次分配必然需要通过某种机制来确保其带来的社会价值可以被充分共享，而不是进入某些特定利益群体的私囊，成为前两次分配的累赘（李水金、赵新峰，2021）。因此，财富升维所追求的，如王名等（2021）所说，也势必超越物质的局限，指向一种更为丰富的形态。

在此过程中，基金会作为一种对于分配主权的确保机制，既可以直接成为财富形态的转化者，也可以借由直接资助或项目运作等方式，带动社会整体来达成这个效果。例如，中国青少年发展基金会在 1989 年发起的"希望工程"，实施 30 余年来累计接受捐款 152.29 亿元，援建希望小学 20195 所，其中所寄托的"希望"二字，对于泽及于此的 599.42 万名家庭困难学生来说，可谓名副其实。[①] 再例如，在艺术创作领域，时至今日我们依然可以看到的那些承载了人类对于"人文主义"思考的文艺复兴时期佳作，莫不是那个时代，如美第奇家族（Medici）这样的财富拥有者慷慨赞助的结果（张敢，2011）。由此可见，第三次分配对人类文明进程所带来的影响，远远超出了公益慈善的范畴。而现代基金会则是将这样的形态转化，以一种更为便利、开放的实践形式继承下来，从而让财富能够不断滋养和推动着人类文明的赓续。

三　本土化发展：理解基金会在中国的"发明"过程

对照价值创造的一般过程来看，财富在时间维度上追求持续性，表达了第三次分配对于资源投入的客观需求（input），空间维度上的公共性代表了分配的过程本身（process），而层次维度上的形态转化则指向了分配的实际结果（output），以及由此产生的更广泛意义上的社会影响（outcome）。三个维度分别与基金会运作过程中最主要的三个环节——筹资活动、资产管理、资助活动相对应。或许是得益于这种对应关系，基金会制度得以在过往的公益实践中，超越种种隔阂，成为人与财富之间的一种重要共生方式。从这个意义上来讲，倘若把厉以宁提出的第三次分配概念看作一种对人与财富和谐共生关系的"发现"，那么基金会制度则是确保这种共生关系得以实际兑现的一项重要"发明"。

中国的基金会实践起步于 20 世纪 80 年代，其发展之初虽也曾参考过西方的实践模式，但绝非拿来主义的产物。相反，中国基金会的实践探索过程与西

---

① 参见《希望工程三十年》，《中国青年报》2019 年 10 月 31 日，第 4 版。

方可谓大相径庭，说其是中国社会独特的"发明"也毫不为过（徐宇珊，2010）。尤其从第三次分配的角度看，中国基金会的运作风格也并非一蹴而就，而是随着时代的变迁一直在不断地探索和转型。在对"财富升维"的功能构建过程中，不同的社会发展阶段赋予了基金会不同的时代使命和存在意义，因而也产生了当前中国基金会行业独特的多样性特征。如表1所示，本文借用第三次分配的视角将中国基金会过往40年的历史大体整理为两个阶段，并在此基础上延伸出对未来趋势的判断。

表1　基金会的本土化发展阶段

时代特征	功能	实践表象	时间	空间	层次
财富短缺	筹集资金	国家基金会、农村合作基金会的出现	×	○	×
财富创造	项目运作	非公募基金会的崛起，多元化的实践方式	×	○	○
财富剩余	价值创造	以资助关系为基础的公益生态，财富传承工具	○	○	○

其一，基金会的设立多以政府主导。除了前文提到的中国青少年发展基金会之外，如1981年成立的中国儿童少年基金会、1984年成立的中国残疾人福利基金会、1988年成立的中国妇女发展基金会、1989年成立的中国扶贫基金会等，这些我们耳熟能详的基金会皆属于GONGO（由政府运行的非政府组织）的范畴（黎宇琳，2016）。据基金会中心网统计，在2004年之前成立的527家基金会中，被标记为"系统型"的为397家，占全部数量的3/4以上。[①] 其二，由于缺乏对基金会内涵的统一认知，这一时期的实践活动并不局限于所谓的公益领域。除了上述的致力于解决各种公共问题的官办基金会之外，还有一种活跃在广大农村地区的"合作基金会"。据温铁军介绍，人民公社改制过程中大量集体资产流失，各地按照中央要求对集体资产进行清理，通过建立基金会实行"清财收欠，以欠转贷"（温铁军，2009）。

可见，冠以"基金会"之名的早期实践不仅与现代意义上的"公益慈善"相去甚远，更是与西方意义上的"foundation"风马牛不相及。但值得注意的是，尽管这一时期基金会的实践内容常与不同的公共目的相对应，却在原始的功能设计上有一个相同之处，即无论上述"中字头"基金会还是"农村合作基金会"，

---

① 数据来源：基金会中心网、浙江大学社会治理研究院主编《中国基金会发展独立研究报告（2019）》，北京联合出版公司，2020，第64～164页。

其成立的初衷都是向民间募集钱款，以用于解决公共财政一时不能顾及的社会问题——"补王政之所穷"便成为基金会在那个财富短缺时代最重要的使命。

当然，基金会在当时"筹钱"的方式并不仅限于筹集社会性捐赠，资本运作也是一种十分普遍的方式。例如 1988 年实施的《基金会管理办法》将人民银行作为基金会的审查批准部门，当时的基金会在属性定位上更倾向于作为一种"非银行类金融机构"，而非纯粹意义上的"公益组织"。然而需要注意的是，从当时的基金会运作方式来看，其展开资本运作并非出于对增强财富持续性的考量，而只是单纯地为了获得更多的款项，以用于既定的目的。因此，这一时期的基金会已初步具备空间上类似"转移支付"的功能，但在财富的延续性和形态转化方面仍有着诸多的不足。值得肯定的是，在那个财富贫瘠的年代，其作为对"再分配"的一种补充机制，可以说已然初步体现出自身存在的意义。

2004 年《基金会管理条例》的颁布，开启了中国基金会发展的另一个时代。这一交替的过程在进入 21 世纪之前就已初见端倪：1999 年 1 月，全国 2.1 万个乡级和 2.4 万个村级农村合作基金会全部被取缔，结束了农村合作基金会在中国 10 年左右的存在历史（温铁军，2009）；同年 9 月，中国人民银行、民政部联合下发《关于做好社团基金会监管职责交接工作的通知》，基金会的行政管辖权由金融部门移交到民政部门——基金会在中国的本土化探索也由此告一段落。作为结果，基金会在功能上摒弃了作为集资工具的内核，取而代之的是更多的公益属性、社会属性的加持。而条例的出台使基金会自身也由是否具备公募资格分化为两种形式：其中，公募基金会接过了上个时代 GONGO 的衣钵，而非公募基金会制度的设立，则标志着基金会开始走向民间，肩负起更多"财富升维"功能（黎宇琳，2016）。

截至 2021 年末，中国已成立基金会近万家。毫不夸张地讲，非公募基金会贡献了新一阶段绝大部分的组织增量。据基金会中心网统计，非公募基金会的数量占比从 2004 年的 25% 猛增到 2017 年的 75%。其中，由个人或企业发起建立的基金会在过去 10 年的年均增速高达 25%，其净资产规模扩大了 11 倍之巨，平均增长率达 31%。[1] 组织数量的剧增同时也带来了行业实践模式从僵硬到灵活、从单一到多元的质变。近年来，基金会的活动领域也从传统公共部门

---

① 数据来源：基金会中心网、浙江大学社会治理研究院主编《中国基金会发展独立研究报告（2019）》，北京联合出版公司，2020，第 64~164 页。

所关注的扶贫救困、教育普及、医疗健康等这类有关生存、安全需求的层次，逐步扩展到文化营造、体育竞技、学术创新等与人的自我实现和精神享受密切相关的新层次（程刚等，2020）。

这种"升维"背后的逻辑，脱离不开时代对于财富创造的宏观诉求。这一时代下的基金会相比作为初次分配和再分配的补充机制，已开始展现出财富自身的种种需求。进入 21 世纪之后，诸如房地产、金融、互联网等行业的迅速崛起，为中国经济的快速增长带来新一轮的活力，同时也丰润了一部分人的口袋。正所谓"衣食足而知荣辱"，在完成对财富的快速积累后，如何通过"公益"的方式进一步寻求自我的社会价值，为口袋里的"new money"寻求一种符合世俗期待的"好名声"，似乎成为这一时期一部分先富群体尤其关注的话题——这也印证了厉以宁早在 20 世纪 90 年代对于经济伦理的基本预期（厉以宁，1997）。而非公募基金会制度的出现，恰好为这些先富群体亲力亲为参与慈善，赋予其财富新的意义提供了一个十分便捷的途径。这种从"补王政之所穷"到"财富向善"的转变，也恰好体现了这个时期基金会对于财富在层次维度上的提升的实际意义。

四　当下的转型：基金会的"进化"方向与现实命题

财富升维，终究是一种理性选择的过程。只不过做出选择的主体并非组织或某些个人，更多地来自财富本身。作为达成这一目的的具体实践机制，基金会能否获得民众的支持与关注，也会随着丰裕社会的到来，逐渐从感性的"结果"转向更为理性的"过程"。相比只会"赔钱赚吆喝"的组织，面向未来，那些能为财富提供更持久的价值管理，能为行业、社会与国家提供更优质的资助服务，从而真正创造社会价值的基金会，才会获得财富的青睐以及更强大、更广泛的影响力。因此，毫无疑问，随着我国经济水平的稳步提高与社会财富的继续充实，基金会在中国依然具有巨大的"进化"空间，而其未来的具体转型方向，也势必会与中国社会接下来所要面临的"财富剩余"现象有着紧密的联系。

具体到功能层面，尤其对照表 1 所示的三个维度来看，基金会除了在空间与层次两个维度上继续有所突破之外，如何补齐时间维度上的功能性缺失，进而转向一种全面的价值创造工具，或将成为这种组织形式接下来能否契合时代需求并得以继续"进化"的关键。据此，本文认为，基金会需要面临的现实命题有二。

其一，如何让财富走得"更远"。如王名等（2021）学者判断，一个可以预测的趋势是，随着丰裕社会的到来，大规模的传承需求将造成社会财富的空前集中，与此同时，慈善捐赠及各种形式的资产捐赠也将会出现巨大增长。相应的，基金会所面临的消化压力也将是史无前例的。而行业究竟能够承载几何，一方面取决于组织的专业化水平，是否能拿出更富有创造力的公益服务产品贡献于国家和社会；另一方面，也取决于日益庞大的慈善资产能否得到妥善管理。尤其当财富向善的洪流滚滚而来时，基金会所要面临的是从"功在当代"到"利在千秋"的转变——让财富通过公益的方式，既可以满足当下的需求，又能够持续地造福后人，让慈善之精神随着时间流逝不断传承，真正烙印在文明之中。

资产管理之于基金会的重要性，在当下中国的公益领域似乎并不缺乏共识。上至国家 2019 年实施的《慈善组织保值增值投资活动管理暂行办法》，下到几年来行业内形形色色的呼吁，都能看到人们对于这个问题的关心（刘文华等，2020）。具体到微观的实践层面，基金会是否有可能从当下"现入现出"或"入不敷出"的窘境变为"保本用息"或"正向循环"的可持续发展模式？能否通过更为专业的资产管理手段，从繁重的筹款压力中解脱出来，从而更专注于提升公益项目的品质？本文认为，这些问题的答案取决于两点：一是制度环境是否进一步完善，二是基金会自身发展模式是否转变。如果说上述"暂行办法"的出台已表明国家支持行业发展的态度，那么接下来行业自身能否在本土化的继续探索中培养起专业的资管能力，便成为转型能否成功的重要影响因素。

其二，如何让财富走得"更宽"。近年来，随着制度逐渐健全，如何构建外部性来进一步助力慈善事业的发展，成为行业津津乐道的话题。若用时下流行的话语来讲，即如何让基金会实现"破圈"，走向更为广阔的天地。套用第三次分配的框架来理解，这种现象所指向的本质，应当是财富在向善过程中对公共性/公共价值的追求，即在空间维度上的进一步提升。如前文所述，这种追求一方面可以理解为财富增强其持续性的必要方式，另一方面也可以理解为当前公益行业力求在价值产出形式上有所突破的一种创新行为。前者与财富在时间维度上的提升相对应，而后者则关于层次上的转变，鉴于此，将这种"破圈"当作第三次分配在当下的关键也毫不为过。

就资源的流动方向而言，所谓"破圈"或许有两种含义，其一是通过筹款活动，让更多的资源流入基金会当中，为基金会所支配和使用，是一种"走进来"的过程；其二则相反，是通过基金会的资助活动使公益资源流到其他领域，为更广泛的他者所支配和利用，从而产生更多元的社会价值，其本质是一种"走出去"的过程。如果说迄今为止基金会本土化发展的两个阶段皆主要关注前者，那么面向未来，基金会应当思考的是如何利用自身在资源传递中的中枢性优势，积极帮助行业扩大范围，通过横纵双向的联结，构建"公益生态"的新局面。当然，这并不是说基金会可以脱离筹款的实际。从两种行为相互之间的内生性关系来看，既然更多地筹款是为了更好地资助，那么更为优质的资助能力所吸引来的，必将是更多的社会资源。

参考文献

程刚、王璐、霍达（2020）：《2019 年中国基金会发展报告》，载杨团主编《中国慈善发展报告 2020》，北京：社会科学文献出版社。

李水金、赵新峰（2021）：《第三次分配的正义基础》，《山东工商学院学报》，第 1 期。

李新春、邹立凯（2021）：《本地嵌入与家族企业的可持续成长：基于日本长寿家族企业的多案例研究》，《南开管理评论》，第 4 期。

厉以宁（1997）：《关于经济伦理的几个问题》，《哲学研究》，第 6 期。

厉以宁（1999）：《超越市场与超越政府——论道德力量在经济中的作用》，北京：经济科学出版社。

黎宇琳（2016）：《从官办慈善到人人公益的 30 年》，《中国慈善家》，第 12 期。

刘文华、鹿宝、梁媛媛（2020）：《我国慈善资产管理的现状、问题和展望》，载杨团主编《中国慈善发展报告（2020）》，北京：社会科学文献出版社。

马秋莎（2013）：《改变中国：洛克菲勒基金会在华百年》，桂林：广西师范大学出版社。

〔美〕马修·比索普、迈克尔·格林（2011）：《慈善资本主义：富人在如何拯救世界》，丁开杰等译，北京：社会科学文献出版社。

〔美〕维维安娜·泽利泽（2021）：《金钱的社会意义》，姚泽麟等译，上海：华东师范大学出版社。

王名、蓝煜昕、王玉宝、陶泽 (2020)：《第三次分配：理论、实践与政策建议》，《中国行政管理》，第 30 期。

王名、蓝煜昕、高皓、史迈 (2021)：《第三次分配：更高维度的财富及其分配机制》，《中国行政管理》，第 12 期。

温铁军 (2009)：《农村合作基金会的兴衰史》，《中国老区建设》，第 9 期。

徐宇珊 (2010)：《论基金会——中国基金会转型研究》，北京：中国社会出版社。

喻恺、胡伯特·埃特尔、徐扬 (2018)：《百年诺贝尔基金运作模式探析》，《世界教育信息》，第 12 期。

资中筠 (2015)：《财富的责任与资本主义演变：美国百年公益发展的启示》，上海：上海三联书店。

张敢 (2011)：《文艺复兴时期的艺术赞助》，《装饰》，第 9 期。

Evers, A., & Laville, J.-L. (2004), "Defining the Third Sector in Europe," *The Third Sector in Europe*, Edward Elgar Publishing Limited, pp. 11 – 42.

Anheier, H., & Toepler, S. (1999), *Private Funds, Public Purpose: Philanthropic Foundations in International Perspective*, Springer.

Chinese Foundations within the Third Distribution: A Theoretical Investigation on the Indigenous Practice the Development and Transformation of Chinese Foundations: Under the Context of the Third Distribution

Shi Mai & Cheng Gang

[**Abstract**] It is becoming an important issue in China to understand the practice and future development of foundations from the perspective of indigenous theories, such as the third distribution. From the point of view of "wealth upgrading" pointed out in this theory, this paper regards the modern foundation as an ideal mechanism to realize philanthropic missions. At the same time, the development of Chinese Foundations has distinct localization characteristics and is still in the process of continuous transformation and evolution. Facing the future, Chinese Foundations need to undertake more wealth management functions in order to better serve the society.

[**Keywords**] Foundation; The Third Distribution; The Upgrading of Wealth; Philanthropy

责任编辑: 蓝煜昕

社会组织评估的执行偏差与矫正

许文慧　刘丽杭*

【摘要】 作为一种监督管理工具，评估被民政部门视为应对社会组织内部治理欠规范、公信力不高等问题的制度创新。随着该项制度的全面推广，其在规范社会组织内部治理、提升其发展质量的同时，也在执行中出现偏差。本文系统分析了我国社会组织评估制度的基本特点，描述了其存在的执行偏差问题与表现，并从该制度的监管属性、内在设计缺陷以及外部支持不足等方面，剖析了偏差的形成根源，建议从开展元评估、创新评估模式、优化评估体系、加强与其他监管制度的协作等方面予以矫正。

【关键词】 社会组织评估；等级；执行偏差；自我监管

所谓社会组织评估，指的是各级民政部门为依法实施监督管理职责，而依照规范的方法、程序以及评估标准，对社会组织所做的评估与等级结论。该项制度的出台，主要源于下列背景：一是社会组织在当时普遍存在能力弱、运作规范性不强、公信力缺失等问题；二是民政部门作为登记管理部门，存在年检流于形式、监督管理不到位等问题（邓国胜，2008）。于是，在学界的呼吁下，同时也是出于自身的管理需要，民政部门推出了评估这一监管制度，经过试点后在全国推广。

---

* 许文慧，中南大学公共管理学院博士生；刘丽杭，中南大学公共管理学院教授。

目前，我国已经基于民政部先后出台的《关于推进民间组织评估工作的指导意见》（2007）、《社会组织评估管理办法》（2010）、《关于探索建立社会组织第三方评估机制的指导意见》（2015）等政策文件，形成了独具特色的社会组织评估制度。该制度作为我国社会组织综合监管体系的组成部分，与登记管理、年检、执法等工作并称为社会组织监管的四大抓手，在全国各地得到广泛适用，对于规范社会组织内部治理、提升其发展质量、实现其服务绩效，起到了极其重要的作用。

不过，随着该项制度的发展与完善，在越来越多的社会组织具有评估意识、参与评估的同时，我们也要警惕评估工作在执行中出现的形式主义和偏差，即社会组织评估原来承载的"以评促改、以评促建、以评促管、以评促发展"目标，被"为评估而评估"取代，其原应具备的监管、服务、约束等功能，被简化为等级评定。为什么会在社会组织评估中出现这种状况？我们又该对此采取什么行动？本文试图就此问题展开分析，并就如何矫正提出建议。

一 社会组织评估的基本特点

作为一项政府基于监管职责而推出的，并由政府主导、出资开展的绩效评价制度，社会组织评估主要按照政府指导、社会参与、独立运作的总体要求，以及分级管理、分类评定、客观公正的原则运行。从整体而言，该项评估制度主要具有下列特点。

（一）评估对象自愿参与

相较于登记管理、年检、执法等监管制度对所有社会组织的强制性适用，评估则是以自愿为基础，有条件地适用于部分社会组织。为此，学者们也将其归属为社会组织的"自愿监管"或"自我监管"项目（Luo et al.，2022）。根据民政部颁发的《社会组织评估管理办法》，凡是取得登记证书两年以上且未参加过评估或所取得的评估等级即将失效的社会组织，满足下列条件的，均可申请参与评估：（1）参加了上一年度的年检；（2）没有出现上一年度年检不合格或者连续两年基本合格；（3）在上一年度未受到有关政府部门的行政处罚或者行政处罚尚未执行完毕；（4）不是正在被有关政府部门或者司法机关立案调查。

不过，由于民政部在 2016 年颁布的《慈善组织公开募捐管理办法》中，对意欲申请公开募捐资格的慈善组织设置了"按照规定参加社会组织评估，评估结果为 3A 及以上"的条件，因此对于这类组织而言，评估就不再是"自选动作"，而是变成了"必选动作"。

（二）评估流程统一

经过多年的探索试点和经验积累，民政部门已经为社会组织评估确定了下列统一的工作流程：第一，由民政部门选择和确定第三方评估机构。2015 年，民政部出台了《关于探索建立社会组织第三方评估机制的指导意见》，正式在社会组织评估领域全面推行政社分开、管评分离的第三方评估制度。此后，各级民政部门主要通过公开招标和邀标、竞争性磋商、定向委托等购买方式，委托第三方机构执行评估工作。第二，由民政部门在官网发布评估通知，公示具体的评估办法与参与事项，鼓励和吸引社会组织参与。第三，意欲参评的社会组织先根据评估指标进行自评，然后向第三方评估机构递交申请和参评资料；由第三方机构进行资格审核，并在民政部门的官网公示参评组织名单。第四，由第三方机构组织专家前往参评组织的办公场地进行实地考察和评估，形成初步的评估意见。第五，由评估委员会对初评意见进行审核，形成参评组织的等级评估结论；在民政部门的官网上公示结论，并向参评组织送达通知书。如果参评组织或其他利益关联群体对于这一结论存在异议，可以向民政部门或评估委员会提出复核申请和举报。第六，待公示期满且受理完复核申请与举报后，民政部门发布公告，确认参评组织等级，并向获得 3A 以上等级的社会组织颁发证书和牌匾。

（三）评估主体多元

社会组织的评估主体可谓一个类型多元、层级复杂的集合。第一层次，也是最为核心层次的评估主体是各级民政部门。它们在整个评估工作中担负多重角色，既是评估制度的设计者、评估规则的制定者、评估费用的提供者以及评估系统的管理者和责任人，也承担着具体的评估任务，即作为登记管理部门对参评组织进行评价。第二层次的评估主体是第三方机构。它们可以是社会组织，也可以是企事业单位，承担具体的评估工作，包括召开各类动员与培训会、招募和组织专家实地评估、形成初步评估意见。第三层次的评估主体则是各类评估专家。他们作为实务界或学术研究领域的专业人员，应第三方机构的邀请加入评估，与第三方机构一起构成评估操作主体。其任务是根据分工，对照评估指标和评分细则，给参评组织打分；并就某些具体的管理问题，与参评组织交流、给出相应的改进建议。此外，参评组织的业务主管单位及其理事会成员、专职工作人员、会员、服务对象等群体，共同构成第四类评估主体——社会评价主体，分别从内部或外部层面，对参评组织的管理绩效进行评价。尽管这部分主体的评价内容少、所占的分值也比较低，但作用不容小觑。

（四）评估内容全面

除了少部分地区①，大部分地区的民政部门在委托第三方实施评估时，主要依据民政部发布的指导意见，根据参评组织过去两至三年的运行情况，从基础条件、组织建设（或内部治理）、工作绩效和社会评价等四个维度，展开总分为 1000 分的全面综合评价。在这四个一级指标之下，根据社会组织类别，分别形成了二级、三级、四级评估指标与评分细则（见表1）。由表1所列的二级指标可以看出，民政部门主导的社会组织评估内容非常广泛、全面，既包括对参评组织合法性的确认，也包含对其内部治理合规性的考察，以及利益相关群体的满意度评价。

表 1　全国性社会组织评估指标（2021）

组织类型	一级指标		二级指标内容与分值	总分
	内容	分值		
学术类社团	基础条件	60	法人资格（25）、登记管理（35）	1000
	内部治理	430	组织机构（80）、党建工作（65）、人力资源（45）、档案证章管理（15）、财务资产（225）	
	工作绩效	390	学术活动（140）、建议咨询（55）、科普公益（60）、人才建设（65）、信息公开与宣传（40）、国际交流与合作（30）	
	社会评价	120	内部评价（50）、外部评价（70）	

---

① 例如，广州在其 2020 年发布的《广州市社会组织等级评估管理办法》中，将评估的内容设定为法人治理、规范运作、财务管理、发挥作用和党建工作等 5 个一级指标；湖南省在其省本级的社会组织评估中，将党建工作从内部治理中分离出来，设定为一个独立的一级指标。

组织类型	一级指标		二级指标内容与分值	总分
	内容	分值		
行业协会商会	基础条件	60	法人资格（25）、登记管理（35）	1000
	内部治理	440	组织机构（80）、党建工作（65）、人力资源（45）、档案证章管理（15）、财务资产（235）	
	工作绩效	380	提供服务（185）、反映诉求（25）、行业自律（70）、会员管理（30）、信息公开与宣传（40）、国际交流与合作（30）	
	社会评价	120	内部评价（50）、外部评价（70）	
基金会（慈善组织）	基础条件	60	法人资格（20）、登记管理（40）	1000
	内部治理	430	组织机构（45）、党建工作（65）、人力资源管理（50）、档案证章管理（15）、财务资产（255）	
	工作绩效	390	社会捐赠（50）、规划与计划（20）、公益项目（255）、信息公开（65）	
	社会评价	120	内部评价（20）、公众评价（30）、外部评价（70）	
社会服务机构*	基础条件	70	法人资格（27）、登记管理（43）	1000
	内部治理	450	组织机构（40）、党组织（65）、人力资源（65）、档案证章管理（25）、财务资产（255）	
	工作绩效	360	业务/项目管理（75）、提供业务服务（145）、诚信建设（120）、特色工作（20）	
	社会评价	120	内部评价（20）、公众评价（30）、管理部门评价（70）	

注：＊在2016年9月1日起施行的《中华人民共和国慈善法》中，民办非企业单位已改称为社会服务机构。

资料来源：整理自《民政部社会组织管理局关于开展2019年度全国性社会组织评估工作的通知》，http://www.chinanpo.gov.cn/2351/121925/index.html。

（五）评估等级存在时效

为了达到动态管理的目的，民政部规定社会组织的评估等级并非"一评定终身"，而是存在适用期限，一般为五年。在这五年内，社会组织可以使用此等级进行宣传和筹款，享受政府部门提供的不同奖励、扶持政策。五年之后，该等级自动失效。社会组织必须重新申请评估。评估的程序和方式不变，但内容会有一些调整。例如，随着全面从严治党要求的提出，各地民政部门在评估指标中增加了社会组织党建情况的评估分值与意义，并将之列为获评5A等级的必备要件。

二　社会组织评估的执行偏差问题与表现

作为一个从抽象设定到具体行动的过程（Stone，1980），政策执行联结政策目标与政策结果，直接决定着政策实效。不过，事实与研究表明，政策执行往往不会如预期那样理想，反而容易偏离政策文本，出现理论界所谓的"政策变通""执行偏差""执行扭曲"等问题（颜克高、唐婷，2021）。社会组织评估也不例外。该项制度在执行过程中，也难免背离其"以评促改、以评促建、以评促管、以评促发展"的初衷，出现目标置换、名实分离等偏差。笔者之所以认为社会组织评估执行中存在偏差，主要源于下列观察。

（一）任务取向的第三方评估服务协议

作为一个理性的行为主体，尤其是在"价低者中标"的原则下获得政府采购服务合同的第三方机构，必然是在自利的原则下，根据服务协议的内容，按照各项工作指标完成具体的评估工作。如何在民政部门给定的服务时间、费用以及范围内，圆满地完成评估任务，并且略有经费结余，是第三方机构的首要目标与行动原则。如果民政部门希望第三方机构贯彻和落实其预设的"以评促建"目标，就必须将该目标转化为可量化的服务内容，并体现在服务协议中。

然而，从近年来网上公示的民政部门与第三方机构的服务协议来看，极少有关于"以评促建""以评促发展"的内容。协议双方约定的主要是评估项目的经费总额、约定期限内必须完成的评估组织数量以及单个组织的评估成本。第三方机构全程都在以此为核心执行评估任务，甚至不惜为此简化评估流程、缩短单位组织的评估时间、合并评估专家任务或调整评估专家。总之，由于双方未在服务协议中约定"以评促建"目标的具体服务要求与内容，第三方机构没有动力和压力去关注它、落实它，"以评促建"目标自然易落空。

（二）低参评率下的高评估等级结果

以上海市为例，该市目前共有 17367 家社会组织，其中市本级组织 2775 家①。在《2022 年上海市社会组织工作要点》中，上海市民政局提出了要"大幅提高社会组织评估率，市级社会组织 3A 以上评估率力争达到 24%"的目标。

---

① 数据来自上海社会组织公共服务平台，https://mzj.sh.gov.cn/st-gzfw-ywsj/20220105/296540 457d2045619d3ae13a3f43238d.html。

从 2008 年至 2021 年底，上海市民政局共组织了 2235 次评估；其中有 1807 次给出了 4A 及以上（包括 4A 和 5A）等级，约占总评估次数的 80.85%；加上 3A 等级，则共有 2204 次，占总评估次数的 98.57%。仅有 31 次，也就是只有 1.43% 的评估给出 2A 及以下（包括 2A 和 1A）的等级（见图 1）。通过这些数据，可以判断上海市社会组织参与等级评估的比例并不高，但参评组织的评估结果却比较好，几乎所有的参评组织都获得了 3A 及以上等级。

这种情形的出现，折射出下列两层现实：第一，主动参与社会组织评估的，多属于运作规范、绩效良好的组织。第二，大量存在治理问题、运作欠规范、绩效欠佳的社会组织还游离在评估之外。对于前者，评估是绩效评价与信誉背书工具；对于后者，评估则难以发挥引导作用。但不管是哪种情况，评估结果与"以评促建"的目标间都有很大差距。

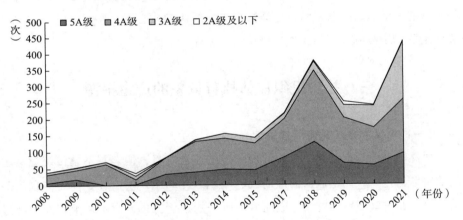

图 1 上海市 2008～2021 年社会组织评估等级分布

说明：2016 年上海市民政局没有在网上发布等级评估结果，故缺少相关数据。

资料来源：整理自上海社会组织公共服务平台，http://mzj.sh.gov.cn/shzz/index.html。

（三）结果导向的参评动机与迎评行为

既有研究显示，无论是在哪个国家，只要存在组织评估制度，就会出现把"评估"当考试的行为（Szper，2013）。面对评估，被评估者更在意的是自己的评价等级，而非评估本身所承载的管理目标。评估从手段变成目的，其背后的目标反而遭到漠视（Espeland & Sauder，2007）。从参评组织的表现来看，我国的社会组织评估也是如此。

目前，有很多社会组织申请参与评估，并不是它们意识到了加强自我问责与监管的意义，而是在各种激励政策与压力下做出的行为选择——近年来，各级民政部门为了吸引和动员社会组织参与评估，出台了各种激励举措。例如，民政部于 2022 年宣布将全国性社会组织的评估等级纳入社会组织信用体系；一些地方的民政部门还为其辖区内获评一定等级的社会组织发放奖金、优先安排政府购买服务。此外，慈善组织会为了获得公募捐赠资格参评，一些社团会在业务主管单位的要求下参评，还有些社会组织为了获得政府购买服务资格而参评。当这些组织在怀有上述动机参与评估时，必然是以吃透评估指标、制作合乎要求的材料、获得理想的分数与等级为目标。在达不到预期评估等级时，有些组织会为了保全颜面而退出评估；个别组织甚至会向民政部门和第三方机构求情或施压。对于在评估过程中发现的管理问题，它们也并不积极去整改。笔者在亲身参与的评估中发现，有些社会组织虽然是第二次参加评估，却依然存在明显的内部治理问题。面对社会组织这样的认知与心态，评估难免走进"等级评定"的窄胡同；评估工作本身从工具被异化为目标。

三　社会组织评估执行偏差的产生根源

（一）评估制度的监管治理属性

虽然社会组织评估是一项由政府创设的监管工具，但它并不是传统意义上的政府监管行为，而是监管治理时代（杨炳霖，2018）的产物，体现的是大监管理念。在这项监管制度中，政府并非唯一的监管主体，也不是单方面地通过命令进行控制，而是在向其他组织让渡和分享监管权力。这种让渡与分享，一方面体现为该项制度的自愿监管特点，即监管行为的发生必须以监管客体——社会组织的认可与申请为前提，另一方面也体现在它的第三方评估模式与多元评估主体中。相比于社会组织的其他监管制度，评估可以说是一项合作监管制度，其监管效力不是源于政府的单向度行为，而是多方主体的共同生产。因此，该项制度能否实现其预期目标、目标是否会在执行中发生改变，不仅取决于政府所做的制度设计，还要受制于社会组织、第三方机构以及其他利益相关群体的态度和行为。

由于第三方机构和社会组织都是理性的组织主体，倾向于在评估中最大限度地争取自身利益，其行为逻辑既有相同之处，又存在差异，因而也容易在评估过程中产生相互冲突的目标。例如，各级民政部门在为提效减负而将评估工作委托给第三方机构时，思考的是如何按照规章制度，通过合法路径，以最经济、最有效的方式完成购买，通过第三方实现客观的评估结果。第三方机构在竞争性磋商或招投标中，行动的首要目标是赢得竞争；待其赢得竞争、获得项目后，又往往出于功利目的规避项目执行中的责任与风险，以完成评估任务为主要目标，较少顾及和考虑政府的政策目标。至于其选择的评估专家，在按照标准进行评价时，常常在评估工作的时限压力下，倾向于简化评估流程、压缩评估时间，无暇为社会组织治理提供个性化指导。此外，对于参评组织的等级高低，民政部门与业务主管单位的诉求也不尽相同，前者希望参评组织的等级与绩效一致，以免造成负面影响，影响评估的公信力；而后者却渴望本系统内的社会组织获评高等级，以彰显自己的工作成效。在这些差异化的诉求与行动之下，个人利益、部门利益逐渐取代全局利益，代表政府管理意图的"以评促建"目标，也在多个目标函数中遭到忽视或排挤。

（二）评估制度的内在缺陷

由于社会组织评估产生于十多年前，是基于当时的管理情境而创设的管理制度，因而在具体的评估方式与内容上，难免与当前的社会组织发展和管理需要存在下列偏差。

1. 评估的理念滞后，发展性导向不足

在 2007 年试点之初，民政部门就在各种正式的通知与文件中，将社会组织评估称为"社会组织规范化建设评估"，将组织结构的正规化与管理制度的专业化视为评估的基本目标与方向。这种以合规化、标准化为重的考察，在当时确实具有现实意义。不过，随着我国社会组织的发展从注重数量增长、规模扩张转型为能力提升、作用发挥，在发展质量上要求从符合性转向适用性、满意性（朱晓红，2022），评估的这种规范化建设导向就变得不再适宜。而且，社会组织作为一种以私人组织身份谋求社会公共利益的结构，毕竟不能像政府那样依靠公权力运作。这种性质决定了它们在资金筹集方面先天处于劣势地位，无法承担过高的制度化建设成本，更适宜通过灵活、扁平、松散的结构来控制成本、链接外部资源；尤其是在社会条件高度复杂与不确定的今天，更需要以协同、合作的方式开展活动（张康之，2017）。

此外，组织绩效领域的既有研究也显示，组织的行为并不等于绩效；过去的行为更不等于现在或未来的绩效。组织绩效的高低也不仅与组织的制度建设、治理结构、资源基础相关，还与组织变革、组织文化、组织学习等因素有关。社会组织评估这种只依据参评组织前两至三年的行为与产出确定等级的做法，只能算是一种初级评估，只是对各类社会组织的发展规模、内部治理、活动开展情况做出的一般性评价（温庆云，2013）。这些评价还不足以全面考核不同类型、不同注册登记级别的社会组织在资金筹集、人员管理以及项目运作方面的绩效差异。要想体现社会组织的发展与能力差异，还应更多地从发展的视角考虑评估，在评估体系中纳入更多对未来绩效的考核内容与方法。

2. 评估模式单一，制度执行成本高

我国的社会组织在使命、登记注册级别、法律地位、活动领域、管理能力以及组织规模等方面存在巨大的差异。这些差异决定了其绩效评估的复杂性与多元性。社会组织评估原应基于这一特点为不同的社会组织提供差异化的、分级的评估模式与激励机制。但在实际上，对所有参评组织，不管其规模大小、影响力大小以及登记注册的级别，无差异地分配评估资源，适用相同的专家现场评估、全面综合评估与重复评估模式。这种统一且单一的评估模式，不仅难以满足社会组织的监管与绩效甄别需要，还令整个评估陷于高成本运行状态。

以近两年在网上公示的政府采购信息来看，各省民政厅为其省本级社会组织评估预备的经费基本为 3000～5000 元/家。如果参评的组织众多，则需要民政部门为评估工作提供较多的预算支持。以社会组织参评较为踊跃的北京市来看，其社管局就在 2021 年度花费 179.55 万元采购市级社会组织等级评估服务①。这样不菲的评估经费，给民政部门造成了较大的财政压力，也令很多区县级民政部门无力组织评估。

3. 动态管理不足，内容调整滞后

目前，我国的社会组织评估也确定和实施了动态管理原则。但从该原则的执行情况来看，动态调整的内容还比较少，层次比较低，主要是对参评组织获评的等级规定时限予以动态调整，对评估模式、方法及内容的调整还比较少，动态管理的程度较低。目前，各地在评估过程中，所适用的指标仍然未突破民政部于 2010 年颁布的评估管理办法。该办法将考察重点放在社会组织的内部治

---

① 《2021 年度市级社会组织等级评估服务采购项目中标公告》，采招网，https://www.bid-center.com.cn/newscontent-132518032-4.html。

理与工作绩效上，二者相加就占据了总分值的 81% ~ 82%。在具体的评估方法上，对前者主要是适用定性评价方法考察社会组织内部各项管理制度的建设与落实情况，即组织内部管理行为的合法性、合规性；对于后者则主要适用定量评价方法考察组织在各个领域的服务产出，即组织运作的经济性、效率性。当然，各地也会根据实际情况，对评估指标进行调整，如降低基础条件部分的分值、提高财务资产部分的比重，但这些调整都属于微调，没有从根本上改变既有的评估体系。

当前的社会组织评估制度，固然可以实现对社会组织的全面考核，但也存在定性评价过多、过于倚重专家的主观判断、评估指标过多、关键绩效指标不明确等问题。一些参评组织在内部治理、财务管理、项目管理等方面存在的不足，常常因评估专家的不同而得到不同的反馈，并在扣分中被简化或隐藏。最终的评估结果只能呈现分数差异，而难以反映问题的严重性与危害性。

（三）评估制度的外部协同

作为社会组织管理的四大抓手之一，评估本应与登记管理、年检、执法等其他监管制度紧密协作、互相支持，共同建构一体化的社会组织综合监管体系。但是，在各级民政部门不断推动评估，激励社会组织参与、扩大评估的覆盖面与结果适用范围的同时，也要看到该项制度与其他监管制度之间的协作程度并不高。民政部门将其对社会组织的整体监管分解成四项不同的工作。这种做法固然可以具体化社会组织的管理目标与任务，但也割裂了各项工作之间的关联与转化。由于这四者还没有依托各自的监管重点，建立动态的协作与信息共享机制，因而在实际工作中，常常处于各自发力、各自为政的状态，不仅很少分享信息，甚至做出相互矛盾的管理决策与行为。

例如，笔者就在曾经参与的评估中，发现一些评估对象在内部治理、财务管理、项目管理等方面存在明显缺失。但是在发现问题后，本人只能作为评估专家向评估对象反馈并扣分，没有动力或路径反馈给其他监管工具，由其对此做出处罚。整体而言，社会组织是否参与评估以及所获评的等级高低，与登记管理部门所实施的年检、执法等行为并无太大关联，也不会因此丧失组织的合法性。

另一方面，登记管理部门对社会组织做出的年检结论、执法信息，也没有转化成评估依据。一些原本可以从年检、执法中获得的评估信息，还需要在等级评估中以评估指标的形式出现。例如，"基础条件"下设置的"法人资格"与"登记管理"等二级指标，基本是对组织登记管理和年检内容的重复；"内部治理"中对"组织机构"的考察也是如此，其中的组织发展规划，会员（会员代表）大会、理事会以及监事会的运行情况，民主决策，分支机构的设置情况，大多也可以在年检报告中找到凭据，无须参评组织再为此准备材料、安排专家现场核查。不同监管工具之间的这种并行而非协作的状态，不仅增加了各项工作的执行成本，也降低了社会组织综合监管的整体效力，令社会组织评估工作难以嵌入其他监管制度，与其共同实现"以评促建"目标。

四　社会组织评估执行偏差的矫正建议

随着现代管理理论的发展，目标的作用一再得到强化，并成为整个管理工作的方向与灵魂。对于社会组织评估来说也是如此。它的绩效实现也需要确切的目标引导，也须围绕目标设计相匹配的评估体系、统领评估中的各项要素与机制。对于社会组织评估在执行中出现的偏差，建议从下列方面进行矫正。

（一）开展元评估，重塑社会组织评估体系

所谓元评估，也被称为评估的评估。组织绩效评估领域的研究早已发现，任何评估都不是完美的，都会产生偏差，需要不断地对其进行优化和改进。我国的社会组织评估已经走过了十多年，但该项制度究竟对社会组织的规范运作、健康发展发挥了怎样的作用，还未进行过全面的考核与反馈。因此，我们亟须对社会组织评估本身进行评估，用数据来评价其合理性、准确性与有效性，并向各方作出反馈。

在未来的社会组织评估制度建设中，民政部门应更多地作为构建者、制度设计者，从合作监管的视角来引导和激励其他主体参与，包括提高评估对社会组织的吸引力，教育社会组织关注自我监管，激发它们的自我监管意识和能力；将社会组织评估的监管目标传达给包括社会组织的业务主管单位、第三方机构以及社会公众在内的利益相关群体，引导各方对社会组织的服务绩效进行深层次的关注；将发展性评估纳入评估体系，从评价与发展等多重目标着手对社会组织评估的流程、标准及方法做出系统化的调整与规范。

（二）多元化评估模式，优化评估体系

目前，我国共有80多万个社会组织。其中既有规模和实力雄厚的社会组

织，也有仅在区县层面活动的地方草根组织；既有接受政府委托、授权代为行使一定职能的社会组织，也有纯粹在基层开展服务的社会组织。为此，我们应根据其登记注册的级别、类别差异，及其所申请的组织等级、参评的次数，采取不同的评估模式（袁同成，2016）。在行政审批都在探索"不见面审批"模式的今天，社会组织评估完全不必拘泥于专家现场评估，而应立足于"互联网＋"的时代特点与大数据技术，简化评估内容，优化评估方法，降低评估成本。具体可以在现有的全面评估、专家现场评估的基础上，加入专项评估、书面审核。对于全国性的、申请 4A 及以上等级的社会组织，适用专家现场评估；对于区县级的尤其是自评等级低于 3A 的社会组织，则可以灵活适用书面申请、文本审核方式。区别对待第一次参评的组织与第二次及多次参评的组织，对其分别适用不同的评估流程与模式。

在评估方法上，减少定性分析，增加量化考核；在评估内容上，应及时吸纳被评估对象及其服务对象、社会公众和专家的意见，不断根据环境以及社会组织的发展状况进行动态调整。对于基金会之类的财团组织，宜加大财务管理方面的考核；对于学会、协会、商会之类的共益性机构，应增加会员满意度方面的评价。此外，还要在继续推进"社会组织第三方估计机制建设"的进程中，加强对第三方评估机构和评估专家的监管与指导，避免其在评估中出现偏离评估目标的行为；拓展评估结果的应用广度与深度，提升评估在普通公众心目中的公信力和影响力，让社会组织真实感受到参与评估与不参与评估的差异。

（三）加强评估与其他监管工具之间的协同，提升综合监管效力

作为社会组织综合监管体系的四大抓手之一，等级评估并不应成为一项孤立的存在，而是应该在依据、内容、形式以及结果运用等方面，与其他监管制度高度合作，彼此共享各类监管信息与资源，共同致力于提升社会组织监管成效。而且，从当今世界的发展来看，互联网的普及、大数据的应用已经为政府更新和优化社会组织管理方式提供了可能。目前，各地、各级民政部门均在借用科技手段打造自己的信息化服务平台，并在这个平台上公示社会组织的基本信息与自己的管理行为，接受公众的查询与问责。社会组织评估也应随之"瘦身"，改变单纯由参评组织提供评估资料的做法，多元化评估信息渠道，尽可能地借助信息平台共享其他监管制度的工作成果，压缩重复评估的内容、降低评估成本、提升工作效能。

总之，评估只是工具，不是目的。社会组织评估的终极目标是促进社会组织的健康持续发展，发挥其在社会治理、公益倡导等方面的作用。在社会组织评估常态化的今天，更需要从目标层面完善制度设计，充分发挥评估的价值导向与行为规范作用。

参考文献

邓国胜（2008）：《民间组织评估：机遇与挑战》，《学会》，第6期。

民政部（2015）：《关于探索建立社会组织第三方评估机制的指导意见》。

民政部（2007）：《关于推进民间组织评估工作的指导意见》（民发〔2007〕127号）。

民政部（2010）：《社会组织评估管理办法》。

温庆云（2013）：《对社会组织评估工作的再认识》，《中国社会组织》，第2期。

颜克高、唐婷（2021）：《名实分离：城市社区"三社联动"的执行偏差——基于10个典型社区的多案例分析》，《湖南大学学报》（社会科学版），第2期。

杨炳霖（2018）：《从"政府监管"到"监管治理"》，《中国政法大学学报》，第2期。

袁同成（2016）：《当前政府购买社会组织服务评估模式存在的问题及对策》，《社会科学辑刊》，第1期。

张康之（2017）：《从官僚制组织到合作制组织的转变》，《中共福建省委党校学报》，第3期。

朱晓红（2022）：《社会组织高质量发展的要求及实现路径》，《中国民政》，第6期。

Espeland, W. N., & Sauder, M. (2007), "Rankings and Reactivity: How Public Measures Recreate Social Worlds," *American Journal of Sociology* 113 (1), pp. 1 – 40.

Luo, W., Zheng, W. J., & Long, Y. (2022), "Relational Work and Its Pitfalls: Nonprofits' Participation in Government-Sponsored Voluntary Accreditation," *Journal of Public Administration Research and Theory* XX, pp. 1 – 17.

Stone, C. N. (1980), "The Implementation of Social Programs: Two Perspectives," *Journal of Social Issues* (4), pp. 13 – 34.

Szper, R. (2013), "Playing to the Test: Organizational Responses to Third Party Ratings," *VOLUNTAS: International Journal of Voluntary and Nonprofit Organizations* (4), pp. 935 – 952.

Implementation Deviation and Correction of Social Organization Evaluation

Xu Wenhui & Liu Lihang

[**Abstract**] As a regulation tool, evaluation system of social organizations is regarded by the departments of civil affairs as an institutional innovation to deal with the problems of social organizations, such as falling standards of internal governance and low credibility. However, with the overall promotion of this system, the problems of implementation deviation gradually appear in its operation. The sake of "evaluating for improvement" was gradually replaced by the sake of "evaluating for evaluation". This paper analyzes the structure and features of social organization evaluation system. Based on that, the paper explains the reasons of evaluation implementation deviation in fuzziness of the evaluation target, the inherent vice of evaluation system and its insufficient external support. Finally, the author puts forward some policy suggestions to correct implementation deviation from carrying out meta-evaluation, clearing evaluation target, optimizing the evaluation system and enhancing cooperation between each supervision system.

[**Keywords**] Evaluation of Social Organizations; Accreditation; Implementation Deviation; Self-Regulation

责任编辑：蓝煜昕

社会组织评估的执行偏差与矫正

NGOs 如何参与全球海洋治理：
一个文献综述*

俞祖成　　欧阳慧英**

【摘要】CNKI 和 WOS 两个数据库中的文献显示，NGOs 参与全球海洋治理正在吸引越来越多的学术关注。从具体内容来看，学者们从理论和实践两个层面探讨了 NGOs 参与海洋治理的价值，揭示了 NGOs 参与全球海洋治理已形成包括制度途径、合作机制、组织联盟、法律途径以及创新途径在内的多元途径，并指出了其发展面临的外部挑战和内部阻碍。研究发现，关于 NGOs 参与海洋治理的学术研究正处于上升期，研究议题集中于海洋生态环境治理，整体研究数量和质量有待提高；国内外研究呈现出一定的差异，国内研究较为笼统，内容多有重复，国外研究更扎实，通过田野调查、访谈等方法回应具体问题。未来，可继续加强经验研究和实证研究，分析 NGOs 在不同政治环境中的参与价值；拓展政策研究和机制研究，探究 NGOs 有效参与海洋治理的机制；补充比较研究和内部管理研究，寻找 NGOs 参与困境的破解之道。另外，还需加强与基础理论的对话，创新方法，从理论、

---

* 本文为国家社科基金项目"我国慈善组织认定制度的实施困境及其对策研究"（18BZZ090）和上海外国语大学青年教师科研创新团队项目的阶段性成果。

** 俞祖成，上海外国语大学国际关系与公共事务学院副教授、博士生导师；欧阳慧英（通讯作者），上海外国语大学国际关系与公共事务学院硕士研究生。

方法和领域等多方面进一步展开。

【关键词】NGOs；海洋治理；海洋保护区

引 言

在古代，海洋被认为是"大家共有之物"（魏敏，1987：7；苏长和，2009：262）。近代以来，随着商业和航海业迅速发展，人类之间的争夺从陆地拓展到海洋。在人类不断的斗争和妥协中，公海自由原则和领海制度逐步形成。进入20世纪，随着技术发展和全球化进程加速，海洋的重要性愈发凸显。1945年，美国单方面宣布，对公海下面与美国海岸相毗邻的大陆架的底土和海床的自然资源拥有管辖和控制权，公然挑战旧海洋制度（苏长和，2009：264）。在此背景下，1982年《联合国海洋法公约》（以下简称"公约"）诞生。

然而，公约的历史局限性很快显现出来。联合国第二次全球海洋评估报告显示，过去50年，全球低氧海域面积增加了2倍，近90%的红树林、海草和湿地植物，以及超过30%的海鸟面临灭绝威胁；全球海洋中含氧量极低的"死水区"数量在过去10年增加近300个；过度捕捞造成的经济损失每年高达889亿美元。联合国秘书长古特雷斯指出，未能实现对海岸和海洋的综合可持续管理是造成上述现象的原因，加强全球海洋治理已经迫在眉睫。但公约中关于海洋生态维护的条款十分薄弱，既无明确的主体，也鲜有具体可操作的计划，更无强制执行的要求。海洋生态维护尤其是公海治理问题成了当下全球海洋治理的一大难题。

鉴于此，不少学者指出应重视非政府组织（Non-Governmental Organizations，简称 NGOs）在全球海洋治理中的作用，海洋公域作为公共物品，在低排他性和低竞争性导致的市场失灵下，很难由市场和国家充分提供，因此，国际非政府组织（International Non-Governmental Organizations，简称 INGOs）在海洋治理中的作用不可替代（刘曙光等，2019）。NGOs 具备专业化、灵活性等特点，能弥补政府在海洋综合治理中的不足。不仅是海洋公域，领海区域的多元主体治理也成为各国加强海洋综合治理的发展方向。然而，实践中，NGOs 参与全球海洋治理还不充分。

因此，本文将从学术视角梳理 NGOs 参与全球海洋治理的相关研究成果，在分析 NGOs 参与全球海洋治理价值的基础上，探究 NGOs 参与全球海洋治理的路径及现阶段面临的问题，并在总结现有研究发现的同时指出不足，提出可行的未来研究方向。

一　文献检索与结果分析

本文中文文献检索数据库为中国知网（CNKI）下中国学术期刊网络出版总库，英文检索数据库为 Web of Science（简称 WOS）期刊引文索引数据库。NGOs 一词代指的组织实体在不同国家和地区或不同场景中有不同的称谓，常见的有"NPOs""社会组织""第三部门"等。为最大范围涵盖相关研究成果，本文在文献检索过程中采用了同义词拓展功能。

截至 2021 年 12 月底，在中国知网期刊数据库中限定中文范围内，以"海洋"和"NGO＋NPO＋非政府组织＋非营利组织＋社会组织＋第三部门"为主题词检索得到学术期刊 175 篇。① 为保证学术性，本文对检索文献进一步处理，剔除实际研究内容与 NGOs 参与海洋治理无关的文献 85 篇，包括《中国社会组织》《资源与人居环境》等期刊发布的大量新闻稿、会议通知和会议主持语等，以及与北太平洋涛动（NPO）相关的自然科学研究，最终得到有效学术文献 90 篇。

在 WOS 核心合集数据库中，以"marine OR ocean"和"Non-Governmental Organizations OR Non-Profit Organizations OR Chinese Social Organizations OR Third Sector"为主题词可检索到 743 篇论文。通过研究方向精选，剔除纯自然科学的研究后得到 471 篇。② 为保证文献的有效性，本文对 471 篇文献进行人工筛选，进一步剔除以下类型的文献：（1）文中出现的"third"表示序数词"第三"，而非"第三部门"；（2）文中出现的"ocean"表示具体的区域，与海洋或海洋沿岸治理无关；（3）系统难以发现的与本文主题关系不大的纯自然

---

① 以"关键词"形式检索出的文献过少，以"篇关摘"形式检索出的文献总量与"主题词"相近，但文献有效性不如"主题词"，故最终选择以"主题词"进行检索。
② 该类文献涉及生物学、物理学、医学下的各类研究方向，之所以被系统检索出是因为研究中或是使用了 NGOs 提供的数据，或是提及 NGOs 对沿海地区疾病消除做出的贡献等，实质内容与本文主题关系不大，故剔除。

科学研究。① 经过以上处理，最终得到 169 篇有效文献。

从研究数量变化来看，NGOs 参与海洋治理的相关研究呈波动式上升，该领域正在吸引越来越多的学术关注。国外对 NGOs 参与海洋治理的研究起步于 20 世纪 90 年代，1994 年出现第一篇英文学术论文，指出 NGOs 在环保方面能发挥重要作用（Berntsen，1994：270～271）。国内研究起步稍晚，2000 年出现第一篇中文学术论文，认为 NGOs 是实现环境、经济、社会可持续发展的载体（邓效慧、戴桂林，2000：36～38）。随后，国内外相关研究不断出现，并在 2010 年后显著增长。值得注意的是，国外研究不仅早于国内，英文文献数量也始终大于中文文献（见图 1）。

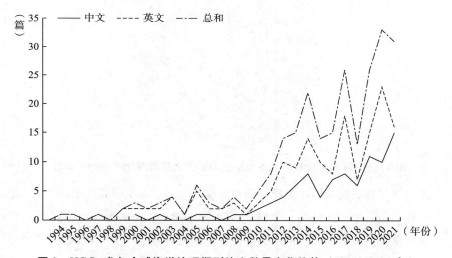

图 1　NGOs 参与全球海洋治理期刊论文数量变化趋势（1994～2021 年）

从发表层次来看，中、英文研究存在较大差异。将中文期刊划分为 CSSCI 期刊和其他期刊两类②，得到以下统计结果：CSSCI 期刊占比 22%（20 篇），其

---

① 为验证这一数字的科学性，本文以 "Marine Governance OR Ocean Governance" 和 "Non-Governmental Organizations OR Non-Profit Organizations OR Chinese Social Organizations OR Third Sector" 为主题词，引入治理因素进一步限定条件重新检索，得到 108 篇文献，少于最终有效文献数 169 篇。两个数字相近又有一定差距，在一定程度上说明本文选取的最终有效文献具有科学性，遗漏核心文献的可能性小；同时也显示了放宽条件检索并进行人工筛选的价值。诚然，仅检索 WOS 数据库并不能涵盖所有的英文文献，但作为最具权威性的多学科引文数据库之一，其结果具有重要的参考价值。

② 关于 NGOs 参与全球海洋治理的中文期刊论文暂无发表于 CSSCI 扩展版期刊的，故仅分为两类。

中有 8 篇是从法学角度切入，讨论 NGOs 海洋环境公益诉讼的原告主体资格，其他期刊 78%（70 篇）。这一数据在一定程度上说明了关于 NGOs 参与全球海洋治理的高质量中文研究较少（见图 2）。根据 JCR 期刊分区①，英文论文统计结果如下：一区占比 59%（99 篇），二区 19%（33 篇），三区 12%（20 篇），四区和其他各为 5%（9 篇和 8 篇）（见图 3）。尽管中、英文文献类属不同体系，划分标准不尽相同，对比二者的发表层次并不恰当，但数据的悬殊程度大体上能说明国内外研究质量存在差距。

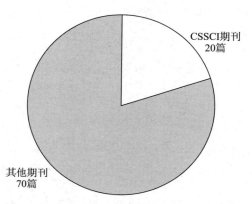

图 2　NGOs 参与全球海洋治理中文期刊论文发表层次（2000～2021）

国内外研究质量差距还表现在研究方法上。不少中文研究无研究方法可言，仅是梳理、拓展了包括论文、书籍、新闻报道在内的文字资料。还有为数不多基于实地调研的案例研究，但这类案例研究的对象通常为某一区域治理，NGOs 仅仅因缺位被作为问题指出（张继平等，2017：933～938）。国外研究中有丰富的案例研究，包括个案研究和多案例比较研究，数据通常来源于扎实的实地调研和访谈，参与式观察和半结构化访谈是主要研究方法。还有一小部分国外研究运用了混合研究法，在案例研究中使用社会网络分析（Smythe et al.，2014：117～125）、定性比较分析（Bodin & Osterblom，2014：948～956）以及主题分析法（Eger & Doberstein，2019：210～225），借助各种软件进行编码分析。

内容上，中、英文研究也表现出一定差异。中文文献对 NGOs 参与海洋治理的研究集中在以下三个方面：一是探讨海洋环境公益诉讼中社会组织是否具

---

①　单个期刊可能存在不同的学科分区，类似情况采纳和海洋治理、海洋生态最为相近的分区排名。

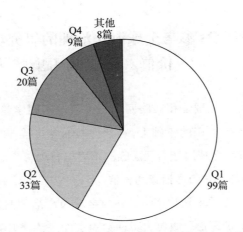

图 3　NGOs 参与全球海洋治理英文期刊论文发表层次（1994～2021 年）

有原告主体资格；二是分析海洋类社会组织在参与海洋治理中的角色和功能，强调多元主体治理和协同治理的必要性；三是评估我国海洋社会组织的发展现状，指出发展中存在的问题和困境并提出建议。而英文学界对 NGOs 参与全球海洋治理的研究更加广泛、深入：一方面，较之于中文研究广义上的海洋生态环境治理，英文研究深入更多细分的领域，例如小规模渔业、栖息地恢复和保护以及巨型哺乳动物保护等；另一方面，由于国外 NGOs 参与海洋治理的实践更丰富，英文研究多探讨 NGOs 参与过程中的具体问题，其中 NGOs 参与海洋保护区管理是一大热点。

就学科背景而言，中文研究主要集中在法学、管理学、社会学以及政治学下的公共管理和全球治理，依托传统学科开展研究。承载的期刊多为大学学报或社科综合期刊，也有类似《海洋开发与管理》《海洋环境科学》《中国渔业经济》等专门性的海洋研究期刊，但这类期刊并非核心刊物，文章质量和影响力有限。反观英文文献，跨学科研究是国外相关研究的一大特点，环境学、生态学以及生物多样性保护等研究方向已经形成了一定的体量。承载期刊上，英文研究也显示出头部聚集的效应。在 169 篇有效期刊文章中，发表于 *Marine Policy*、*Ocean & Coastal Management*、*Frontiers in Marine Science* 和 *Conservation Biology* 这 4 本一区期刊的文章占比 32.5%（55 篇）。以点见面可知，在英文学界，作为一个单独研究方向甚至一门学科，综合自然科学和社会科学知识的海洋学正在逐渐形成。

二　NGOs 参与全球海洋治理的研究现状：
价值、途径与问题

接下来，本节首先从理论和实践两个层面整理不同学者关于 NGOs 参与全球海洋治理的价值探讨。在此基础上，梳理 NGOs 参与全球海洋治理的方式和路径，分析 NGOs 参与全球海洋治理面临的困境与问题。

（一）NGOs 参与全球海洋治理的价值

学界主要从两个方面来认识 NGOs 参与全球海洋治理的价值：一是结合海洋治理的特点，从治理理论、政府失灵理论等层面来论述 NGOs 参与的必要性；二是立足于海洋治理的具体实践，揭示 NGOs 参与对海洋治理的实际贡献。

1. NGOs 参与全球海洋治理的必要性

海洋开放性、流动性的特点决定了海洋治理的复杂性。海洋是一块巨大的公域，其整体性和跨界性的特点，使得海洋治理成为复杂的公共问题，易产生"公地悲剧"（林初肖、龚虹波，2021：46~50）。当前以联合国为中心的全球海洋治理体系存在各种问题，以致全球海洋治理总体上失效。根据《联合国海洋法公约》，主权上，海洋分为不同的区域；应用上，海洋涉及不同的行业；行为体上，不仅不同区域有自己的海洋组织，不同行业有各自的海洋组织，还有国际组织以及国家、地方等不同层级的组织。当前全球海洋治理呈现出多样化、碎片化的特点，各部分之间未形成良好的协同效果（庞中英，2018：3~11）。全球海洋治理的问题便在于，海洋开放性、流动性的特点要求全球合作，但现实却是割裂、破碎的。

海洋公共性和跨界性的特点决定了海洋治理需要多主体共同参与。早在 20 世纪末甚至更早时期，政府便已认识到包括海洋治理在内很多跨界、跨部门的问题，需要采取部门间协作的办法来解决，各国政府、企业、科研团队以及 NGOs 在保护环境方面都发挥着重要的综合作用（Berntsen，1994：270~271）。20 世纪 90 年代，伴随治理理论的出现，多主体参与公共问题解决的形式以合作治理或协作治理的概念广为人知，多元主体参与也被引用到关于海洋治理的讨论中。林初肖等人（2021：46~50）认为不同治理主体拥有的资源和利益差异将使协作更有价值。海洋管理难以做到泾渭分明的职能分割，很难由政府单一主体对海洋进行全面、系统的掌控和管理，需要多方共同参与、相互协调，避免信息流通不畅和治理资源的浪费（杨振姣等，2014：91～97）。

政府虽是实现国家利益的主体，但也存在政府失灵的情况。一方面，政府失灵表现为政府干预的低效率，政府政策不能有效控制海洋环境污染的扩大（杨振姣等，2016：444～452），甚至可能因为经济利益而制造海洋污染。另一方面，在应对复杂多变的海洋治理问题时，政府内部决策和执行一定程度的分离导致缺乏灵活性和机动性（杨振姣等，2014：91～97）。这一点在全球海洋治理层面更为突出，需要协调全球、区域、国家以及地方多层面的政策（O'Brien & Williams，2015：302）。对此，NGOs 作为补充治理力量具有独特作用：NGOs 代表公众意见和利益，对政府行为进行监督；NGOs 也可凭借资金、技术以及强大的社会网络协助政府功能的发挥。

海洋公共性、跨界性的特点决定了海洋治理的复杂性，解决海洋治理问题有赖于多元主体间的沟通和合作。政府失灵以及单一政府机制显露出的局限则进一步凸显了 NGOs 等其他主体参与海洋治理的必要性。

2. NGOs 在全球海洋治理中发挥的作用

较之于理论层面的探讨，现阶段学者们更多是从海洋治理的实践中发现 NGOs 参与的价值。事实上，NGOs 参与海洋治理的实践远早于学界对这一现象的研究，早在 19 世纪中期，INGOs 便已开展海洋相关工作，1853 年首届海洋学会议是促进海洋研究工作 INGOs 合作的开端（Baker、李昆峰，1983：44～50）。现有研究显示，NGOs 参与海洋治理的价值主要表现在政策参与、信息和技术支持、实践推动以及带动公众参与等方面。

非国家行为体进入并且在解决问题的进程中发挥重要作用是当下全球治理的一大特征。庞中英（2018：3～11）指出越来越多的非国家行动者进入了原来主要由政府参加的议题、日程、组织，非国家行为体在推动新的国际制度、国际规则、国际规范的出现。NGOs 作为非国家行为体的一种在海洋政策参与中发挥了多种作用，其中政策倡导是一种主要形式。大型海洋保护区规范便产生于市民社会，皮尤慈善信托基金会、美国国家地理学会和保护国际首先说服了基里巴斯总统在其专属经济区内建立大型保护区，对大型海洋保护区的产生起到了关键作用（Alger & Dauvergne，2017：301～302）。Havard 等人（2015：116～131）通过分析利益相关者在墨西哥加利福尼亚湾 3 个海洋和沿海保护区的治理互动情况，发现 NGOs 在改进有关保护区的决策进程中发挥了重要作用，帮助建立了多元主体参与的决策机制。NGOs 也能在一定程度上缓解"政府失灵"问题。一方面，NGOs 能协调不同层级政府间的政策冲突，例如，西非、中非的区域环境政策和国家层面港口政策之间的分歧，在 ENGOs 参与决策后得到了改善（Barnes-Dabban et al.，2018：151～161）。另一方面，马达加斯加的经验表明，当政府制定海洋环境政策的能力极为有限时，ENGOs 将作为补充力量提供生态服务（Hrabanski et al.，2013：124～132）。

NGOs 参与政策过程得益于其自身独特的优势。Cadman 等人（2020：1～11）发现 ENGOs 通过宣传、倡导、收集信息和情报以及一些行政工作打破了科学家、政府以及公众之间的壁垒，促进了多元主体之间的互动，提高了政策制定能力和效率。另一项研究发现 NGOs 在渔业改进项目（FIP）中凭借专业知识和沟通协调等优势高效推动项目进展，并使之向可持续渔业方向发展（Deighan & Jenkins，2015：476～485）。为满足发展中国家实行有效沿海管理的需求，大型 NGOs 越来越多地发起并参与以科学为驱动的大规模海洋保护计划，为区域管理提供科学数据和信息（Hastings et al.，2012：907～914）。有学者将 NGOs 政策参与的价值概括为"公益协作性突破资源局限，专业性参与突破技术局限，民间协作性突破沟通局限"（秦文臻、全永波，2014：76～78）。

NGOs 参与海洋治理的另一重要作用表现在其丰富的海洋治理实践中。海滩垃圾清理、海洋生态维护、海洋知识科普、海洋科学研究、海洋资源开发等中都有 NGOs 的身影，其中，学界研究最多的当数 NGOs 参与海洋环保。国内研究多从笼统的海洋保护角度探究 NGOs 的作用，阐述 NGOs "做了什么"。如在一项关于"蓝丝带"海洋保护协会的研究中，作者主要介绍了"蓝丝带"的代表性活动，涉及公众教育、信息收集、岸线调研和海滩清洁（宋丹瑛等，2013：202～204），其他对海洋细分领域的有限研究则是呼吁 NGOs 参与（陈莉莉等，2021：20～27；程晓娅等，2021：63～68）。国外研究更多地从具体实践出发，探究 NGOs 参与"有什么用"。研究表明，NGOs 参与海洋治理有助于发现问题，NGOs 在厄瓜多尔沿海开展长期的检测和养护工作，发现不仅大规模渔业会对海洋哺乳动物造成威胁，使其成为副渔获物、被渔网缠绕、搁浅，小规模渔业同样存在类似危害（Alava et al.，2019：1～8）。另外，NGOs 参与海洋保护区的管理已是大势所趋（Clifton et al.，2021：1～9），NGOs 能减轻公共部门的资金投入压力，有助于保护区科学、有效运转，还能带动公众参与。

NGOs 长期活跃在海洋治理一线，与公众联系密切，善于带动公众参与。印度尼西亚努沙佩尼达海洋保护区的案例证明了 NGOs 的公众组织能力，在保护区实施的不同阶段，公众参与程度表现出了明显的不同。早期，在大自然保护协会和本土 NGO 珊瑚三角中心的组织下，该保护区成立了海洋守护队，鼓励具有潜水技能的渔民参与到园区巡逻任务中。然而，当管理责任转移到地方政府时，类似参与性激励措施的强度大大减弱（Yunitawati & Julian，2021：1 ~ 8）。NGOs 能带动公民参与并非因金钱或利益激励，而是参与本身给公民带来的获得感。Quintana 等人（2020：3910 ~ 3911）发现，个人成长和社会成就感是公民参与当地 NGOs 生态监测项目的最大收获，过程中收获的知识、公民和环境意识以及公开演讲技巧都让参与者感受到自己"不仅仅是渔民"。

作为公共利益的代表，NGOs 还发挥着监督政府和企业行为的作用。《奥胡斯公约》直接赋予了 NGOs 追究欧盟成员国责任的权力（De & Elizabeth，2011：34 ~ 38），国内学者也呼吁赋予 NGOs 提起海洋环境公益诉讼的主体资格。诸多实证研究表明，面对复杂的海洋治理，NGOs 的参与能在一定程度上克服单一政府机制的局限。凭借强大的专业知识、沟通能力以及技术、资金等资源，NGOs 能促进科学决策、民主决策，发现问题，带动公众参与。

（二）NGOs 参与全球海洋治理的途径

凭借自身优势，NGOs 参与全球海洋治理已形成多元途径，主要有国内国际层面的制度途径、各式各样的合作机制、NGOs 自身的组织联盟、塑造规范的法律途径以及包括 MSC 渔业认证、社会经营许可证在内的创新途径。

1. 制度途径。随着 NGOs 在社会治理中的作用被认识，国家和政府越来越多地吸纳 NGOs 力量参与到决策过程中。国家层面，政府决策科学化、民主化为 NGOs 参与政策过程奠定了政治基础（杨振姣等，2016：444 ~ 452）。在不同国家和政治实体中，NGOs 参政的具体方式有所不同。在中国，较为常见的是座谈会，人民代表大会制度和政治协商制度也为 NGOs 直接或间接参政提供了机会，西方民主政体中则是议会。全球治理中 NGOs 的空间更为广阔。《联合国宪章》第 71 条为 NGOs 参与联合国事务提供了法律依据，"经济及社会理事会得采取适当办法，俾与各种非政府组织会商有关本理事会职权范围内之事件"，联合国确立了 NGOs 的咨商地位。NGOs 还可通过"观察员"的角色参与其他国际组织和会议，甚至 1992 年成立的全球治理委员会是由 INGOs 演变而来（庞中英，2018：3~11）。不仅是宏观制度安排，具体问题的应对也存在相应机制。在经略海洋成为大势所趋的今天，政府购买公共服务的领域拓展到海洋事务，以改善海洋公共事务供给不足的局面（于秀琴等，2021：99~106）。由于海洋保护区资金长期不足，赋予 NGOs 和半国营实体以保护区管理责任也成为趋势（Clifton et al.，2021：1~9）。在现有机制的基础上，有学者指出建立民间社会有效参与海洋规划和生态系统管理的机制至关重要，吸纳 NGOs 参与海洋治理还需机制创新（Brooker et al.，2019：2101~2123）。

2. 合作机制。政府、企业和 NGOs 掌握不同资源，合作治理有助于优势互补，推动治理效能最大化。在海洋治理实践中，NGOs 可通过工作小组、科学联盟和协作网络等合作机制参与其中。非洲塞舌尔共和国一个名为岛屿保护协会的 NGO 与当地渔业公司合作，共同监测当地捕捞和放生休闲渔业对鱼类的影响，为循证管理奠定基础。在多元主体的推动下，围绕该国外岛群休闲渔业管理的对话已经开始（Griffin et al.，2021：1~11）。为解决加拿大圣劳伦斯河口鲸鱼与大型船只碰撞的问题，政府、NGOs、海运业以及学术界代表于 2011 年成立了一个工作小组，共同制定了切合实际的碰撞方案（Chion et al.，2018：1~26）。在墨西哥加勒比地区，NGOs 则和政府、渔业合作社、科研人员及慈善基金会一起成立了名为 "Kanan Kay Alliance" 的联盟，组成利益相关者协作网络，旨在于当地渔业水域使用权内建立禁捕区。该联盟提供了独特的对话机会，促进了增值合作行动（Moreno et al.，2017：233~247）。可以发现，工作组或联盟通常是为了解决某一具体问题而设立。类似合作机制的主要优势体现在两个方面：一是通过合作治理，多主体能在解决问题的过程中优势互补，发挥独特作用，高效解决问题；二是合作机制本身是绝佳的利益协调方式，合作机制的建立在一定程度上杜绝了"一言堂"情况，有利于最大程度协调各方利益。

3. 组织联盟。除与政府、企业等主体合作外，NGOs 之间也会联合。单个 NGO 资金、影响力都相对有限，通过组织合作和联盟，NGOs 能发挥更大作用。Crabbe 等（2009：181~190）在其研究中证明了这一点。为促进中美洲堡礁系统的可持续发展，参与当地海洋保护区管理的三个 NGOs 合并为一个单一的自治组织。合并后，保护区的执法情况、生物和非法活动监测情况都得到改善，行政工作也有了好转。另有研究发现，NGOs 联盟在海洋灾害救助中能发挥独特作用。在 2004 年的印度洋海啸中，由印度东海岸 12 个地方 NGOs 组成的网络——东海岸发展论坛（ECDF）在灾后救济中发挥了重要作用，为 NGOs 参与海洋灾害应对提供了经验教训。NGOs 尤其是地方 NGOs 在灾害应对工作中通常不善于建立合作网络，但通过前期联合倡议可建立一定的信任，进而为 NGOs 合作应对潜在灾害奠定基础（Kilby，2008：120～130）。NGOs 之间的组织联盟大致可划分为三种不同的类型，即"问题驱动的联合""区域促成的联盟""领域牵连的网络"。组织联盟途径帮助 NGOs 形成合力，建立强大的信息网络，使其具有强大的组织、沟通和协调能力，进而塑造自身影响力。加强内部沟通合作，有利于塑造行业规范，推动 NGOs 的发展，促进海洋治理规范的形成。

4. 法律途径。法律途径也是 NGOs 参与全球海洋治理的一条重要渠道：一方面，NGOs 可以通过制度途径影响法律的制定和修订；另一方面，NGOs 可通过制定"软法"的形式促进海洋治理。为建立新的渔业秩序，中国渔业协会分别于 2004 年和 2007 年与韩国水产会、日本水产会签订了《民间渔业安全作业协议书》（相京佐等，2019：164～168）。尽管该协议书不是具有法律约束力的行业标准，也并非具有强制性的国际条约，但 NGOs 民间性、非营利性和相对独立性的特点使之得到了国际社会众多主权国家及政府间组织的广泛认可。相京佐等人（2019：164～168）认为，该协议书作为软法，内容相对灵活且具有可操作性，有利于提高法对社会发展变化的适应性，克服强制法僵硬、滞后的弊端。另外，法律途径也是 NGOs 维护海洋公益的重要工具。不少国家法律赋予了 NGOs 提起环境公益诉讼的主体资格，如美国《清洁水法》第 505 条明确把公民诉讼的原告界定为"其利益被违法行为影响或可能被影响的任何人"。在中国，尽管司法实践中 NGOs 的起诉资格存在争议，但不少学者认为应明确赋予其提起海洋环境公益诉讼的起诉资格（谢玲，2021：50～55）。无论是通过"软法"规范渔业行为，还是提起公益诉讼维护环境公益，法律途径都是 NGOs 参与海洋治理的重要手段。NGOs 也借此成为国家和政府治理、监管的重要补充。

5. 创新途径。NGOs 在参与治理实践的过程中摸索出了独特的参与方式。海洋治理领域较为独特的有 MSC（The Marine Stewardship Council，海洋管理理事会）渔业认证以及 SLO（Social Licence Operate，社会经营许可证）。20 世纪末，联合国粮农组织发布了《负责任渔业行为守则》，要求各国探索建立相互承认的管理和证书机构的可能性，查明上市鱼和渔产品，保障渔业贸易不损害资源的可持续发展。由于全球渔产品贸易量巨大，一些 NGO 在全球经济鱼类资源状况持续得不到好转的情况下建立起自己的认证体系。MSC 渔业认证便于此背景下诞生，通过对渔业认证，引导消费者的购买行为，以此鼓励渔业养护（唐建业、胡浩亮，2013：141~146）。社会经营许可是国家经营许可的相对概念，但 SLO 不仅是 NGOs 对企业的认证，其目的是"让国家重新进入"。NGOs 认为现有法规对企业行为的规制并不充分，希望通过这样的方式动员政府加强对公司行为的监管（Murphy-Gregory，2018：320~340）。有学者将类似形式称为"私人治理"（Green，2014）或"非国家市场驱动治理"（Auld，2009：183~218），指活动家绕过国家，直接呼吁公众改变消费行为，而非游说政府修改法规。也有学者认为这是一条处于国家中心和社会中心中间的道路，将其概括为"通过说服治理"（Bell & Hindmoor，2009）。"通过说服治理"是一个社会过程，通过倡导，鼓励公民根据自身利益、社会义务改变行为。尽管存在争论，但确定的是，类似创新途径的核心是塑造并传播规范和价值。

（三）NGOs 参与全球海洋治理的问题

现阶段，NGOs 参与全球海洋治理还面临各种各样的问题，例如参与不充分、协同程度低、领域受限制。发展中国家大多存在涉海 NGOs 发展不充分、参与程度低的问题。在关于我国海堤生态化建设、海洋塑料垃圾治理以及海洋灾害应对的研究中，学者们无一不认为存在合作治理主体缺位的问题（程晓娅等，2021：63~68；孙凡宏、朱伟平，2020：88~92；尹盼盼、蔡勤禹，2013：68~72）。当前全球海洋治理还存在治理主体协同程度低的困境。庞中英（2018：3~11）指出在当前以联合国为中心的全球海洋治理体系中，构成全球海洋治理的各部分之间的协同不够，甚至相互竞争和冲突，包括海洋行动者在世界观、价值观和利益上的差别。具体国家和区域也缺乏相应的协同机制。例如，由于缺乏协同配合的参与机制，2008 年黄海海域浒苔灾害的治理主要依赖政府和军队，NGOs 力量无法调动起来（尹盼盼、蔡勤禹，2013：68~72）。另外，NGOs 参与全球海洋治理受领域限制，王琪和李简（2019：32~38）将全球海洋治理的客体分为海洋政治安全问题、海洋国土安全问题和海洋生态安全问题三种类型，而 NGOs 的大部分工作都围绕海洋生态安全问题。NGOs 参与全球海洋治理面临的问题与其自身发展遭遇的困境有千丝万缕的联系。不少研究指出 NGOs 参与全球海洋治理面临外部挑战和内部阻碍。

1. 外部挑战。NGOs 面临的外部挑战主要包括三个方面，即法律保障欠缺、主体权威冲突、社会认可不足。首先，法律保障欠缺，这一困境表现在两方面：一是登记入口受限制。王靖茹（2020：41～42）指出我国规范海洋 NGOs 的主要法规中，《社会团体登记管理条例》、《民办非企业单位登记管理暂行条例》和《基金会管理条例》所规定的人数、资金等硬性指标过高，导致较为薄弱的 NGOs 无法与政府进行沟通联络，合法地位得不到保障。二是对海洋 NGOs 的政策参与没有明确规定。前述三部法规都只是笼统规范，没有明确 NGOs 政策参与的权利和义务，具体治理领域的法规中也未明确。其次，主体权威冲突。强调主体间关系平等、相互依赖是合作治理理论的一大特点，但 NGOs 在实践中常处于被支配地位。由于我国海洋 NGOs 发展不成熟，NGOs 和政府处于一种"非对称共生模式"（曹丽娇，2019：132～133）。尽管在海洋治理中二者存在高度资源依赖，但地位不平等，资源未实现双向流动，NGOs 常被视为政策工具，缺乏一定的主动权。这一困境在世界其他国家和地区也较为普遍。Gorris（2019：12～19）发现在菲律宾西内格罗省海洋保护区的共同管理中，从法律上向包括 NGOs 在内的利益相关者授予公平管理权不足以确保它们享有平等的发言权。在管理自然资源方面，权力不对称的情况在整个东南亚甚至全球都存在（Glaser et al., 2018：1464；Glaser et al., 2010：1215～1225；Gorris，2016：1～15；Wang et al., 2014：62～69）。最后，海洋 NGOs 缺乏公众信任。一方面，人类对海洋治理的价值和必要性认识较晚，公众的海洋意识相对薄弱，海洋 NGOs 的群众基础薄弱。另一方面，多起志愿组织的失灵现象也让 NGOs 的公信力大打折扣，部分海洋 NGOs 还可能对国家安全构成威胁（张晓光，2021）。另外，NGOs 参与海洋治理不仅能产生价值，也会带来新的问题。Gray 等人（2012：88～96）发现纳入不同利益相关者会使社会生态系统变得更加复杂，反而可能降低理解系统运作的精确度。Haley 和 Clayton（2003：29～54）发现纳入 NGOs 解决环境问题往往导致管理层增加，资金利用效率低下，NGOs 泛滥还会导致重复工作和无效竞争。

2. 内部阻碍。内部阻碍主要指 NGOs 在运营资金、组织人才和专业能力上遭遇的困境。首先，运营资金匮乏。《中国民间海洋环保组织发展调查报告（2015）》（以下简称"发展报告"）显示，我国 82.76%（24 家）的海洋 NGOs

筹资规模在 100 万元以下, 其中一半在 30 万元以下, 整体不充裕。资金来源上, 37.38% 的组织资金源于基金会资助, 通过经营项目从政府、企业获得服务性收入的占 38.49% (合一绿学院等, 2015), 该项占比远低于西方发达国家 (张继平等, 2017: 933~938; 刘贵山、曹海军, 2007: 45~48)。我国海洋 NGOs 资金来源狭窄, 数额有限, 以致活动范围和影响有限。其次, 组织人才不足。发展报告显示, 多达 79% 的 NGOs 全职人数不超过 6 人, 其中 48% 的仅有 0~3 人。张继平等人 (2017: 933~938) 指出这种现象的主要原因是平台限制和报酬不高。海洋 NGOs 的发展存在很多阻碍和不确定性, 工作人员难以预期未来, 缺乏有效激励。另外, 组织人才不足还表现为专业人才缺乏, 组织内部缺乏具有海洋学科背景的工作人员, 现阶段人员数量和质量都难以满足行业发展要求。最后, 专业水平受限。专业能力是海洋 NGOs 政策参与的天然优势, 反之, 专业水平受限则影响政策参与效果。西方发达国家 NGOs 或 INGOs 已广泛参与到海洋保护区管理以及各类监测活动中, 但受专业水平限制, 我国海洋 NGOs 多从事宣传教育活动, 业务范围有限。事实上, NGOs 参与海洋治理的内部困境不仅存在于我国, 上述问题同样存在于其他国家和地区, 尤其是发展中国家 (Haley & Clayton, 2003: 29~54)。NGOs 面临的外部挑战和内部阻碍也会互相影响。例如, 宁靓和史磊 (2021: 27~37) 从利益冲突的视角阐明了二者之间的纠缠。由于我国 NGOs 能力有限, 从与政府、公众的互动中获取资金、人力以及声誉等成为 NGOs 生存和发展的重要依赖, 但对政府的强依赖使得 NGOs 容易受政府行政意愿主导的 "政治化" 影响, 进而缺乏强有力的独立声音和自主性, 沦为政策工具。

三 结论与讨论

(一) 现有研究评价

本文通过整理 CNKI 和 WOS 两个数据库中关于 "NGOs 参与全球海洋治理" 的学术论文, 发现学者们主要从理论上的必要性和实践中的作用两个方面来认识 NGOs 参与全球海洋治理的价值。NGOs 主要通过制度途径、合作机制、组织联盟、法律途径和创新途径等参与全球海洋治理。现阶段, NGOs 参与全球海洋治理并不充分, 协同程度低、领域受限制, 这些问题在发展中国家和地区更为突出，NGOs 参与全球海洋治理面临外部挑战和内部阻碍。

对比中外研究，二者在研究数量、研究质量、研究内容和学科背景这四个方面表现出一定的差异。中文研究数量较少，高质量研究更少，部分研究较为笼统，内容也多有重复。不少研究都指出了我国 NGOs 海洋治理参与不充分的现状，进而分析存在的问题，提出政策建议。国外研究不仅在数量和质量上更出色，研究方法上也表现得更成熟，不仅有个案研究和多案例比较研究，还在此基础上运用了社会网络分析、定性比较分析和主题分析法。国内外研究差距的背后是国内外 NGOs 参与海洋治理实践之间的距离，我国 NGOs 参与海洋治理还有很大的发展空间。

从海洋治理的议题来看，对 NGOs 参与海洋治理的研究集中于生态环保领域，探讨 NGOs 参与渔业治理、海洋保护区管理以及海洋保育工作等发挥的作用。相对于政治、经济问题而言，环境治理长期存在国家缺位的困境，NGOs 为环境问题进入政治议程付出了巨大努力，随之而来的是在环境问题上的专业优势和发言权。研究集中于环境领域实为情理之中，但不可忽视的是，海洋治理议题远不止环保。随着人类活动向海洋扩展，海洋经济、海洋安全、海洋政治与外交、海上交通、海洋灾害防治同样重要，这些领域并非不存在 NGOs 的身影，但关于这些领域的研究少之又少。

总体而言，关于 NGOs 参与全球海洋治理的针对性研究成果不多，年限较短，深度不足。

（二）未来研究方向

基于以上讨论，未来对 NGOs 参与全球海洋治理的研究可以关注以下三点。

第一，加强实证研究和经验研究，进一步认识 NGOs 在全球海洋治理中的作用和价值。研究现状显示，我国学者对 NGOs 参与海洋治理的价值认识还不充分，仅仅是笼统、宏观地指出应扩大 NGOs 在海洋治理中的参与，至于为什么要参与，能发挥什么作用，还没有细致地说清楚。虽然国外不少研究都已对这一问题做出了有实践支撑的回应，但由于各个国家和地区不同的政治环境等实际情况，实证研究的需求还很大。庞中英（2018：3～11）列出的全球海洋治理研究日程第四点指出，必须回答好为什么具有积极作用的非国家行动者以及非政府的国际海洋组织在全球海洋治理中的作用不可或缺这一问题。

第二，加强政策研究和机制研究，探究 NGOs 参与全球海洋治理政策过程。

NGOs 参与海洋政策制定受到一定挑战，探究 NGOs 如何参与海洋治理并更好发挥作用是现实问题。现有研究鲜有道明 NGOs 政策参与的成功经验或失败教训，因此可进一步推进，通过详细追踪 NGOs 政策参与的全过程为机制安排提供可靠借鉴。例如，在跨国区域海洋治理中 NGOs 应处于何种地位，如何协调不同主权国家之间的利益考量；在全球海洋治理中 NGOs 如何与国家、国际组织等行为体互动，形成良好的协同治理格局。NGOs 作为非传统行为主体，更好地参与传统权力主体的活动还有赖于理论和实践上的不断求索。

第三，加强比较研究和内部管理研究，探寻摆脱海洋 NGOs 发展困境之道。现有研究显示，NGOs 参与全球海洋治理还面临各种外部挑战和内部阻碍，今后可研究这些困境的解决之道。中国 NGOs 起步较晚，发展相对落后，可通过比较研究吸收借鉴国外的经验教训。海洋治理兴起较晚，治理体系存在缺陷，也可吸收借鉴其他治理领域的经验教训。另外，作为公共组织的一种，NGOs 也面临内部管理问题，内部管理会影响其外部表现，NGOs 的内部管理同样不容忽视。

整体来看，作为一个实践性和综合性较强的研究方向，相关研究多为对现实问题的回应、探讨，鲜有结合公共管理、国际关系等政治学理论的文献。在面对新议题时，科学研究确实会存在文献和理论的挑战，但这并不意味着研究能脱离基础理论，未来研究应当多观照理论，拓展一般性知识。另外，未来当进一步完善及丰富研究方法，扎实推进案例研究法，积极引入前沿研究方法，综合利用定性和定量研究方法，从理论、方法和领域多方面推进对 NGOs 参与海洋治理的研究。

参考文献

曹丽娇（2019）：《共生理论视域下的海洋环境治理研究》，《绿色科技》，第 8 期。

程晓娅、林立、岳文（2021）：《陆海统筹理念下的海堤生态化建设研究》，《海洋开发与管理》，第 10 期。

陈莉莉、姚源婷、姚丽娜（2021）：《长三角沿海区域海洋渔业垃圾治理机制构建——基于整体性治理视角》，《中国渔业经济》，第 6 期。

邓效慧、戴桂林（2000）：《海洋资源可持续开发利用与非政府组织》，《未来与发展》，第 5 期。

F. W. G. Baker、李昆峰（1983）：《促进非政府组织海洋学的合作研究》，《科学对社会的影响》，第 Z1 期。

合一绿学院、上海仁渡海洋公益发展中心、智渔生态环境研究中心（2015）：《中国民间海洋环保组织发展调查报告（2015）》。

联合国国际组织会议（1945）：《联合国宪章》。

联合国（1982）：《联合国海洋法公约》。

联合国粮食及农业组织（1995）：《负责任渔业行为守则》。

林初肖、龚虹波（2021）：《海洋环境治理的整体协作机制研究——以象山港为例》，《行政科学论坛》，第 9 期。

刘贵山、曹海军（2007）：《中国 NGO 的筹资困境及其现实选择》，《行政与法》，第 3 期。

刘曙光、李逸超、王畅（2019）：《全球海洋公域治理的困局与建议》，《中国海洋报》，4 月 9 日，第 2 版。

宁靓、史磊（2021）：《利益冲突下的海洋生态环境治理困境与行动逻辑——以黄海海域浒苔绿潮灾害治理为例》，《上海行政学院学报》，第 6 期。

庞中英（2018）：《在全球层次治理海洋问题——关于全球海洋治理的理论与实践》，《社会科学》，第 9 期。

秦文臻、全永波（2014）：《政府与 NGO 合作参与海洋危机管理的途径研究》，《中国水运（下半月）》，第 7 期。

宋丹瑛、宋红娟、宋婷（2013）：《旅游城市海洋环境保护中 NGO 的作用与启示——以海南"蓝丝带"海洋保护协会为例》，《旅游纵览（下半月）》，第 22 期。

苏长和（2009）：《全球公共问题与国际合作——一种制度的分析》，上海：上海人民出版社。

孙凡宏、朱伟平（2020）：《海洋塑料垃圾跨区域合作治理的困境与突破》，《陕西行政学院学报》，第 4 期。

唐建业、胡浩亮（2013）：《浅析海洋管理理事会对海洋渔业的认证》，《上海海洋大学学报》，第 1 期。

王靖茹（2020）：《海洋 NGO 在提升我国海洋软实力中的参与研究》，《中国水运（下半月）》，第 3 期。

王琪、李简（2019）：《我国海洋社会组织参与全球海洋治理初探——现状、问题与对策》，《中国国土资源经济》，第 9 期。

魏敏主编（1987）：《海洋法》，北京：法律出版社。

相京佐、王颖、赵雪宁、朱晓丹（2019）：《中日韩民间渔业安全作业协议书对依法治渔的影响》，《沈阳农业大学学报》（社会科学版），第 2 期。

谢玲（2021）：《海洋生态损害国家索赔与环境公益诉讼之适用冲突与协调》，《环境保护》，第 19 期。

杨振姣、吕远、范洪颖、董海楠（2014）：《中国海洋生态安全多元主体共治模式研究》，《太平洋学报》，第 3 期。

杨振姣、孔雪敏、罗玲云（2016）：《环保 NGO 在我国海洋环境治理中的政策参与研究》，《海洋环境科学》，第 3 期。

尹盼盼、蔡勤禹（2013）：《社会组织应对突发性海洋灾害存在的问题、原因与对策》，《防灾科技学院学报》，第 2 期。

于秀琴、王怡萝、王鑫（2021）：《政府购买海事公共服务的困境及破解路径——以 D 省为例》，《山东工商学院学报》，第 5 期。

张晓光（2021）：《国家安全部重磅发布！揭秘境外如何窃取我国海洋数据，触目惊心》，中央政法委长安剑微信公众号，11 月 11 日。

张继平、潘颖、徐纬光（2017）：《中国海洋环保 NGO 的发展困境及对策研究》，《上海海洋大学学报》，第 6 期。

Alava, J. J. , et al. (2019), "Mitigating Cetacean Bycatchin Coastal Ecuador: Governance Challenges for Small-Scale Fisheries," *Marine Policy* 110, pp. 1 – 8.

Alger, J. , & Dauverge, P. (2017), "The Global Norm of Large Marine Protected Areas: Explaining Variable Adoptionand Implementation," *Environmental Polic Governance* 27 (4), pp. 301 – 302.

Auld, G. (2009), "The Emergence of Non-State Market-Driven (NSMD) Global Environmental Governance: A Cross-Sectoral Assessment," Delmas, M. A. , et al. , eds. , *Governance for the Environment: New Perspectives*, Cambridge: Cambridge UP.

Barnes-Dabban, H. , et al. (2018), "Regional Convergence in Environmental Policy Arrangements: A Transformation Towards Regional Environmental Governance for Westand Central African Ports?," *Ocean & Coastal* 163 (1), pp. 151 – 161.

Bell, S. , & Hindmoor, A. (2009), *Rethinking Governance: The Centrality of the Statein Modern Society*, Cambridge: Cambridge UP.

Berntsen, T. (1994), "The Challenge of Integrating the Environment into Policy-Making: Part 2: The Norwegian Governmental View," *Marine Pollution Bulletin* 29 (6 – 12), pp. 270 – 271.

Bodin, O. , & Osterblom, H. (2014), "International Fisheries Regime Effectiveness Activitiesand Resources of Key Actorsin the Southern Ocean," *Global Environmental Change-Humanand Policy Dimensions* 23 (5), pp. 948 – 956.

Brooker, E. E. , et al. (2019), "Civil Society Participationin the Scottish Marine Planning Processand the Role of Environmental Non-Governmental Organisations," *Journal of Environmental Planning and Management* 62 (12), pp. 2101 – 2123.

Cadman, R. , et al. (2020), "Sharing Victories: Characteristics of Collaborative Strategies of Environmental Non-Governmental Organizations in Canadian Marine Conservation," *Marine Policy* 115, pp. 1 – 11.

Chion, C. , et al. (2018), "A Voluntary Conservation Agreement Reduces the Risks of Lethal Collisions Between Ships and Whales in the St. Lawrence Estuary (Québec, Canada): From Co-Construction to Monitoring Compliance and Assessing Effectiveness," *PLoS ONE* 13 (9), pp. 1 – 26.

Clifton, J., et al. (2021), "Resolving Conservation and Development Tensionsina Small Island State: A Governance Analysis of Curieuse Marine National Park, Seychelles," *Marine Policy* 127, pp. 1 – 9.

Crabbe, M., et al. (2009), "Is Capacity Building Important in Policy Development for Sustainability? A Case Study Using Action Plans for Sustainable Marine Protected Areasin Belize," *Society & Natural Resources* 23 (2), pp. 181 – 190.

Griffin, L. P., et al. (2021), "Cooperative Monitoring Program for A Catch-and-Release Recreational Fishery in the Alphonse Island Group, Seychelles: From Data Deficiencies to the Foundation for Science and Management," *Ocean & Coastal Management* 210, pp. 1 – 11.

De, S., & Elizabeth, M. (2011), "Environmental Justice Implications of Maritime Spatial Planning in the European Union," *Marine Policy* 35 (1), pp. 34 – 38.

Deighan, L. K., & Jenkins, L. D. (2015), "Fishing for Recognition: Understanding the Use of NGO Guidelines in Fishery Improvement Projects," *Marine Policy* 51, pp. 476 – 485.

Eger, S., & Doberstein, B. (2019), "Shared Governance Arrangements and Social Connectivity: Advancing Large-Scale Coastal and Marine Conservation Initiatives in the Dominican Republic," *International Journal of Sustainable Development and World Ecology* 26 (3), pp. 210 – 225.

Glaser, M., et al. (2010), "Whose Sustainability? Top-Down Participation and Emergent Rules in Marine Protected Area Management in Indonesia," *Marine Policy* 34 (6), pp. 1215 – 1225.

Glaser, M., et al. (2018), "Analysing Ecosystem User Perceptions of the Governance Interactions Surroundinga Brazilian Near Shore Coral Reef," *Sustainability* 10, p. 1464.

Gray, S., et al. (2012), "Modeling the Integration of Stakeholder Knowledge in Social-Ecological Decision-Making: Benefits and Limitations to Knowledge Diversity," *Ecological Modelling* 229, pp. 88 – 96.

Green, J. F. (2014), *Rethinking Private Authority: Agents and Entrepreneursin Global Environmental Governance*, Princeton: Princeton University Press.

Gorris, P. (2016), "Deconstructing the Reality of Community-Based Management of Marine Resourcesina Small Island Contextin Indonesia," *Frontiersin Marine Science* 3, pp. 1 – 15.

Gorris, P. (2019), "Mind the Gap Between Aspiration and Practice in Co-Managing Marine Protected Areas: A Case Study from Negros Occidental, Philippines," *Marine Policy* 105, pp. 12 – 19.

Haley, M., & Clayton, A. (2003), "The Role of NGOs in Environmental Policy Failuresina Developing Country: The Mismanagement of Jamaica's Coral Reefs," *Environmental Values* 12 (1), pp. 29 – 54.

Havard, L., et al. (2015), "Stakeholder Participation in Decision-Making Processes for Marine and Coastal Protected Areas: Casestudies of the South-Western Gulf of California,

Mexico," *Ocean & Coastal Management* 116, pp. 116 – 131.

Hastings, J. G. , et al. (2012), "Science-Based Coastal Management in Fiji: Two Case Studies from the NGO Sector," *Marine Policy* 36 (4), pp. 907 – 914.

Hrabanski, M. , et al. (2013), "Environmental NGOs, Policy Entrepreneurs of Market-Based Instruments for Ecosystem Services? A Comparison of Costa Rica, Madagascar and France," *Forest Policy and Economics* 37, pp. 124 – 132.

Kilby, P. (2008), "The Strength of Networks: The Local NGO Responseto the Tsunamiin India," *Disasters* 32 (1), pp. 120 – 130.

Marriott, S. E. , et al. (2021), "Implications of Community-Based Management of Marine Reserves in the Philippines for Reef Fish Communities and Biodiversity," *Frontiers in Marine Science* 8, pp. 1 – 15.

Moreno, A. , et al. (2017), "Fostering Fisheries Management Efficiency through Collaboration Networks: The Case of the Kanan Kay Alliance in the Mexican Caribbean," *Bulletin of Marine Science* 93 (1), pp. 233 – 247.

Murphy-Gregory, H. (2018), "Governance via Persuasion: Environmental NGOs and the Social Licence to Operate," *Environmental Politics* 27 (2), pp. 320 – 340.

O'Brien, R. , & Williams, M. (2015), *Global Political Economy*, London: Palgrave.

Quintana, A. , et al. (2020), "Political Making of More-Than-Fishers Through Their Involvementin Ecological Monitoring of Protected Areas," *Biodiversity and Conservation* 29, pp. 3910 – 3911.

Smythe, T. C. , et al. (2014), "The Inner Workings of Collaboration in Marine Ecosystem-Based Management: A Social Network Analysis Approach," *Marine Policy* 50, pp. 117 – 125.

United Nations (2021), *The Second World Ocean Assessment* (Volume I).

United Nations (2021), *The Second World Ocean Assessment* (Volume II).

Wang, C. M. , et al. (2014), "Institutional Arrangements for the Management of Marine Protected Areasin Taiwan," *Ocean & Coastal Management* 98, pp. 62 – 69.

Yunitawati, D. , & Julian, C. (2021), "Governance in the Early Stages of Marine Protected Area Development: A Case Study of Nusa Penida District Marine Conservation Area, Indonesia," *Marine Policy* 127, pp. 1 – 8.

How NGOs Participate in Global Marine Governance: A Literature Review

Yu Zucheng & Ouyang Huiying

[**Abstract**] NGOs' participation in global marine governance attracts increasing academic attention, based on CNKI and WOS databases. In the existing literature, scholars discuss the value of NGOs' participation from both theoretical and practical levels, reveal that NGOs participate through institutional approaches, cooperation mechanisms, organizational alliances, legal approaches, and innovative approaches, and point out external and internal challenges of participation. This article finds that research on NGOs' participation in marine governance is on the rise, research topics focus on marine ecological environment, and there search quantity and quality need improvement. There are certain differences between Chinese and English research. Chinese research is relatively general, and the content is often repeated. English research is more solid, and responds to specific questions through field work and interview. Future research should strengthen empirical research to analyze the value of NGOs' participation in different political environments; expand policy and mechanism research to explore the mechanism for NGOs to effectively participate in marine governance; supplement comparative and internal management research to find solutions to the challenges of NGOs' participation. In addition, it is necessary to strengthen the connection with the basic theory, and expand from different perspectives of theory, field, and method.

[**Keywords**] NGOs; Marine Governance; MPAs

责任编辑：赖伟军/宋程成

NGOs 如何参与全球海洋治理：一个文献综述

政府资助对社会组织的影响：
国外文献的述评与启示 *

赵　挺　袁君翱 **

【摘要】社会组织业已成为国家治理中的重要主体，而政府资助社会组织也越来越普遍，那么政府资助对社会组织会产生什么样的影响？本文系统梳理国外文献中的相关研究，聚焦于发展目标、财务资金、政策倡导、监督问责四项议题，发现除财务资金方面外，政府资助会降低社会组织自主性，但会提高其组织能力。研究的主要启示在于：志愿失灵并不会因为政府的嵌入而消失；制度主义中制度环境和技术环境对立统一关系来源于背后不同的同构方式；社会组织自主性研究不应过分强调中国特殊性；社会组织提高自主性可通过政治合法性孕育社会合法性，也可把握资助所带来的互动机会建立信任；政府培育社会组织需避免不必要的问责考核措施，并以协商的方式共同决策。

【关键词】政府资助；社会组织；组织自主性；组织能力

---

* 本文为国家社科基金青年项目 "地方政府培育社会组织的运作机制及改进策略研究"（17CZZ029）的阶段性成果。
** 赵挺，华东政法大学政治学与公共管理学院副教授；袁君翱，华东政法大学政治学与公共管理学院硕士研究生。

一 引言：反思政府资助对社会组织的双重影响

传统的由政府垄断公共产品生产的格局逐渐被新公共管理、协同治理、合作生产等一系列新的治理范式所打破，社会和市场主体正积极承担国家的职责（Osborne，1993：349～356；Ostrom，1996：1073～1087；Ansell & Gash，2008：543～571）。在这种结构性变革过程中，政府通过签订合同或者拨付赠款的方式资助社会组织提供公共产品或执行公共政策，因此政府资助在社会组织的收入中占有较高比例（Smith & Lipsky，1993；Salamon，1995）。根据调查研究，政府资助平均占美国社会组织收入的 31%，平均占欧洲社会组织收入的 45%（Sokolowski & Salamon，2004）。虽然没有确切的调查表明政府资助在中国社会组织收入中所占份额，但是考虑到中国社会组织与政府之间的密切关系，以及近年来中国政府大力出台资助政策以支持社会组织的背景，我们有理由相信政府资助对中国社会组织的重要性（Smith & Zhao，2016：1～67；Lu & Dong，2018：1347～1359；Ma，2020：233～257；Yu et al.，2021：186～212）。

政府资助社会组织的现象已经较为普遍，这激起了国外公共管理和非营利组织研究者的兴趣。学者们从不同的角度思考政府资助对社会组织发展所产生的影响，例如探讨政府资助是否会挤出私人捐赠、影响组织倡导功能、扭曲组织使命、降低管理效率等（Kramer & Grossman，1987：32～55；O'Regan & Oster，2002：359～379；Chavesc et al.，2004：292～316；Guo，2007：458～473；Mosley，2012：841～866；Moulton & Eckerd，2012：656～685；Marwell & Gullickson，2013：319～353；Kim & Van Ryzin，2014：910～925；Thornton，2014：176～198；Neumayr et al.，2015：297～318；Lu，2018：203～218）。总的来说，当前相关研究主要从两个角度展开，一类研究认为政府资助对社会组织发展有消极作用，另一类研究认为政府资助对社会组织发展有积极作用（Ferris，1993：363～376；Akingbola，2004：453～465；Onyx et al.，2008：631～648；Verschuere & De Corte，2014：293～313；Lu，2018：203～218）。以政府资助影响组织倡导功能的文献为例，前一类研究表明随着政府资助对社会组织的重要性越来越大，社会组织会避免不受政府欢迎的活动，使得组织变得沉默，而后一类研究则认为接受政府资助后社会组织有了更多的与政府接触的机会，从而提高其倡导能力（Hudson，2002：402~418；Chavesc et al.，2004：292~316）。政府资助消极与积极之分看似清晰明确，实则使对事物的认知更加含混不清。我们既可以说政府资助促进社会组织倡导活动，也可以说政府资助阻碍社会组织倡导活动，这种情况恰如西蒙所谓的"行政谚语"，相互矛盾却又成立，缺乏研究的科学性（Simon，1946：53~67）。

本文认为，之所以产生这种认知上的悖论，是因为这两类文献如盲人摸象般关注的是组织不同的属性，所展开的讨论也就陷入了鸡同鸭讲的泥淖之中。本文试图突破"消极—积极"这种廉价的二分法，从"组织自主性"和"组织能力"两个维度重新梳理政府资助影响社会组织的国外文献，以求归纳出一个更科学化的整体性解释，进而丰富我们对国外现状的了解。本文首先交代了研究文献的筛选标准以及"组织自主性"和"组织能力"两个核心概念。其次从"组织自主性"和"组织能力"两个维度整理政府资助影响社会组织发展目标、财务资金、政策倡导和监督问责等方面的研究，厘清背后的因果机制，并得出结论。最后，总结交代本研究的局限性和启示。

二　研究过程：文献筛选与概念界定

（一）文献筛选标准

在国外的研究中，政府资助与社会组织发展的关系是一项经典议题，研究者围绕各国实际开展了诸多研究，所衍生出的文献和书籍汗牛充栋，涉及社会组织的方方面面，碍于精力和能力有限，本文依据以下三重标准对相关的研究作了一定的筛选：（1）本文仅聚焦于发展目标、财务资金、政策倡导、监督问责四项研究议题，原因在于这四项议题引起的争论较大，不同学科背景、不同地域、不同时代的学者都从各自的视野阐述对相应问题的看法，而对相互矛盾与冲突的观点的梳理有助于我们脱离碎片化的认知，从片面走向全面，从含混走向明晰，获得对主题更总体性的把握。（2）本文所选取的文献主要来源于"社会科学文献引文索引"（Social Science Citation Index，SSCI）收录的公共管理、社会学、政治学等类别的期刊，包括 *Journal of Public Administration Research and Theory*、*Public Administration Review*、*Nonprofit Management and Leadership*、*Nonprofit and Voluntary Sector Quarterly* 等一流期刊。虽然期刊排名并不能精确代表文献的质量，但在一定程度上可以保证研究文献的代表性。（3）本文以Google Scholar 文章被引用量和文献论点新颖度作为依据。当然，用引用量来作为评价文献质量的指标还是会存在一些问题，比如有些新近发表的文献引用可能暂时不高却有其独到之处，因此又依据论文新颖度作了较为主观的判断和梳理。通过这三重标准，最终筛选出 60 篇左右的文献。另外，本文没有像其他综述对文献进行编码，在研究方法、研究设计、研究主题等方面进行聚类分析。主要原因在于本文主要是以问题为导向，探究政府资助对社会组织的影响以及背后的机制是如何运行的，其他要素并不是研究的主要关注对象。本文仅希望在发展目标、财务资金、政策倡导、监督问责这四个"小切口"上对政府资助影响社会组织这一"大问题"作一个初步的分析。

（二）核心概念界定

组织能力是指一个组织有效地完成其使命和目标的一组属性，有学者将组织能力总结为领导能力、规划能力、财政能力和运营能力四种（Fredericksen & London，2000：230～239；Eisinger，2002：115～130）。组织自主性则被定义为"一个组织不受内部和外部约束而制定和追求自我计划和目标的自由"（Stainton，1994：21～22）。有研究者认为，资源提供者会影响目标设定、资源分配和项目或服务选择的自主组织行为（Jung & Moon，2007：205～226）。也有研究者把自主性分为法定自主性和财务自主性，法定自主性指对组织选择施加限制的法律数量，财务自主性是指组织可利用的资源以及对资源使用的限制数量（Vinzant & Vinzant，1996：139～157）。总的来说，组织自主性是指组织自我意志的表达，而组织能力则指贯彻落实组织目标的能力，前者偏价值理性，后者更注重工具理性。

事实上，如果把国家作为一类组织的话，那么组织能力和组织自主性这对概念早在 20 世纪 70 年代就受到"找回国家"学派的重视，只不过他们是以国家能力和国家自主性来进行表述。该学派代表人物之一的斯考切波认为国家自主性指国家确立并追求一些并非仅仅反映社会集团、阶级或者社团需求或利益的目标，而国家能力是指国家追求这类官方目标时的能力，构成要素有完整的主权、对领土稳定的控制、忠诚而专业的行政人员、充足的财政资源（Skocpol & Finegold，1982）。关于自主性和能力之间的关系，斯考切波和米格代尔认为，国家能力是实现自主性的必要前提，国家能力越高就越能保障自主性（Skocpol & Finegold，1982；Migdal，2020）。本文则以社会组织为研究对象，聚焦发展目标、财务资金、政策倡导、监督问责四个方面，分析政府资助如何影响这两种属性（见图1）。

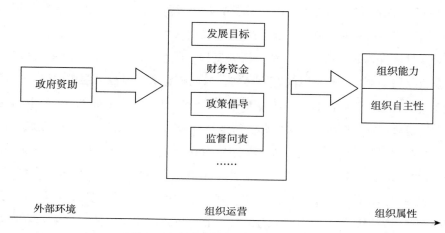

图1 政府资助影响社会组织的路径

三 政府资助影响社会组织的四项议题及其争议

（一）政府资助对社会组织发展目标的影响

政府资助会使社会组织产生"使命漂移"的问题，即组织偏离或者改变自身的使命、战略和价值，这种情况不仅会导致组织管理过程中的不确定性和模糊性，甚至还会损害组织本身的使命（Gronbjerg，1991：159~175；Powell & Steinberg，2006；Bennett & Savani，2011：217~231）。美国俄亥俄州有一家名为"公平住房联系服务"的社会组织，最初的服务目的是为阿克伦市的黑人提供平等的住房条件，然而在接受政府资助后，该组织不得不扩大服务群体，以满足穷人的住房需求为己任，这显然与原初的目标相悖。在接受资助的两年后，"公平住房联系服务"向联邦政府退还了资金，又成为一个完全志愿的组织（Saltman，1973：216~223）。除了政府强制干预造成"使命漂移"之外，社会组织还会主动追求"使命漂移"来满足制度环境的需要和标准。例如在医学院中，一些研究临床医学的科系比研究基础医学的科系更能获得政府资助，所以基础医学部门为了获得资助，也开始从事大量临床医学的工作与研究（Moore，

2000：183～204；Jones，2007：299～307）。

由此可见，政府确实会对社会组织发展目标的自主性产生影响，但同时也有研究表明，政府资助能提高社会组织实现目标的能力。一个原因是，社会组织通过承担远超出其使命的工作发展其能力。一家为脑损伤患者家庭提供支持的慈善机构在接受政府医疗服务体系的合同后，逐渐把业务拓展到为患者提供康复器材、医学研究的行政管理事务、为患有阿尔茨海默病或脑损伤导致的听力障碍者提供援助等领域，该机构主管表示，"在未开拓的领域中接受政府合同后，可以促使管理层更新和重塑组织"（Bennett & Savani，2011：217～231）。另外一个原因是，政府资助会使社会组织"开源节流"，进而促成组织项目的完成。"开源"指政府资助的增加使得社会组织拥有更多的资源来保障项目的支出，使得组织为更多的群众提供服务、扩大服务范围、提高服务质量（Sloan & Grizzle，2014：44～62；Lu & Zhao，2019：69～77）。"节流"指政府资助会降低行政支出和筹款支出，社会组织也因此能够将资金投入组织的项目支出中去（Hughes et al.，2014：445～464；Ecer et al.，2017：141～155）。

（二）政府资助对社会组织财务资金的影响

政府资助对社会组织财务资金影响的文献主要在争论政府资助挤入还是挤出了私人捐赠。一部分文献认为政府资助抑制了私人捐赠，即发生了挤出效应。第一个原因可能是捐赠者是纯粹的利他主义者，只关心慈善物品的总供给，当政府增加对社会组织的支持时，捐赠者会认为自己已通过税收的方式将捐款转移给社会组织，有意识地减少私人捐赠（Warr，1983：207～211；Roberts，1984：136～148）。第二个原因是社会组织只追求自身使命的实现而不是收入最大化，因此当社会组织获得政府资助后，其便不再向个人捐赠者进行筹资活动，由此导致私人资助减少（Okten & Weisbrod，2000：255～272；Andreoni & Payne，2011：334～343；Hughes et al.，2014：445～464）。第三个原因是捐赠者认为社会组织得到政府资助后失去了独立性和自主性，对其产生了不信任感，因此减少捐赠（Jung & Moon，2007：205～226）。第四个原因是资助的增加使得社会组织更服从政府的安排，个人捐赠者对社会组织的控制被削弱，意愿得不到实现，因此他们减少捐赠（Brooks，2004：166～185）。

还有一部分文献认为政府资助刺激了私人捐赠，即发生了挤入效应，其中有四种机制。第一种机制是合法性。政府具有一定的社会权威，如果政府为社会组织提供了资助，那么就可以提高社会组织的合法性和可信度，一些不了解社会组织的捐赠者会依据政府资助这一行为进行捐赠（Brooks，2000a：451～464；Payne，2001：731～751；Jung & Moon，2007：205～226）。第二种机制是配捐要求。政府进行资助时可能伴随着匹配捐赠的附带要求，所谓匹配捐赠即是指政府根据社会组织从其他主体筹集来的赠款按照一定比例进行捐赠，那么这种要求会促使社会组织增加面向私人的劝募活动（Brooks，2000b：211～218；Sokolowski，2013：359～381）。第三种机制是需求信号。政府资助通常是基于公众需求，政府将资金投入某一领域，相当于向外界发出信号表明这个领域不仅重要且缺乏资金，个体捐赠者也会因此追随政府的脚步（Brooks，1999：32～45）。第四种机制是透明度。政府资助的同时也带来了政府的监管，从而提高了社会组织运营过程的透明度，相对地获得了民众的信任感，因此私人捐赠的数额增加（Roberts，1984：136～148）。

除了关注财务资金的数量之外，学者们还注意到了资金的稳定性问题。有研究表示，政府可以提供相对稳定的资金支持，使社会组织免受竞争带来的压力（Saindel，1991：543～553；Garrow，2011：445～471）。一些社会组织非常重视与政府之间保持良好关系以维持自身稳定的资金流（Gazley & Brudney，2007：389～415；Lecy & Van Slyke，2013：189～214）。有时候政府出于扶持和孵化社会组织的考虑，一些社会组织即使在资助期满时未满足政府的标准，还是继续得到公共部门的支持（Reiner，1989：211～221）。总的来说，关于政府资助对于社会组织财务资金影响的文献主要聚焦于社会组织的组织能力上，而究竟是提高还是降低了组织能力，暂时还没有定论。

（三）政府资助对社会组织政策倡导的影响

社会组织作为国家与社会之间的中介，在政策制定中发挥着不可或缺的作用，其通过参与法律法规的起草与修订、监督政府项目、法庭辩护、呼吁抵制和示威等各种面向政府或公众的方式确保更广泛的利益表达，来纠正不平衡的政治代表性（LeRoux，2007：410～422；Neumayr et al.，2015：297～318；Li et al.，2017：103～117）。有一部分文献认为政府资助限制了社会组织政策倡导的自主性，一个原因在于政府资助对社会组织生存越来越重要，部分社会组织可能会回避激进的政治活动或不受资助方欢迎的活动（Chavesc et al.，2004：292～316）。正如 Wolch（1990：215）所言："随着公共资金对组织生存越来越重要，这些群体可能从本质上被吸纳并变得沉默。"一些社会组织为了自己的政治游说活动，甚至不愿意接受政府的资助（Berry，2003；Bloodgood & Tremblay-Boire，2017：401~424）。另一个原因是根据法律以及政府合同义务，社会组织不得利用政府资金进行游说活动，也就无法发挥组织政策倡导的功能（Berry，2005：568~578；Leech，2006：17~35）。

也有研究表明政府资助会提高社会组织政策倡导的能力。一方面，政府资助能保障稳定的资金流，为社会组织发起政策倡导活动提供足够的支持（Mosley，2011：435~457；Moulton & Eckerd，2012：656~685）。政府资助和政策倡导活动间已经形成了正反馈的关系，社会组织越希望维持政府的资金，就越积极地投入政治宣传活动中去（Mosley，2012：841~866）。另一方面，资助也能使社会组织与政府保持密切关系，为政策倡导提供了机会。一些社会组织在访谈中表示，接受政府资助之后，与政府之间面对面的接触和交流增加，甚至能经常接触到一些政府高级官员和部长顾问，并能够进行持续深入的交流与对话，那么所要宣传的事务就更可能进入政策议程中并得以实现（Hudson，2002：402~418；Onyx et al.，2008：631~648；Kelleher & Yackee，2009：579~602）。

（四）政府资助对社会组织监督问责的影响

政府资助对社会组织日常行政事务的影响主要体现在对其监督问责和所产生的结果。当政府与社会组织签订购买合同后，会对机构的绩效和服务过程进行监督与问责，这可能会影响社会组织的自主性（Alexander et al.，1999：452~475；Leroux & Goerdel，2009：514~536）。政府对社会组织主要会在人员配备、服务过程和提供设施三个方面有较高的要求。在人员配备方面，政府可能因对社会组织的人员不满而要求加入新的人员或者裁员。在服务过程方面，政府更加注重受益群体最大化以及会在社会组织服务过程中订立非常严格的标准。在提供设施方面，政府可能把自己的要求强加给社会组织，导致社会组织提供一些原本它们不会提供的设施（Lipsky & Smith，1989：625~648）。这种复杂的问责要求会使社会组织变得官僚化。官僚化，或称形式化，代表了一个组织被正式的结构组件所管理的程度，例如等级权威、正式的规则和程序、有纪律的指挥和分工（Harris，2001：140~156）。政府资助会加速社会组织的官僚化趋势，行政工作越来越多地由专门人员来执行以符合政府的要求，由此带来的巨大行政负担削弱了社会组织的灵活性和自主性（Rosenbaum，1981：82~

89；Smith，2008：S132～S145）。

然而这种因监督问责而牺牲的自主性同时也带来了组织能力的提高。一方面，由于政府对接受政府资助的非营利组织财务问责程度较高，这些机构的财务报告的质量也比那些依赖私人捐助的机构高。合规透明的财务报告提高了非营利组织的合法性和可信度（Verbruggen et al.，2011：5～32）。在调查中也发现，接受政府监督评估的社会组织更具企业家精神，更注重结果，适应性也更强，在绩效和执行能力上都表现得非常出色（Carlson et al.，2010：630～652）。另一方面，官僚化也带来了专业化。专业化是指组织人员配置和运作过程中越来越依赖那些通过正式培训获得专业和主题知识的有偿员工。政府资助能作为雇用这些专业人员的资金，促使社会组织在项目中实行职业标准，提高服务能力，弥补业余性的缺陷（Salamon，2003）。同时，社会组织可依靠这种高水平的行政能力应对环境的重大变化、管理更大的项目以及实现更多的创新（Kramer & Grossman，1987：32～55）。

当然，除了发展目标、财务资金、政策倡导和监督问责四个方面之外，还有一系列的文献关注到政府资助在其他方面对社会组织的影响。例如，政府资助的社会组织其董事会筹资能力和利益代表能力较弱（Stone et al.，2001：276～289；Guo，2007：458～473），受资助的社会组织可作为政府的补充以提高公共服务质量（Shi & Cheng，2021：28～44），接受政府资助的社会组织更容易与其他公共服务机构达成合作（Jang & Feiock，2007：174～190），政府资助会导致社会组织员工流动和士气低下等问题（Akingbola，2004：453～465），社会组织通过绩效信息保持与政府之间的互相信任（Carman，2010：256～274），政府资助会促进社会组织数量增加（Luksetich，2008：434～442），政府拖延付款或取消合同的投机行为会导致社会组织被迫提取准备金和裁减员工（Never & de Leon，2014：258～270），等等，在这里不一一叙述。这些研究的角度较为细致分散，不足以帮助我们从整体上把握政府和受资助方之间的关系。

四 结论：政府资助对社会组织自主性与能力的影响

通过以上的文献梳理，可以看出政府资助对社会组织的自主性和能力会产生影响（如表1所示）。从发展目标来看，政府资助会使社会组织被迫调整任务或者主动迎合政府要求，从而降低组织自主性，但又刺激了组织实现创新并保障项目支出，从而提高组织能力；从财务资金来看，政府资助因为税收替代捐赠、社会组织减少筹资活动、民众对社会组织丧失信任、民众自身权力受限等降低了组织能力，然而又因为提供了稳定的资金流、提升了组织的合法性、配捐要求面向社会筹资、向社会释放需求信号等提升了组织能力；从政策倡导来看，政府资助会使社会组织回避一些敏感议题，以及资助要求会限制组织无法进行游说，从而降低组织自主性，但又因为保障了稳定的资金流，并为社会组织提供了与政府密切交流的机会，组织能力得到提升，实现倡导任务；从监督问责来看，社会组织由于政府的资助会变得越来越官僚化，丧失了组织的自主性和灵活性，但是也获得了社会的信任并提升了专业化水平，从而提升了组织能力。

表 1　政府资助对社会组织的影响

聚焦议题	组织属性			
	组织自主性		组织能力	
	政策效果	机制解释	政策效果	机制解释
发展目标	被动调适 主动迎合	降低	刺激创新 保障项目支出	提高
财务资金	—	—	税收替代 减少筹资 丧失信任 权力受限	降低
			稳定资金流 提高合法性 配捐要求 需求信号	提高
政策倡导	政治回避 义务限制	降低	稳定资金流 拉近关系	提高
监督问责	官僚化	降低	提高合法性、 专业化水平	提高

综上，除了财务资金方面较难确定究竟降低还是提高组织能力外，从发展目标、政策倡导、监督问责三个方面，我们大致可以得出政府资助会降低社会组织的自主性并提高组织能力的结论。从这一角度出发，以往关于政府资助积极或者消极作用的争论根源在于未能很好地区分组织的两种不同属性，以至于

用自主性作"矛"攻组织能力这块"盾"。这种情形还可以用舍"义"取"生"来作一个相对简明形象的概括。舍生取义本是形容一个人为了追求心中正义而甘愿牺牲自我的生命，而如果把自我管理、自我决策、自我发展等自主性行为作为社会组织的"义"，那么可以发现，社会组织为获得生存、提高组织能力，不得不采取舍"义"取"生"的行为。

需要留意的是，本文虽然认为政府资助会降低组织自主性、提升组织能力，但这一结论同时也存在一些局限。一是本文没有实现"面面俱到"，仅是撷取了部分议题和部分文献，难免挂一漏万，造成结论效度的折损，这还需日后的进一步扩充。二是本文无法明确政府资助对社会组织财务资金总量的净效应，这还需要留待日后量化研究的探索，因此本文结论对这一议题进行了割舍。三是这一结论仅是从若干"小切口"出发对结构的一种简洁明了的概括，而在当前中观理论日趋兴盛的背景下，宏观性结论并不是最为值得关注的，其背后的各个"小切口"才是日后研究的重要突破点。从中观走向宏观，再从宏观返回中观，是研究螺旋式发展的重要过程。总而言之，本文仅希望能抛砖引玉，帮助后续社会组织的发展和研究实现新的突破，倘若能实现这一目标，这篇文章就有其价值所在。

五　研究的启示

（一）理论启示

从理论层面来看，第一，"政府资助提高组织能力降低组织自主性"这一结论促成了对志愿失灵理论的反思。萨拉蒙认为，社会组织存在慈善不足、特殊主义、家长式作风、业余主义四种志愿失灵的现象，因此需要政府介入作为补充。政府可以为社会组织提供足够的资金满足组织发展需要，也可以通过民主程序决定提供服务的对象与种类和防止服务提供中的家长制作风，从而更好地保障社会组织发挥作用（Salamon，1987：29~49）。然而从"组织能力－组织自主性"这一框架来看，政府确实提高了社会组织能力，解决其志愿不足、业余主义的问题，但是通过所谓的民主程序杜绝家长制作风和特殊主义的同时也降低了社会组织的自主性。那么，政府会不会异化为新的"家长"，政府的偏好会不会形成新的特殊主义呢？若从这一角度来审视志愿失灵理论，何以见得政府能改善志愿失灵呢？

第二，"政府资助提高组织能力降低组织自主性"这一结论对新制度主义也有所拓展。新制度主义认为，组织生存于由法律、规范和文化价值观等组成的制度环境中，为了追求其合法性，组织会采用社会中广为认可的规则、程序和组织架构等（Meyer & Rowan，1977：340～363）。政府会通过行政命令、法律法规和公共政策等，迫使社会组织遵从政府的统一标准，实现强制性同构（DiMaggio & Powell，1983：147～160）。又因为社会组织缺乏如企业一般明确的绩效考核指标，其更容易受到制度环境问责压力的影响（Frumkin & Galaskiewicz，2004：283～307）。

可以发现，新制度主义更多地从组织自主性来思考政社关系，而对强制性同构的结果则较少关注，通过以上的文献梳理我们可以知道，社会组织虽然丧失了自主性，但是其组织能力得到了提升。而新制度主义的一个奠基性主张认为组织所处的技术环境和制度环境是相冲突的，如果组织遵从制度化规则，就会失去效率，相反，如果组织追求效率优先，那么会失去合法性，因此组织常常将内部运作和正式结构分离开来。但从组织能力提升这一结论来看，社会组织的技术环境和组织并不必然是相悖的，组织符合制度环境要求的同时也实现了提高效率的目标。

那么，该如何解释制度环境和技术环境既对立又统一的关系呢？要回答这个问题，我们恐怕需要回到新制度主义的起点上来。韦伯认为组织普遍追求科层制的原因是竞争压力下追求效率的最大化，但是迪马乔和鲍威尔则强调，促进组织理性化的动力机制已发生改变，组织结构的趋同越来越不是出于竞争或者绩效需求，而是因为规范所导致的制度性同构（DiMaggio & Powell，1983：147～160），基于对韦伯的批判，新制度主义衍生出一系列研究。

本文认为，在对组织和环境关系进行分析时，不应该忽视竞争性同构的作用。当社会组织所处的制度环境和技术环境相冲突时，其背后更多的是制度性同构或者更精确地说是三种制度性同构之一的强制性同构在发挥作用，组织的行为很多出于被迫，因此也就不难理解会发生"脱耦"的问题。当制度环境和技术环境相重合时，则更多的是由于竞争性同构，技术环境的部分因素也是建立在制度环境的基础之上，制度框架限定了组织发展的目标和提高效率的策略，具体地说，社会组织为了获得资源和生存空间，会主动压缩自身的功能来迎合政府标准，并在政府许可的活动范围内寻求组织发展，这个过程组织则是主动作为，制度环境和技术环境也就紧密地结合在一起。从上述分析来看，本文为更全面地理解组织与环境之间的互动关系提供了一个相对适宜的框架。

第三，这一结论也促成了对中国社会组织自主性研究的反思。当前的研究倾向于认为中国社会组织身处于"强国家－弱社会"的结构性背景下，社会组织缺乏相应的自主性，必须采取各种策略寻求政府的庇护，因此呈现出"依附性自主"的现象（Ma，2002：305～328；Lu，2007：173～203；Spires，2011：1～45）。但是从本文的研究结论来看，社会组织缺乏自主性似乎并不仅仅出现在中国，这一问题在国外同样具有一定的普遍性。质言之，社会组织自给自足的迷思缺乏相应的客观事实依据，自主性不足是所有社会组织面对的共同挑战（Wang，2006：3～29）。

本文认为，当前研究应该把"管理"带回"政治"中去。缺乏自主性不仅应该在"国家－社会"这一政治学意味较浓厚的背景下讨论，更应放在"委托－代理"这一管理学模型中进行讨论。在服务外包的过程中，政府势必会利用剩余控制权来应对各种道德风险问题，这并不一定是某些能力较强国家的专属，也并不一定是国家对社会进行钳制的佐证。监管只有强弱的组内差异，不存在有无的组间差异。现有研究早已关注到照搬西方理论来解释中国所带来的水土不服问题（Nevitt，1996：25～43），下一步应以一种审慎的、"去政治化"的思维方式看待中国问题，破除对中国的刻板印象，不过分强调研究对象的特殊性，使得研究更为理性和具有解释力。

（二）管理启示

改革开放以来，虽然政社关系得到了较大调整，但是中国政府对待社会组织始终是控制与赋权并重，所以本文所得出的"政府资助提高组织能力降低组织自主性"的结论对于社会组织和政府的管理人员来说似乎是不言自明的常识，但这并不意味着思考无价值，社会现象的背后常常存在多种机制作为解释，掌握背后复杂多样的机制解释更有助于我们对社会组织发展有一个全过程、动态的了解。

上文中整理的因果机制对于社会组织管理人员来说，可能有以下几点启示：第一，政府资助可以提高社会组织的合法性，赢得公众的信任和重视，久而久之，当社会组织逐渐获得社会合法性并成为民众生活中不可或缺的一部分时，可以以此作为与政府议价的资本获得更多的自主性，因此，社会组织需要高度重视与民众的联系，响应群众的需求。第二，政府可以为社会组织提供稳定的资金流，而稳定的资金流也意味着政社之间的互动是一个持续长久的过程，从上文亦可得知政府资助可促进政府和社会组织之间的交流，那么这种持续不断的互动过程是否也会使政府逐渐理解并信赖社会组织，使社会组织从需要警惕的"代理人"转变为安全可靠的"管家"，继而提升组织自主性？若是如此，社会组织则需要拓宽各种沟通渠道，保持与政府之间的密切关系。

对于政府来说，如果不重视资助的方式方法，那么培育扶持社会组织的事业就会陷入有能力无自主的内卷化陷阱之中。因此对于政府也可能有两点启示：第一，政府资助过程中的监督管理确实会使社会组织能力提升，但不能否认这一过程也伴随着行政压力的增加，因此政府应尽量避免不必要不合理的问责考核制度，在专业化和官僚化之间保持平衡；第二，政府资助会使社会组织产生"使命漂移"的问题，这是因为政府习惯于科层逻辑而忽视了社会组织的专业逻辑，社会组织作为公众诉求表达的工具，其更多地代表公共价值和利益，因此政府应考虑以协商的方式与社会组织共同决策，将社会组织视为互通有无的"伙伴"而非随意差遣的"伙计"。

参考文献

Alexander, J., et al. (1999), "Implications of Welfare Reform: Do Nonprofit Survival Strategies Threaten Civil Society?," *Nonprofit and Voluntary Sector Quarterly* 28 (4), pp. 452 – 475.

Akingbola, K. (2004), "Staffing, Retention, and Government Funding: A Case Study," *Nonprofit Management and Leadership* 14 (4), pp. 453 – 465.

Ansell, C., & Gash, A. (2008), "Collaborative Governance in Theory and Practice," *Journal of Public Administration Research and Theory* 18 (4), pp. 543 – 571.

Andreoni, J., & Payne, A. A. (2011), "Is Crowding Out Due Entirely to Fundraising? Evidence from a Panel of Charities," *Journal of Public Economics* 95 (5 – 6), pp. 334 – 343.

Brooks, A. C. (1999), "Do Public Subsidies Leverage Private Philanthropy for the Arts? Empirical Evidence on Symphony Orchestras," *Nonprofit and Voluntary Sector Quarterly* 28 (1), pp. 32 – 45.

Brooks, A. C. (2000a), "Public Subsidies and Charitable Giving: Crowding Out, Crowding In, or Both?," *Journal of Policy Analysis and Management* 19 (3), pp. 451 – 464.

Brooks, A. C. (2000b), "Is There a Dark Side to Government Support for Nonprofits?," *Public Administration Review* 60 (3), pp. 211 – 218.

Brooks, A. C. (2004), "The Effects of Public Policy on Private Charity," *Administration & Society* 36 (2), pp. 166 – 185.

Berry, J. M. (2003), *A Voice for Nonprofits*, Washington, DC: Brookings Institution Press.

Berry, J. M. (2005), "Nonprofits and Civic Engagement," *Public Administration Review* 65 (5), pp. 568 – 578.

Bennett, R., & Savani, S. (2011), "Surviving Mission Drift: How Charities Can Turn Dependence on Government Contract Funding to Their Own Advantage," *Nonprofit Management and Leadership* 22 (2), pp. 217 – 231.

Bloodgood, E., & Tremblay-Boire, J. (2017), "Does Government Funding Depoliticize Non-Governmental Organizations? Examining Evidence from Europe," *European Political Science Review* 9 (3), pp. 401 – 424.

Chavesc, M., et al. (2004), "Does Government Funding Suppress Nonprofits' Political Activity?," *American Sociological Review* 69 (2), pp. 292 – 316.

Carlson, J., et al. (2010), "Government Performance Reforms and Nonprofit Human Services: 20 Years in Oregon," *Nonprofit and Voluntary Sector Quarterly* 39 (4), pp. 630 – 652.

Carman, J. G. (2010), "The Accountability Movement: What's Wrong with This Theory of Change?," *Nonprofit and Voluntary Sector Quarterly* 39 (2), pp. 256 – 274.

DiMaggio, P. J., & Powell, W. W. (1983), "The Iron Cage Revisited: Institutional Isomorphism and Collective Rationality in Organizational Fields," *American Sociological Review*, pp. 147 – 160.

Eisinger, P. (2002), "Organizational Capacity and Organizational Effectiveness among Street-Level Food Assistance Programs," *Nonprofit and Voluntary Sector Quarterly* 31 (1), pp. 115 – 130.

Ecer, S., Magro, M., & Sarpça, S. (2017), "The Relationship between Nonprofits' Revenue Composition and Their Economic-Financial Efficiency," *Nonprofit and Voluntary Sector Quarterly* 46 (1), pp. 141 – 155.

Ferris, J. M. (1993), "The Double-Edged Sword of Social Service Contracting: Public Accountability Versus Nonprofit Autonomy," *Nonprofit Management and Leadership* 3 (4), pp. 363 – 376.

Fredericksen, P., & London, R. (2000), "Disconnect in the Hollow State: The Pivotal Role of Organizational Capacity in Community-Based Development Organizations," *Public Administration Review* 60 (3), pp. 230 – 239.

Frumkin, P., & Galaskiewicz, J. (2004), "Institutional Isomorphism and Public Sector Organizations," *Journal of Public Administration Research and Theory* 14 (3), pp. 283 – 307.

Gronbjerg, K. A. (1991), "How Nonprofit Human Service Organizations Manage Their Funding Sources: Key Findings and Policy Implications," *Nonprofit Management and Leadership*

2 (2), pp. 159 – 175.

Gazley, B. , & Brudney, J. L. (2007), "The Purpose (and Perils) of Government-Nonprofit Partnership," *Nonprofit and Voluntary Sector Quarterly* 36 (3), pp. 389 – 415.

Guo, C. (2007), "When Government Becomes the Principal Philanthropist: The Effects of Public Funding on Patterns of Nonprofit Governance," *Public Administration Review* 67 (3), pp. 458 – 473.

Garrow, E. E. (2011), "Receipt of Government Revenue among Nonprofit Human Service Organizations," *Journal of Public Administration Research and Theory* 21 (3), pp. 445 – 471.

Walsh, A. , & Walsh, A. H. , eds. (2001), *Can Charitable Choice Work? Covering Religion's Impact on Urban Affairs and Social Services*, Cambridge: Leonard E. Greenberg Center for the Study of Religion in Public Life.

Harris, F. C. (2001), "Black Churches and Civic Traditions: Outreach, Activism, and the Politics of Public Funding of Faith-Based Ministries," *Can Charitable Choice Work*, pp. 140 – 156.

Hudson, A. (2002), "Advocacy by UK-Based Development NGOs," *Nonprofit and Voluntary Sector Quarterly* 31 (3), pp. 402 – 418.

Hughes, P. , et al. (2014), "Crowding-Out and Fundraising Efforts: The Impact of Government Grants on Symphony Orchestras," *Nonprofit Management and Leadership* 24 (4), pp. 445 – 464.

Jang, H. S. , & Feiock, R. C. (2007), "Public Versus Private Funding of Nonprofit Organizations: Implications for Collaboration," *Public Performance & Management Review* 31 (2), pp. 174 – 190.

Jones, M. B. (2007), "The Multiple Sources of Mission Drift," *Nonprofit and Voluntary Sector Quarterly* 36 (2), pp. 299 – 307.

Jung, K. , & Moon, M. J. (2007), "The Double-Edged Sword of Public-Resource Dependence: The Impact of Public Resources on Autonomy and Legitimacy in Korean Cultural Nonprofit Organizations," *Policy Studies Journal* 35 (2), pp. 205 – 226.

Kramer, R. M. , & Grossman, B. (1987), "Contracting for Social Services: Process Management and Resource Dependencies," *Social Service Review* 61 (1), pp. 32 – 55.

Kelleher, C. A. , & Yackee, S. W. (2009), "A Political Consequence of Contracting: Organized Interests and State Agency Decision Making," *Journal of Public Administration Research and Theory* 19 (3), pp. 579 – 602.

Kim, M. , & Van Ryzin, G. G. (2014), "Impact of Government Funding on Donations to Arts Organizations: A Survey Experiment," *Nonprofit and Voluntary Sector Quarterly* 43 (5), pp. 910 – 925.

Lipsky, M. , & Smith, S. R. (1989), "Nonprofit Organizations, Government, and the Welfare State," *Political Science Quarterly* 104 (4), pp. 625 – 648.

Leech, B. L. (2006), "Funding Faction or Buying Silence? Grants, Contracts, and Interest Group Lobbying Behavior," *Policy Studies Journal* 34 (1), pp. 17 – 35.

LeRoux, K. (2007), "Nonprofits as Civic Intermediaries: The Role of Community-Based Organizations in Promoting Political Participation," *Urban Affairs Review* 42 (3), pp. 410 – 422.

Lu, Y. (2007), "The Autonomy of Chinese NGOs: A New Perspective," *China: An International Journal* 5 (2), pp. 173 – 203.

Leroux, K., & Goerdel, H. T. (2009), "Political Advocacy by Nonprofit Organizations: A Strategic Management Explanation," *Public Performance & Management Review* 32 (4), pp. 514 – 536.

Lecy, J. D., & Van Slyke, D. M. (2013), "Nonprofit Sector Growth and Density: Testing Theories of Government Support," *Journal of Public Administration Research and Theory* 23 (1), pp. 189 – 214.

Li, H., et al. (2017), "Nonprofit Policy Advocacy under Authoritarianism," *Public Administration Review* 77 (1), pp. 103 – 117.

Luksetich, W. (2008), "Government Funding and Nonprofit Organizations," *Nonprofit and Voluntary Sector Quarterly* 37 (3), pp. 434 – 442.

Lu, J., & Dong, Q. (2018), "What Influences the Growth of the Chinese Nonprofit Sector: A Prefecture-Level Study," *Voluntas: International Journal of Voluntary and Nonprofit Organizations* 29 (6), pp. 1347 – 1359.

Lu, J. (2018), "Fear the Government? A Meta-Analysis of the Impact of Government Funding on Nonprofit Advocacy Engagement," *The American Review of Public Administration* 48 (3), pp. 203 – 218.

Lu, J., & Zhao, J. (2019), "How Does Government Funding Affect Nonprofits' Program Spending? Evidence from International Development Organizations," *Public Administration and Development* 39 (2), pp. 69 – 77.

Meyer, J. W., & Rowan, B. (1977), "Institutionalized Organizations: Formal Structure as Myth and Ceremony," *American Journal of Sociology* 83 (2), pp. 340 – 363.

Ma, Q. (2002), "The Governance of NGOs in China since 1978: How Much Autonomy?," *Nonprofit and Voluntary Sector Quarterly* 31 (3), pp. 305 – 328.

Moore, M. H. (2000), "Managing for Value: Organizational Strategy in for-Profit, Nonprofit, and Governmental Organizations," *Nonprofit and Voluntary Sector Quarterly* 29 (1_suppl), pp. 183 – 204.

Mosley, J. E. (2011), "Institutionalization, Privatization, and Political Opportunity: What Tactical Choices Reveal about the Policy Advocacy of Human Service Nonprofits," *Nonprofit and Voluntary Sector Quarterly* 40 (3), pp. 435 – 457.

Mosley, J. E. (2012), "Keeping the Lights on: How Government Funding Concerns Drive the Advocacy Agendas of Nonprofit Homeless Service Providers," *Journal of Public Administration Research and Theory* 22 (4), pp. 841 – 866.

Moulton, S., & Eckerd, A. (2012), "Preserving the Publicness of the Nonprofit Sector:

Resources, Roles, and Public Values," *Nonprofit and Voluntary Sector Quarterly* 41 (4), pp. 656 – 685.

Marwell, N. P., & Gullickson, A. (2013), "Inequality in the Spatial Allocation of Social Services: Government Contracts to Nonprofit Organizations in New York City," *Social Service Review* 87 (2), pp. 319 – 353.

Ma, J. (2020), "Funding Nonprofits in a Networked Society: Toward a Network Framework of Government Support," *Nonprofit Management and Leadership* 31 (2), pp. 233 – 257.

Migdal, J. S. (2020), *Strong Societies and Weak States*, Princeton: Princeton University Press.

Nevitt, C. E. (1996), "Private Business Associations in China: Evidence of Civil Society or Local State Power?," *The China Journal* (36), pp. 25 – 43.

Never, B., & de Leon, E. (2014), "The Effect of Government Contracting on Nonprofit Human Service Organizations: Impacts of an Evolving Relationship," *Human Service Organizations: Management, Leadership & Governance* 38 (3), pp. 258 – 270.

Neumayr, M., et al. (2015), "Public Funding and Its Impact on Nonprofit Advocacy," *Nonprofit and Voluntary Sector Quarterly* 44 (2), pp. 297 – 318.

Osborne, D. (1993), "Reinventing Government," *Public Productivity & Management Review*, pp. 349 – 356.

Ostrom, E. (1996), "Crossing the Great Divide: Coproduction, Synergy, and Development," *World Development* 24 (6), pp. 1073 – 1087.

Okten, C., & Weisbrod, B. A. (2000), "Determinants of Donations in Private Nonprofit Markets," *Journal of Public Economics* 75 (2), pp. 255 – 272.

O'Regan, K., & Oster, S. (2002), "Does Government Funding Alter Nonprofit Governance? Evidence from New York City Nonprofit Contractors," *Journal of Policy Analysis and Management: The Journal of the Association for Public Policy Analysis and Management* 21 (3), pp. 359 – 379.

Onyx, J., et al. (2008), "Implications of Government Funding of Advocacy for Third-Sector Independence and Exploration of Alternative Advocacy Funding Models," *Australian Journal of Social Issues* 43 (4), pp. 631 – 648.

Payne, A. A. (2001), "Measuring the Effect of Federal Research Funding on Private Donations at Research Universities: Is Federal Research Funding More Than a Substitute for Private Donations?," *International Tax and Public Finance* 8 (5), pp. 731 – 751.

Powell, W. W., & Steinberg, R., eds. (2006), *The Nonprofit Sector: A Research Handbook*, New Haven: Yale University Press.

Roberts, R. D. (1984), "A Positive Model of Private Charity and Public Transfers," *Journal of Political Economy* 92 (1), pp. 136 – 148.

Rosenbaum, N. (1981), "Government Funding and the Voluntary Sector: Impacts and Options," *Journal of Voluntary Action Research* 10 (1), pp. 82 – 89.

Reiner, T. A. (1989), "Organizational Survival in an Environment of Austerity," *Nonprofit and Voluntary Sector Quarterly* 18 (3), pp. 211 – 221.

Simon, H. A. (1946), "The Proverbs of Administration," *Public Administration Review* 6 (1), pp. 53 – 67.

Saltman, J. (1973), "Funding, Conflict, and Change in an Open Housing Group," *Journal of Voluntary Action Research* 2 (4), pp. 216 – 223.

Skocpol, T. , & Finegold, K. (1982), "State Capacity and Economic Intervention in the Early New Deal," *Political Science Quarterly* 97 (2), pp. 255 – 278.

Salamon, L. M. (1987), "Of Market Failure, Voluntary Failure, and Third-Party Government: Toward a Theory of Government-Nonprofit Relations in the Modern Welfare State," *Journal of Voluntary Action Research* 16 (1 – 2), pp. 29 – 49.

Salamon, L. M. (1995), *Partners in Public Service: Government-Nonprofit Relations in the Modern Welfare State*, Baltimore: JHU Press.

Salamon, L. M. (2003), *The Resilient Sector: The State of Nonprofit America*, Washington, DC: Brookings Institution Press.

Saindel, J. R. (1991), "Resource Interdependence: The Relationship Between Public Agencies and Nonprofit Organization," *Public Administration Review* 51 (6), pp. 543 – 553.

Smith, S. R. , & Lipsky, M. (1993), *Nonprofits for Hire*, Cambridge: Harvard University Press.

Stainton, T. (1994), *Autonomy and Social Policy Rights, Mental Handicap and Community Care*, Aldershot, Hants, England; Brookfield, Vt. , USA: Avebury.

Stone, M. M. , et al. (2001), "Organizational Characteristics and Funding Environments: A Study of a Population of United Way-Affiliated Nonprofits," *Public Administration Review* 61 (3), pp. 276 – 289.

Sokolowski, S. W. , & Salamon, L. M. (2004), *Global Civil Society: Dimensions of the Nonprofit Sector 2*, Boulder: Kumarian Press.

Smith, S. R. (2008), "The Challenge of Strengthening Nonprofits and Civil Society," *Public Administration Review* 68, pp. S132 – S145.

Spires, A. J. (2011), "Contingent Symbiosis and Civil Society in an Authoritarian State: Understanding the Survival of China's Grassroots NGOs," *American Journal of Sociology* 117 (1), pp. 1 – 45.

Sokolowski, S. W. (2013), "Effects of Government Support of Nonprofit Institutions on Aggregate Private Philanthropy: Evidence from 40 Countries," *VOLUNTAS: International Journal of Voluntary and Nonprofit Organizations* 24 (2), pp. 359 – 381.

Sloan, M. F. , & Grizzle, C. (2014), "Assessing the Impact of Federal Funding on Faith-Based and Community Organization Program Spending," *Public Budgeting & Finance* 34 (2), pp. 44 – 62.

Smith, D. H. , & Zhao, T. (2016), "Review and Assessment of China's Nonprofit Sector

After Mao: Emerging Civil Society?," *Voluntaristics Review* 1 (5), pp. 1 – 67.

Shi, Y., & Cheng, Y. (2021), "Nonprofit-as-Supplement: Examining the Link Between Nonprofit Financial Support and Public Service Quality," *VOLUNTAS: International Journal of Voluntary and Nonprofit Organizations* 32 (1), pp. 28 – 44.

Thornton, J. P. (2014), "Flypaper Nonprofits: The Impact of Federal Grant Structure on Nonprofit Expenditure Decisions," *Public Finance Review* 42 (2), pp. 176 – 198.

Vinzant, D. H., & Vinzant, J. C. (1996), "Strategy and Organizational Capacity: Finding A Fit," *Public Productivity & Management Review*, pp. 139 – 157.

Verbruggen, S., et al. (2011), "Can Resource Dependence and Coercive Isomorphism Explain Nonprofit Organizations' Compliance with Reporting Standards?," *Nonprofit and Voluntary Sector Quarterly* 40 (1), pp. 5 – 32.

Verschuere, B., & De Corte, J. (2014), "The Impact of Public Resource Dependence on the Autonomy of NPOs in Their Strategic Decision Making," *Nonprofit and Voluntary Sector Quarterly* 43 (2), pp. 293 – 313.

Warr, P. G. (1983), "The Private Provision of a Public Good Is Independent of the Distribution of Income," *Economics Letters* 13 (2 – 3), pp. 207 – 211.

Wolch, J. R. (1990), *The Shadow State: Government and Voluntary Sector in Transition*, New York: Foundation Center.

Wang, S. (2006), "Money and Autonomy: Patterns of Civil Society Finance and Their Implications," *Studies in Comparative International Development* 40 (4), pp. 3 – 29.

Yu, J., et al. (2021), "Understanding the Effect of Central Government Funding on the Service and Advocacy Roles of Nonprofit Organizations in China: A Cross-Regional Comparison," *Nonprofit and Voluntary Sector Quarterly* 50 (1), pp. 186 – 212.

NP

The Impact of Government Funding on Social Organizations: Comments and Implications of English Literature

Zhao Ting & Yuan Junao

[**Abstract**] Social organizations play a vital role in public governance, and the phenomenon that the government funds social organizations is becoming more and more common. What does government funding mean for social

政府资助对社会组织的影响：国外文献的述评与启示

organizations? This paper systematically reviews English literature, and mainly focuses on organizations' development goals, financial resources, policy advocacy, and supervision and accountability. The paper concludes that government funding has an impact on the autonomy and organizational capacity of social organizations, and most of the evidence shows that government funding reduces the autonomy of social organizations but increases their organizational capacity besides financial resources. The study has some implications: government embeddedness may lead to a new voluntary failure problem; the relationships between institutional environment and technical environment changes because of different isomorphic ways; the research on social organizations' autonomy should introduce the perspective of "management science" and treat Chinese studies with deliberation; social organizations should respond actively to public needs with the legitimacy empowered by the government and grasp the interactive opportunities to build a good relationship; the government should avoid unnecessary accountability measures and make decisions through consultation when cultivating social organizations.

[**Keywords**] Government Funding; Social Organization; Organizational Autonomy; Organizational Capacity

责任编辑：宋程成

基层社会治理：何以失效，何以有效？

——读《社会治理：组织、观念与方法》

李　依　陈　鹏[*]

【摘要】本文以《社会治理：组织、观念与方法》为例，在社会治理是一种可认识的知识的前提下，探讨和分析了当前基层社会治理失效与有效的理论原理。在中国社会转型的背景下，广泛的社会流动和工作组织的多元化发展使得以单位制为基础的双重治理体系瓦解，社会组织化结构变迁，导致利益通达的结构性阻塞，成为当前基层社会治理失效的深层原因。社会公正的维护机制是社会治理的关键，而这种机制具有多重组织形态与实践样式。作者提出要重视制度的品德，完善符合中国行政机体特点的行政发包制；重塑个体与公共的连接纽带，汲取中国特色反应性治理的成功经验，调整和优化社会公正新结构。这更新并深化了社会治理的相关知识，为新时代社会治理创新提供了新的思路。

【关键词】社会治理；单位制；组织通道；社会公正

党的十八届三中全会通过的《中共中央关于全面深化改革若干重大问题的决定》从国家治理现代化的高度提出创新社会治理体制的任务，实现了从

---

* 李依，北京师范大学/社会学院硕士生，研究方向：社会治理与社会政策；陈鹏（通讯作者），北京师范大学/社会学院副教授，研究方向：社会治理与社会政策。

"社会管理"到"社会治理"的重大转变，由此掀起了学界关于社会治理研究的热潮，涌现了一系列研究成果。北京大学张静教授《社会治理：组织、观念与方法》一书，立足于将"社会治理"作为一种"可认识的知识"，通过使用来自基层社会的历史档案、实践案例或统计资料，试图探讨和解析社会治理的观念由来、历史演变、组织结构和模式特点，即着力揭示社会治理的"理论原理"。作者指出，与经济发展成就相比，中国的社会治理出现滞后，一系列问题正在显现。它们是什么问题？又是如何造成的？这是本书的核心关切。相较于把"社会治理"看成一种"工具技术"问题，张静教授从政治社会学的视角提出，一个社会实现有效治理，其核心在于建立社会结构的平衡机制。基于此，作者从治理理念、组织结构及模式方法三个分析维度，深入剖析了基层社会治理失效的机理，并指出了创新社会治理、重塑社会公正的方向和路径。

一　社会治理失效的表征

（一）"流动性困境"：广泛发生的社会流动

20 世纪 90 年代中期以来，随着市场化、工业化、城市化进程的推进，中国社会经历着广泛而剧烈的社会流动，传统的社会管理体制变得日益难以有效应对。1982 年，我国的流动人口规模是 657 万人，2010 年增长为 2.21 亿人，占全国人口的 16.5%（国家卫健委，2018）；截止到 2020 年，中国的流动人口超过 3.7 亿人，占到全国总人口的 27%（宁吉喆，2021）。可见，我国的人口流动已经达到较高的水平，整个社会已经从"生于斯、死于斯"相对静止的乡土社会转变为一个人口流动频繁的流动社会。在社会大流动的背景下，非固定单位和非固定地区的经济活动日益频繁，劳动力跟随市场机会广泛流动。2020 年，农村外出务工劳动力数量达到了 1.7 亿人，这意味着农民离开原有村庄，以个人身份来到城市，失去了与公共组织的联系。在就业构成方面，截止到 2019 年，国有企业和集体单位的就业人数已下降到 12.7%（国家统计局，2021a；2021b）。这表明，当下中国仅有少部分人口仍处于单位治理的体制中，更多的人进入私营企业等经济体制中，成为单位之外的个体。当越来越多的人随着社会流动，离开了原有组织的时候，单位治理的效能就大大消解。

（二）"多元化困境"：工作组织的多元化发展

在社会大变迁的背景下，中国社会结构经历巨大转型，职业组织的多元化发展推动着单位制的解体，市场型组织广泛出现，使得个人与组织的关系发生变化，引发了政治整合问题。与传统的单位组织相比，市场型组织在角色、职能以及责任使命上呈现出不同的特点，主要表现为对等的竞争关系，各自分立，目标利益不同，不再是劳动者身边的应责和代表组织，基本没有政府代理的义务，无法承担社会治理的职能（张静，2019）。相关研究显示，我国18岁至69岁的就业人口中，体制内就业人员占17.4%，而体制外就业人员高达82.6%（李春玲，2017）。显然，在体制外组织就业的人成为一种具有典型性的新兴政治与社会力量。对这些人员的吸纳与整合，是新时期统战工作的重点，也是社会治理的重要任务。然而在现实中，虽然体制外的就业者及其组织已经在数量上占据绝对优势，但由于各种财政政策、竞争机会和资源分配的受益链主要沿着与国家行政有关联的部门延伸，体制外在"组织身份"上属于弱势，很少和国家体制的组织化通道对接。这影响了体制外人员的生存利益和资源利用，加剧了利益获得机会结构性不平衡。当人们身边的利益平衡社会机制缺位时，很多矛盾找不到解决的途径，社会不公正感逐渐累积，人们会通过上访、煽动互联网舆情、制造群体性事件等方式引发国家干预解决问题。

（三）"政治化趋势"：基层社会情绪的政治化趋向

相对于经济发展的巨大成就，中国社会滞后问题日益显现，表现为社会冲突事件日增、不同阶层的价值分歧严重、人际信用关系式微、行为预期不确定性增加、社会情绪政治化凸显（张静，2019）。其中，公众的社会情绪政治化现象逐渐增多，成为国家治理和社会治理的挑战。这表现为，网络环境中政治气氛愈发浓厚，网络问政方式活跃，网民倾向于将各种社会问题归因作政治解释。在互联网时代，网络舆情是当前中国社会治理的重要问题，有加强社会整合和放大现实社会冲突的双重面向（梁兴国，2012）。中国的互联网用户已经突破10亿人，这是一个规模庞大的群体，网民可以借助互联网新媒介传播的特性，在短时间内聚焦热点事件，但是由于网民信息匮乏，容易引发网络谣言，若政府有关部门与民众沟通不畅，则易引发重大的网络舆情，助推现实中的个人事件发展成为社会冲突乃至形成群体性事件。在现实的社会冲突事件中，大量处于冲突中的成员与事件并没有直接的利益关系，民众对公共权力机构的不信任，严重冲击了政府的公信力和合法性（谢海军，2014）。可以说，在当今互联网时代，网络舆情引发的现实社会冲突和"群体极化"现象，对现有的社会治理体系和治理能力提出了严峻挑战。

二　社会治理失效的机理

中国基层的社会治理为何会失效？针对这一经验问题，学界从"社会经济变迁"、"政治制度"、"国家治理能力"以及"干部的道德"等多个角度作出了解释，但通过分析，张静教授认为有一些更基本的影响因素有待揭示，她尝试进入中国基层社会治理体系的变迁脉络，探寻社会治理失效的深层机理。

（一）传统治理结构的构造

在传统中国社会，由于人口流动有限，社会的同质性较高，社会成员处在由亲密联系维系的熟人社会关系中，资源流动与分配途径为行政组织所垄断。在此基础上，传统中国治理结构分为上层管制系统和基层地方管制系统，具有文化意识形态统一及基层社会分治的特点。费孝通先生针对中国古代专制皇权和基层地方社会权力关系，提出了"双轨政治"的概念，即国家权力从中央抵达地方的自上而下轨道和地方权力自下而上影响皇权的轨道并行（费孝通，1999）。中国传统的治理结构分为中央集权和地方自治两个层面，在这种分治体系下，地方绅权具有实际的管辖权力，皇权总是通过绅权即地方权威，来治理地方社会。近代以后，出于征兵和税收的需要，国家改变了传统的官员委任和机构设置，基层权力来源由地方变为中央系统，地方权威成为国家在基层社会治理的分支（张静，2019）。20世纪50年代，中国社会的治理结构重组，政府和工作单位分别承担不同的职能，形成一种双重治理体系。从治理架构运作来看，国家机关或公务人员，并不直接接触大众，人们所处的单位作为政府的"代理"机构，在公共体制和社会成员之间承担着代表、协调、连接、应责的政治功能，在基层发挥纠错职能，提供了最关键的公共品："解决社会问题，供给社会公正。"从社会成员和公共组织的关联角度看，工作单位承担了重新组织化公共关系的任务，这种双重治理结构体现出连接通道的单一性、政府责任的间接性、辖区的分割性特点（张静，2019）。可以说，单位在公共与个体之间发挥中介作用是国家"整合能力"的结构性基础，这种"新"双重治理体系的效用，是社会治理得到维系的重要原因。

（二）双重治理体系的瓦解

当今中国社会治理的基础条件与传统中国和新中国成立之后完全不同，表现为中国由熟人社会向陌生人社会的转变。20世纪90年代中期以来，中国的社会环境发生改变，今天的中国社会不再是局部封闭的熟人社会，而是流动的、异质性的公共社会，社会治理也由单位社会的治理变为公共社会的治理（张静，2019）。这表现为人口流动范围广泛、社会关联异质化、由市场主导资源的分配、各类工作组织多元化发展。越来越多的人离开原来的组织，单位的社会治理角色不断收缩，传统的组织失去约束力。这预示着社会治理的组织化结构出现从单位社会走向公共社会的重大转型。单位作为政府代理的中介，关键作用有两个：一是桥梁作用，负责将个体和更大的公共体制连接起来；二是利益平衡作用，负责在基层纠错、协调和解决利益冲突（张静，2019）。"连接机制"和"利益平衡机制"对社会治理非常重要。个体是否在组织化的社会体系中占有位置，是影响社会治理成效的重要因素。而单位制的解体，使得连接机制和利益平衡机制的机能逐渐失效，破坏了基层维护社会公正的机制。在新的社会现实背景下，没有新的组织替代单位成为个体与公共的关联通道，发挥连接、协调、应责、代表、庇护的作用。可以说，改革开放以来，中国的社会环境和社会条件发生改变，在基层承担治理职能的组织大大减少，单位治理机能逐渐瓦解，这是基层社会治理危机产生的重要原因。

（三）利益平衡机制的失灵

由于社会组织化结构的变化，大量的社会个体失去了拥有组织渠道连接国家体系的结构身份。个体与公共的制度化关联中断，社会利益的结构通达和协调发生阻塞，引发政治问题。中国转型社会的资源分配分为市场体系和行政再分配体系。市场经济的持续发展让越来越多的人通过自由竞争的劳动力市场，进入体制外的工作组织，变成游离于单位和地区的人。中国社会的现状是体制外的就业者成为多数，是经济和社会建设的重要力量。但是体制内外的成员和组织存在差异性的组织关联系统，体制外的社会类别尚未完整纳入国家领导的中心体制内，缺少组织通道代表利益和解决问题，产生了利益通达的结构性阻塞（张静，2019）。由于社会组织化结构变迁，社会变成了公共的，但利益协调机制却不是公共的。随着社会流动增强，非固定单位以及非固定地区经济活动日益频繁，越来越多的诉求无法上达，也无法得到有效回应。由此产生了政治性后果，公共组织的内聚力弱，其获得社会认同的中心地位无法建立，因为它和人们的切身利益缺少关系。这样，人们自然希望改变这些公共制度。可以说，进入公共社会之后，个体与公共体制之间的连接机制失效，原有的"利益平衡机制"瓦解，人们无法利用公共渠道来获取权益。在个体与公共体制之间，缺乏关键的机制来发挥利益平衡的作用，这是社会矛盾急剧发生的深刻根源。

三　重塑社会治理的效能与路径

当代中国社会治理的观念、组织、方法，基本建立在 1949 年社会条件的基础上，当时的社会环境和社会结构与现在不同。因此，我们需要重新审视当代社会治理的社会条件、组织形态和社会类别，更新社会治理的理念、组织及方法。为应对社会治理失效的难题，学界从强化组织建设方面提出了新的路径，有人建议"新乡绅制"，有人建议"合作社制"，有人建议"网格化社区管理"。张静教授认为，真正治理着社会、能够有效形成社会服从秩序的，是"社会公正"的维护机制，它们为社会提供了最重要的公共品：维护利益平衡（张静，2019）。社会治理困境解决的关键是再造组织建设背后维护社会公正的机制，这需要重视制度的品德。同时，作者阐释和剖析了中国的行政发包制何以可能，以及这一制度对于实现有效社会治理的作用。最后，作者提出维护社会公正机制的具体方法是再造个人与公共组织的连接渠道，吸取反应性治理的成功经验，重视组织渠道平等对社会治理的意义，来应对当代中国社会治理面临的问题和挑战。

（一）制度的品德

在双重治理体系瓦解之下，需要塑造维护社会公正的新结构，而这种结构的维持需要有制度的品德。张静教授围绕"制度有没有品德？"这一问题，探讨了"制度"和"品德"之间的关系。讨论的共同前提是，道德的运行需要有社会基础。作者区分了传统熟人社会与现代陌生人社会，解释了社会道德需要被制度约束的原因。传统社会关系稳定，熟人社会同质性强，享有共同的规则体系，行动者能够预见行为的后果，道德约束力较强。而在高度竞争的陌生人社会，人口流动性大，异质性强，人们往往无法保证他人的认识及行动和自己的在道德上保持一致，人们丧失行为后果预见性，就无法产生道德行为。因此需要用制度规则规范行为，增强道德性。关于如何建立制度的问题，张静教授分析了制度与人性的关系，人有两个面向，"具体的人"和"一般的人"共同构成人性，制度建立在整体人性的基础之上，而制度要想在陌生人社会覆盖全面，需要关注每个人的共性与特性，也就是需要建立在对完整人性的认识和理解上。违反制度损害了社会生活所依赖的公共伦理，损害了人与人之间的相互信赖，损害了人们对共享预期的信任。这些东西都属于公共利益，与所有人关切的生存环境与公共伦理息息相关。只有合乎公认道德的法规才能立根，人们不是因为害怕，而是内心认同并尊重制度（张静，2019）。制度背后的伦理价值是社会治理的有力支撑。对制度规则是否有品德这一问题讨论的意义，在于纠正治理者对制度改进的态度。张静教授认为，只有深刻认识到法治具有道德基础，相信制度规则和社会政策具有品德面向来设计制度、解决问题，才能为新时代的社会治理开辟新的路径。

（二）行政发包制

改革开放以来，中国社会治理总体性支配权力被一种技术化的治理权力所替代（渠敬东等，2009）。理解并运用中国政府内部嵌入的相对分权和市场化的发包制，是解决和应对当代中国社会治理失效的有效方式之一。行政发包制指政府内部上下级之间的发包关系，作为一种理想类型，是居于科层制和外包制之间的一种混合形态。在社会治理领域，作为"强政府"的地方政府通过分包制的制度结构发挥着主要作用（周黎安，2014）。中国行政机体的组成结构，其内部真实的组织关系与多元角色，是发包制产生的基石。与纯粹的行政命令和权力支配不同，行政发包制成功地在上下级行政组织间保持了一种弹性关系。双方权力交换让上下级各有所得，下级会更加积极地执行上级的任务，从而减少政策执行过程中的阻碍（张静，2019）。作者还揭示了发包制隐含的内容，中国治理体系不是运用立规授权定责，而是采用组织机制和动员机制推进行政工作。界定职责和权限不是通过制度，而是通过人，在行政活动中，规则往往不是真正的授权来源，只有领导指示才有授权作用。作者认为，这一隐性授权渠道，非常适应不立规的行政管理。社会中大量组织，不需要规则分配权力和责任，可以通过发包获得公务权力。例如，政府购买社会服务，也是通过发包授予公权力的一种形式。在形式上统一，实际上多中心治理的组织现实下，行政发包制介于市场和科层制之间，产生行政协调难、上级与下级利益相悖的难题。张静教授认为，承包方的行政不配合，客观上可以有效抵制不良指令对基层社会的损害，保护地方群体的利益。在行政发包制的运行中，上级政府默许基层组织的多重角色：基层组织不仅是一个治理的角色，还有代表、应责、连接、协调等职能，具有社会承认的基础以及历史和制度的支持（张静，2019）。承包方具有不可替代性与不可消灭性，其正当性是多元利益组织化和行政单位制的重合。行政发包制不设明确的控制权范围，通过默许、交换和隐性授权，将目标和利益不同的组织融为一体，形成了今天治理体系中的混合共生状态（张静，2019）。当前，在条块治理的背景下，代理机构承担一部分职能，而承接后获得的隐性收益实则是一种市场机制，这有利于提高公共服务的效率，在分权的同时降低自身风险，推进协同治理。

（三）连接性纽带

社会公正的维护机制是社会治理的关键。在中国社会条件发生改变、公共社会治理的现实背景下，由于组织化结构变迁、利益平衡机制失灵带来的社会治理危机的解决，要特别重视组织化通道对于建立社会平等的作用；特别重视社会中介组织发挥连接、应责、代表、协调职能的重要性（张静，2019）。政治连接纽带在异质社会中更具社会整合优势，通过选择性竞争程序的设置，跨越社会类别，消解权益纷争，协调社会分歧。从政治连接的角度出发，针对中国社会变迁中大规模的组织分化现象，作者提出，当前体制外就业者占大多数，但缺少组织通道代表利益和解决问题，需要建立有效的制度化关联使之进入。张静教授认为学者需要切合中国实际，采用基于现实、贯通过去与未来的动态体察，寻找从"体制内外"描述差异的新框架，关注资源利用资格和组织关联对于社会公正评估差异的影响，构建一个标准来解释体制内外劳动者价值分歧因何产生，深入中国单位制与市场化组织变迁的历史，认识中国独特的社会组织化结构（张静，2019）。面对当前体制内外个人与组织的连接通道差异较大、体制外尚未完整纳入国家领导的中心体制的现状，张静教授认为新时期社会治理的重要任务是回应组织结构变迁带来的治理挑战，即广泛团结不同的社会类别，广泛吸纳组织关联较弱的体制外人群，建立它们和中心体制的结构关系，建立组织化通道对于构建社会平等的作用，提升社会的整合度（张静，2019）。社会公正的维护机制是社会治理的关键，而这种机制具有多重组织形态与实践样式。模仿过去的单位制重建基层管制网格的做法，只认识到单位具有管束职能，但未触及问题的本质，关键在于重建个体和公共之间承担应责、代表、协调和勾连角色，发挥社会利益平衡作用的机制。

（四）反应性治理

张静教授剖析了中国社会治理的成功经验，提出相对于社会治理模式而言，当前的中国社会治理体现为一种不断适应社会状况变化的"反应性治理行动"，虽然不能称其为模式，但仍然可以概括特点。作者认为可以把中国社会治理经验总结的重点放在多样化的治理实践方面。第一，具有实用性的特点，其高度地方化和个人化，各级决策者拥有很大的裁量空间，他们根据面临的社会问题作出反应，在稳固执政权力的考量下，加强掌控，同时根据社会的需要不断调整有效的方法。例如，在中国社会一个普遍突出的现象是对政策的"选择性执行"，使政策执行结果偏离初衷。这让基层治理普遍产生三个悖论现象，即政策统一与执行灵活同在，强势激励和目标替代同在，官僚非人格化与行政关系人缘化同在（张静，2019）。这些悖论让上级政策难以完全被基层执行，而基层可以通过共谋行动，阻止不良政策的破坏性干预。这表现在，上级对地方社会治理一般只确定方向和原则，对具体事务没有明确指示，给地方不断试验的机会，上级根据试验的结果判定基层经验的价值。中国社会治理保持着试验权在基层、选择权在上级的格局。第二，中国的反应性治理存在大量非正式渠道的运用。这些渠道疏通了重要的利益、价值和影响力，平衡补充正式渠道。比如，在正式的人民代表大会制度中，很难发现不同利益集团影响政策的通道，这是由于人民代表主要由各地官员组成。在转型期的中国，由于社会组织化结构变迁，个体与公共的连接通道丧失，新产生的体制外社会类别的利益诉求得不到回应，可能会通过非正式的关联来争取机会和保护。反映在治理过程中，是利用大量私下的接触渠道甚至私人关系（Deng & O'Brien，2013）。在实践中，存在利用私下接触渠道等非正式关系对决策者施加影响的现象。值得注意的是，虽然反应性治理行动在中国社会治理实践中取得了一定的效果，但是引发的对特定条件以及执行人的依赖导致治理难以推广，客观上"悄悄对抗"治理方式的制度化进程；其次，将社会治理视作"摆平"问题的方法，却缺少清晰理论系统支撑的工具思维，亦在客观上"静静消解"着深度认识原理的必要性，这是中国社会治理的巨大障碍。当前国内学界关于治理理论的研究，更多介绍和套用国外治理理论，反思国外治理理论的少，立足本土实际，运用和建构本土治理理论者少（郑杭生、邵占鹏，2015）。社会治理理论的缺失，对中国当下的社会治理实践提出了挑战。创新社会治理是推进国家治理体系的重要组成部分，新时代中国社会治理创新的路径，需要在总结原有社会治理成功经验的基础上，发展出系统的社会治理理论，来回应社会对善治的需要。

作为一本具有理论分量的著作，《社会治理：组织、观念与方法》一书围绕社会治理的理论逻辑展开，分析了当代中国社会治理危机产生的历史和现实背景，探讨和解析了基层社会治理的失效与有效问题，反映和体现了作者构建本土化社会治理理论的取向。中国的社会变迁、广泛的社会流动和市场型组织的发展，使得以单位制为基础的双重治理体系瓦解，丧失个体与公共的关联通道，造成利益通达的结构性阻塞，基层社会治理失效。作者认为，要继续发挥单位的治理效能，我们需要的不是再建一个类似的组织，而是挖掘组织背后的机能。单位制背后的社会公正维护机制才是社会治理的关键，而这种机制具有多重组织形态与实践样式。当前社会建设和社会治理的重点，应该在"平衡利益，维护公正"的组织机能再造上（张静，2019）。落实到具体的实践层面，基层网格应广泛吸纳与公共组织关联较弱的体制外人群，在个体和公共之间发挥连接、协调、应责、代表、庇护的作用。由此，提升国家的治理能力和整合能力。

针对社会治理的组织通道、体制内外分类结构、单位制解体等议题，学界有不同的发现和认识，尤其对转型社会原有单位的功能和作用问题，呈现出各具特色的学术观点。在张静教授看来，中国经历市场化转型后，单位制逐步解体，单位的组织机能也随之消失，国家失去了对社会整合的结构性基础，因此社会治理难以维系。单位组织解体后，各类组织多元化发展，体制内外组织与公共的关联差异，引发两种身份获取权益的不平衡性，体制内身份的人更容易实现权益，造成了社会不稳定。有学者指出，尽管单位制解体使得个人对单位的依赖弱化，个人行为的自主性增强，但是在多元社会环境系统中，单位仍然是社会系统的重要维度（李汉林，2014）。也有学者认为，在后单位社会背景下，虽然在体制内组织中出现了单位制的"返祖现象"，但是在体制外组织，社区构成了单位之外的另一领域，社区复合多元的"重层结构"，使得基层治理形成了一种与单位完全不同的"网格化"机制（田毅鹏、薛文龙，2015）。

还有学者认为，当代中国的国家治理中存在一种"新单位制"，指体制内外治理结构，体制内组织与地方政府、党组织共同参与对体制外空间的合作治理，这一机制在国家治理纵向结构和横向结构之间发挥了"制度节点"的作用，从而形成体制内组织的单位治理和体制外空间的社区治理并存的双轨制结构（李威利，2019）。这都为解决当下中国社会治理危机提出了新的视角和方向。

　　另一个值得深入思考的是治理主体问题。英国学者格里·斯托克强调，治理的内涵之一是治理主体多元化，治理指来自政府但又不限于政府的社会公共机构和行为者（斯托克，1999）。俞可平认为，"社会治理"与"社会管理"在主体及其关系以及权力的运行方式上均存在差异（俞可平，2000）。社会管理主要是以政府为单一行为主体的管治行为，它以政府为权力中心，是行政权力对管理对象的单项管理，缺少灵活性和互动性；而社会治理则强调主体的多元化，旨在形成一种国家与社会、政府与非政府组织、公共机构与私人机构等多元主体协调互动的治理状态（向德平、苏海，2014）。张静教授在本书中所讨论的议题重点在"社会治理"的广义概念，更多的是从国家治理和组织治理实践的角度去探讨社会治理的观念和方法，在对治理规则、组织架构、组织分化、政治整合、利益平衡等中国社会治理的基础性问题的讨论中，更多立足于对政府这一治理主体的深入分析，对"市场""社会""民众"等其他治理主体的关注相对少些。当然，这与中国复杂的历史条件和社会情境有关。当前中国社会治理领域，除政府以外，其他主体尚不能有效担任政府职能转变和功能下放的载体。我国基层社会的治理效能还需提升，公众参与治理的渠道并不完善，这也是社会治理失效的重要原因。社会治理理论旨在回应社会现实的需要，而现行的社会治理体系并不能有效应对社会转型带来的挑战。这就更迫切地需要打破基于管控思维的传统社会管理模式，有效激活和汲取中华传统文化中优秀的社会治理思想（孟繁佳、王名，2020），积极探索和构建现代社会多元主体协同治理的新路径。

参考文献

　　费孝通（1999）：《费孝通文集》第四卷，北京：群言出版社。

　　〔英〕格里·斯托克（1999）：《作为理论的治理：五个论点》，华夏风译，《国际社会科学杂志》（中文版），第 1 期。

国家统计局（2021a）：《2020 年农民工监测调查报告》，http：//www. stats. gov. cn/
tjsj/zxfb/202104/t20210430_ 1816933. html。

国家统计局（2021b）：《2020 中国统计年鉴》，北京：中国统计出版社。

国家卫健委（2018）：《2018 中国流动人口发展报表内容概要》，http：//www. 199it.
com/archives/813002. html。

李春玲（2017）：《新社会阶层的规模和构成特征——基于体制内外新中产的比较》，
《中央社会主义学院学报》，第 4 期。

李汉林（2014）：《中国单位社会——议论、思考与研究》，北京：中国社会科学出
版社。

李威利（2019）：《新单位制：当代中国基层治理结构中的节点政治》，《学术月
刊》，第 8 期。

梁兴国（2012）：《网络舆情与社会冲突治理》，《上海财经大学学报》，第 3 期。

渠敬东、周飞舟、应星（2009）：《从总体支配到技术治理——基于中国 30 年改革
经验的社会学分析》，《中国社会科学》，第 6 期。

孟繁佳、王名（2020）：《中华传统文化中的社会治理思想》，《中国非营利评论》，
第 1 期。

宁吉喆（2021）：《第七次全国人口普查主要数据情况》，《中国统计》，第 5 期。

田毅鹏、薛文龙（2015）：《"后单位社会"基层社会治理及运行机制研究》，《学术
研究》，第 2 期。

向德平、苏海（2014）：《"社会治理"的理论内涵和实践路径》，《新疆师范大学学
报》（哲学社会科学版），第 6 期。

谢海军（2014）：《"无直接利益冲突"群体性事件的生成动因及逻辑关系分析》，
《中州学刊》，第 1 期。

俞可平（2000）：《治理与善治》，北京：社会科学文献出版社。

张静（2019）：《社会治理：组织、观念与方法》，北京：商务印书馆。

郑杭生、邵占鹏（2015）：《治理理论的适用性、本土化与国际化》，《社会学评
论》，第 2 期。

周黎安（2014）：《行政发包制》，《社会》，第 6 期。

Deng, Y. & O'Brien, K. J.（2013），"Relational Repression in China：Using Social Ties
to Demobilize Protesters," *The China Quarterly* 215（9），pp. 533 – 552.

Grassroots Social Governance: Why Is It Ineffective and How Is It Effective?

—A Book Review of *Social Governance: Organization, Conception and Method*

Li Yi & Chen Peng

[**Abstract**] The paper explores the theoretical principles of current grass-roots social governance on the premise that social governance is a kind of recognizable knowledge. In the context of social transformation in China, extensive social mobility and the diversified development of work organizations have led to the collapse of the dual governance system based on the unit system and the structural changes of social organization, resulting in the structural obstruction of access to interests, is the reason for the failure of current social governance. The maintenance mechanism of social justice is the key to social governance, and this mechanism has multiple organizational forms and practice patterns. The author puts forward that we should pay attention to the moral character of the system, understand and improve the administrative contract system in line with the characteristics of China's administrative body; Reshape the link between individual and public, learn from the successful experience of reactive governance actions with Chinese characteristics, and complete the establishment of a new structure of social justice. It updates and deepens the relevant knowledge of social governance and provides new ideas for the innovation of social governance in the new era.

[**Keywords**] Social Governance; Unit System; Organization Channel; Social Justice

责任编辑: 李朔严

基层社会治理: 何以失效, 何以有效?

编辑手记

　　延续第 28 卷对"第三次分配"以及"高收入人群和企业更多回报社会"的关注，本卷将主题定为"非营利市场视角"，并选择了几篇与企业或市场相关的文章。如果将公益慈善或非营利部门发展根据其宏观动力来源区分为国家驱动、市场驱动、行业驱动、宗教驱动、社区驱动等几类的话，中国公益慈善事业发展中的市场驱动力量增长是毫无疑义的。

　　本卷的四篇主题文章中，许睿谦博士和王超教授关于企业基金会发展促因的研究结论很有意思。企业基金会的快速成长是我国公益慈善领域非常特别的一个现象，根据基金会中心网 2020 年《参与的力量：中国企业基金会发展研究报告》，从 2004 年到 2019 年，企业基金会数量从 12 家增长到 1444 家，已占全部基金会总量的 18.3%。根据编者的观察，最近两三年企业积极登记基金会的趋势仍然在延续，企业基金会的占比应有进一步增加。对标美国等西方国家，企业基金会在所有基金会中占据如此高比例并不普通，这一现象很值得研究。与此同时，众所周知，在我国的慈善捐赠总额中，企业捐赠比例也远高于个人捐赠。通常来说，在我国建立一个基金会的组织成本是比较高的，企业在直接捐赠和建立自己的基金会之间为什么会选择基金会呢？这篇文章给出了一些重要解释，例如一个地区内的整体企业慈善水平。就编者的了解，一个地区的企业之间会相互影响，在设立基金会这件事情上也会形成风潮，例如浙江省民营企业建立基金会就有这样的特点。不过这篇文章也还只是一个开始，还有待进一步基于深入的案例研究去解释更复杂的机制。除了这篇文章外，蓝煜昕、何立晗、陶泽三位的文章对中国基金会的投资增值行为及其影响因素进行了探索性定量分析，具有开创性意义；黄杰一文则关注了一个非常有意思的话题，即新生代民营企业家的社团参与，指出"新生代民营企业家相比老一代民营企业家在工商联等正式社团的参与度较低，而在自组织的非正式社团中的参与度较高"这一现象；薛美琴、贾良定一文则在行业协会脱钩和社会化、市场化背景下，探讨其专业化路径选择和政社关系调适的取向。除了上述四篇文章之外，史迈、程刚两位老师在"观察与思考"栏目中，也在"第三次分配"背景下，对中国基金会的发展与转型进行了思考和展望，也是从财富和市场视角探讨我国非营利部门的发展趋势。

本卷的内容实际上非常多元，除了主题文章的非营利市场视角之外，还刊登了关于草根公益组织合法性、在华境外非政府组织规制、政府资助对社会组织发展的影响等传统议题的研究论文或综述，并关注到大数据对组织服务治理的影响、情感治理与社区志愿服务、NGOs参与全球海洋治理等新话题。此外，在"观察与思考"栏目中，我们专门刊出敦和基金会叶珍珍、沈旭欣关于高校公益慈善教育的一篇文章。过去一年来，我国高校公益慈善教育取得巨大进展，不仅有两所高校设立本科"慈善管理"专业获得教育部批准通过，还有五十多所院校联合发起"高校公益慈善教育共同体"并开始实质性运作。专业教育和人才培养是中国非营利部门进一步发展的根基，我们也期待未来能有学者产出公益慈善和非营利教育研究相关的成果。

本刊编辑部

2022 年 7 月

稿　约

1. 《中国非营利评论》是有关中国非营利事业和社会组织研究的专业学术出版物，分为中文刊和英文刊，均为每年出版两卷。《中国非营利评论》秉持学术宗旨，采用专家匿名审稿制度，评审标准仅以学术价值为依据，鼓励创新。

2. 《中国非营利评论》设"论文""案例""研究参考""书评""观察与思考"等栏目，刊登多种体裁的学术作品。

3. 根据国内外权威学术刊物的惯例，《中国非营利评论》要求来稿必须符合学术规范，在理论上有所创新，或在资料的收集和分析上有所贡献；书评以评论为主，其中所涉及的著作内容简介不超过全文篇幅的1/4，所选著作以近年出版的本领域重要著作为佳。

4. 来稿切勿一稿数投。因经费和人力有限，恕不退稿，投稿一个月内作者会收到评审意见。

5. 来稿须为作者本人的研究成果。作者应保证对其作品具有著作权并不侵犯其他个人或组织的著作权。译作者应保证译本未侵犯原作者或出版者的任何可能的权利，并在可能的损害产生时自行承担损害赔偿责任。

6. 《中国非营利评论》热诚欢迎国内外学者将已经出版的论著赠予本集刊编辑部，备"书评"栏目之用，营造健康、前沿的学术研讨氛围。

7. 《中国非营利评论》英文刊（*The China Nonprofit Review*）是 Brill 出版集团在全球出版发行的标准国际刊号期刊，已被收录入 ESCI（**Emerging Sources**

Citation Index）。英文刊接受英文投稿，经由独立匿名评审后采用；同时精选中文刊的部分文章，经作者同意后由编辑部组织翻译采用。

8. 作者投稿时，电子稿件请发至：chinanporev@ 163. com （中文投稿），nporeviewe@ gmail. com （英文投稿）。

9. 《中国非营利评论》鼓励学术创新、探讨和争鸣，所刊文章不代表本刊编辑部立场，未经授权，不得转载、翻译。

10. 《中国非营利评论》已被中国期刊网、中文科技期刊网、万方数据库、龙源期刊网等收录，为适应我国信息化建设的需要，实现刊物编辑和出版工作的网络化，扩大本刊与作者知识信息交流渠道，在本刊公开发表的作品，视同为作者同意通过本刊将其作品上传至上述网站。作者如不同意作品被收录，请在来稿时向本刊声明。但在本刊所发文章的观点均属作者个人观点，不代表本刊立场。本声明最终解释权归《中国非营利评论》编辑部所有。

由于经费所限，本刊不向作者支付稿酬，文章一经刊出，编辑部向作者寄赠当期刊物 2 本。

来稿体例

1. 各栏目内容和字数要求：

"论文"栏目发表中国非营利和社会组织领域的原创性研究，字数以 8000～20000 字为宜。

"案例"栏目刊登对非营利和社会组织实际运行的描述与分析性案例报告，字数以 5000～15000 字为宜。案例须包括以下内容：事实介绍、理论框架、运用理论框架对事实的分析。有关事实内容，要求准确具体。

"研究参考"栏目刊登国内外关于非营利相关主题的研究现状和前沿介绍、文献综述、学术信息等，字数为 5000～15000 字。

"书评"栏目评介重要的非营利研究著作，以 5000～10000 字为宜。

"观察与思考"栏目刊发非营利研究的随思随感、锐评杂论、会议与事件的评述等，字数以 3000～8000 字为宜。

2. 稿件第一页应包括如下信息：（1）文章标题；（2）作者姓名、单位、通信地址、邮编、电话与电子邮箱。

3. 稿件第二页应提供以下信息：（1）文章中、英文标题；（2）不超过 400 字的中文摘要；（3）2～5 个中文关键词。书评、随笔无须提供中文摘要和关键词。

4. 稿件正文内各级标题按"一""（一）""1.""（1）"的层次设置，其中"1."以下（不包括"1."）层次标题不单占行，与正文连排。

5. 各类表、图等，均分别用阿拉伯数字连续编号，并注明图、表名称；图编号及名称置于图下端，表编号及名称置于表上端。

6. 本刊刊用的文稿，采用国际社会科学界通用的"页内注＋参考文献"方式。

基本要求：说明性注释采用当页脚注形式。注释序号用①②③……标识，每页单独排序。文献引用采用页内注，基本格式为年份制（**作者，年份：页码**），外国人名在页内注中只出现姓（容易混淆者除外），主编、编著、编译等字眼，译文作者、国别等字眼都无须在页内注里出现，但这些都必须在参考文献中注明。

文末列明相应参考文献，参考文献中外文分列（英、法、德等西语可并列，日语、俄语等应分列）。中文参考文献按照作者姓氏汉语拼音音序排列，外文参考文献按照作者姓氏首字母排序。基本格式为：

作者（书出版年份）：《书名》（版次），译者，卷数，出版地：出版社。

作者（文章发表年份）：《文章名》，《所刊载书刊名》，期数，刊载页码。

author（year），*book name*，edn.，trans.，Vol.，place：press name.

author（year），"article name"，Vol.（No.）*journal name*，pages.

图书在版编目（CIP）数据

中国非营利评论. 第二十九卷, 2022. No.1 / 王名
主编. —— 北京：社会科学文献出版社, 2022.8
ISBN 978 - 7 - 5228 - 0435 - 4

Ⅰ.①中…　Ⅱ.①王…　Ⅲ.①社会团体 - 中国 - 文集
Ⅳ.①C232 - 53

中国版本图书馆 CIP 数据核字（2022）第 126309 号

中国非营利评论（第二十九卷）

主　　办 / 清华大学公益慈善研究院
　　　　　明德公益研究中心
主　　编 / 王　名

出 版 人 / 王利民
组稿编辑 / 刘骁军
责任编辑 / 易　卉
文稿编辑 / 侯婧怡
责任印制 / 王京美

出　　版 / 社会科学文献出版社·集刊分社(010)59367161
　　　　　地址：北京市北三环中路甲 29 号院华龙大厦　邮编：100029
　　　　　网址：www.ssap.com.cn
发　　行 / 社会科学文献出版社（010）59367028
印　　装 / 三河市龙林印务有限公司

规　　格 / 开　本：787mm × 1092mm　1/16
　　　　　印　张：20.75　字　数：348 千字
版　　次 / 2022 年 8 月第 1 版　2022 年 8 月第 1 次印刷
书　　号 / ISBN 978 - 7 - 5228 - 0435 - 4
定　　价 / 128.00 元

读者服务电话：4008918866